아동상담 사례를 중심으로 한

아동생활지도

김 경 희

창지사

머리말

우리는 사회 의식과 구조가 급속도로 변화하고 있는 세상에 살고 있다. 그 흐름에 따라 일하는 젊은 부부도 크게 늘었다. 하지만 이 같은 급속한 사회의 변화는 젊은 부부에게 스트레스를 주고 있다. 그 예로 젊은이들이 결혼을 포기하고, 결혼을 한다 하더라도 자녀 출산을 포기하는 일이 많이 늘어나고 있다.

이는 사회적 배경에 많은 요인이 있겠지만 그중에서도 여성이 직장을 가짐에 따라 엄마로서 자녀를 돌볼 수 있는 여건이 나빠지고, 이에 따라 부모역할을 하기가 어려워지고 있는 것이다. 자녀양육에는 상당한 스트레스가 따르기 때문에 부모가 원하는 만큼 자녀에게 해 줄 수 없을 때는 죄책감이 들기도 할 것이다.

이 책은 초기 부모역할을 중요하게 여기고 특히 엄마의 역할을 강조하였다. 또한 제2의 부모역할은 교사이고 교사의 중요성을 생각하면서 저술하였다.

심리학자 윌프레드 비온(Wilfred Bion)은 우리 인간은 태어나면서 3가지 링크를 하는 존재라고 하였다. 3가지는 사랑, 증오, 알고자 하는 것이라고 하였다. 이 3가지는 부모의 역할을 어떻게 하느냐에 따라 심리적 구조 즉, 성격이 형성된다는 의미이다. 부모역할은 인간의 탄생과 더불어 자녀를 양육하던 시기부터 존재한다. 부모는 자녀의 꿈을 담아 주는 기능을 하는 것이다. 부모는 자녀의 출생에서 60개월까지 자녀가 꿈을 꿀 수 있는 정서적 알파 기능을 해 줘야 한다. 인간의 초기 경험은 인생을 좌우하는 것이다. 즉 엄마의 사랑으로 심리적 구조가 건축되는 것이다. 엄마는 세상에서 만나는 첫 사람이다.

좋은 어머니의 기능은 아이가 꿈을 꿀 수 있는 심리적 환경을 제공해 주는 것이다. 아이의 꿈을 담아 줄 수 있는 엄마가 좋은 엄마이다. 부모는 그냥 되는 것이 아니다. 양육의 전문성이 없이 자녀를 양육하게 되면 그 자녀는 평생을 힘들게 살아간다. 그래서 부모는 양육의 전문가가 되어야 한다.

그런 의미에서 저자는 이 책을 통해 양육자 즉, 부모 및 교육자에게 도움을 주고자 노력하였다.

아동의 발달단계는 아이와 엄마가 어떻게 지내느냐에 따라 달라진다. 엄마는 아이의 불안을 처리하고 다루는 기능을 하는 것이다. 아이를 낳아 기르는 엄마는 아이 기르는 방법에 대한 교육이 필요하다. 엄마에 의해서 잘못 길러진 아이는 육체적인 병과 정신적인 병을 앓는다. 사랑이 부족하면 아이들은 질환에 걸린다. 아이들의 질환은 성장을 거부하는 현상이다. 잘 자랐다는 말은 정신이 잘 자라 능력 있는 아이가 되었다는 말이다. 행복하게 사는 어머니에 의해서 잘 길러진 아이는 행복하게 잘 자라지만 불행한 부모에 의해서 잘못 길러진 아이는 자주 병을 앓는다. 예를 들면, 부모가 자녀를 혼내는 것은 부모의 좌절로 인해 화가 나고 감정 반응이 일어난 현상이다. 부모는 아동에게 가장 필요한 것들을 가장 적합한 시기에 가장 알맞은 방법으로 가르칠 수 있는 사람이어야 한다. 그러므로 부모는 아동을 잘 이해하고 발달 상태에 대해 잘 알아야 하며, 아동을 돕고 지도하는 방법을 익혀야 한다.

이 책은 부모역할과 부모교육, 아동생활지도 및 행동수정에 대해 주로 기술하였으며, 아동상담의 다양한 실제 사례에 대해 자세히 소개하였다.

총 4개의 PART로 구성되어 있는데 1부는 '부모 양육태도'로 발달단계에 따른 부모역할, 부모역할과 우뇌 정서조절과의 관계를 다루며, 2부는 '아동의 문제행동

이해 외 행동수정'으로 실제적인 부모-자녀관계 코칭 프로그램을 소개하였다. 3부는 '아동생활지도', 4부는 '아동상담 사례'로 현장에서 직접 적용할 수 있는 여러 가지 사례를 제시하려고 노력하였다.

오늘 서문을 쓰면서 다이애나 루먼스(Diana Loomans)의 '만일 내가 다시 아이를 키운다면'이라는 시가 떠올랐다.

"먼저 아이의 자존심을 세워주고
집은 나중에 세우리라.
아이와 손가락 그림은 더 많이 그리고
손가락으로 명령하는 일은 덜 하리라.
(중략…)
힘을 사랑하는 사람으로 보이지 않고
사랑의 힘을 가진 사람으로 보이리라."

이 시의 내용처럼 모든 부모와 양육자가 자신의 욕심으로 아이를 키우는 것이 아니라 아이와 가슴으로 소통하고 아이에게 진정성 있는 관심을 갖는 방법을 배웠으면 좋겠다.

끝으로 출판에 많은 도움을 준 창지사 편집부에 감사를 표한다. 또한 이 책을 읽는 독자들도 이 한 권의 책을 통해서 자녀교육에 조금이나마 도움이 되길 바란다.

2018년 3월

저자 김 경 희

차 례

PART 01
부모 양육태도

CHAPTER 01

부모 양육태도에 관한 이론

1 부모 양육태도의 개념

부모 양육태도란 자녀양육에 대한 부모의 태도를 말한다. 자녀를 양육함에 있어서 부모가 나타내는 태도로서 자녀와 관련된 각종 사고, 가치관, 행동의 총체가 부모 양육태도인 것이다(김재은, 1998). 이러한 태도는 자녀의 성격, 태도, 행동, 가치체계, 이미지 등의 형성에 크게 영향을 미칠 수 있다. 즉, 자녀양육과 관련하여 부모의 태도는 매우 다양하게 표출될 수 있고 또한 가변적이다. 자녀가 성장해 가는 동안 새로운 경험과 학습 등을 통해 부모에게도 많은 변화가 있을 수 있기 때문이다. 그렇지만 자녀를 양육하는 데 있어서 부모는 어느 정도 일관된 양육태도를 갖는 것이 바람직하다. 일관된 양육태도는 자녀의 부모 신뢰에 영향을 미친다.

부모는 대기권의 일기와 같이 감정적 혹은 정신적 기후를 마련한다. 부모의 태도에 따라 가정의 기후가 따뜻하기도 춥기도 하며, 부드럽기도 하고, 거칠기도 하며, 협조적이기도 하다. 어떤 환경은 아이들의 성장을 촉구하고 어떤 환경은 아이들의 성장을 방해한다. 부모는 온화하면서도 엄한 태도로 아이들의 성장에 도움이 되는 진실한 애정을 보이고 그래서 아이들의 각본을 건설적으로 만들 수 있는 기회를 준다. 그런가 하면 아이들을 거칠게 다룸으로써 파괴적이고 비생산적인 각본을 만들기도 한다.

부모로서 자식을 위해서 할 수 있는 가장 선한 일은 자기가 자신의 각본을 재정리하고 재평가한 다음 부모가 가지고 있는 각본을 자식에게 물려주어도 되는지 신중하게 고려해야 한다(임종렬, 2000).

부모의 양육태도가 자녀의 심리구조에 영향을 미치는 것들은 다음과 같다.

1) 부모 안의 자아상태

부모는 세 개의 독특한 자아상태를 가지고 있다. 결과적으로 부모 개인이 가지고 있는 자아의 통제자아는 그 부모의 부모, 부모의 성인, 부모의 본능자아가 혼합되어 있는 상태이다. 부모가 자기 자식에게 어떤 행동을 할 때는 마치 자기들의 부모가 자기들에게 행동했던 것처럼 도덕적으로 행동한다. 벌을 주거나, 칭찬하거나, 귀여워하거나, 학대하는 등의 행동을 한다는 것이다. 어떤 때는 현실적인 상황에 근거를 두고 무엇 때문에 그렇게 했는가 그렇게 해야만 했던 이유가 무엇 때문이었는가를 설명하고 실례를 보여주고, 사실을 탐색하고 문제를 해결하는 이성적인 태도를 갖는다. 그러나 대개는 어렸을 때 부모의 부모가 했던 행동을 자기들의 자식들에게 되풀이하는 것으로써 자식들에게 애처롭게 푸념을 하거나, 자식들을 마음대로 휘두르거나, 자식들로부터 고립된 상태로 격리되기도 한다. 그렇기 때문에 자기에게 부모가 했던 것과 같은 자아상태의 반응은 하나 혹은 하나 이상의 부모 모습과 제휴된 자아상태에서 파생되어 나온 것이다. 통제자아 상태 속에 있는 부모는 대부분의 경우 조부모이다.

부모와의 거래관계는 자식을 기르는 방법에 있어서 두드러지게 증명된다. 자식을 기르는 양육방법에 있어서는 본인의 의지와 상관없이 자기 부모가 자기를 기르는 형태 그대로를 모방한다.

아이들 기르는 방법을 그대로 복사하는 것 외에도 사람들은 몸의 자세, 걷는 자세, 제스처는 물론 몸으로 전하는 메시지까지도 부모를 모델로 해서 닮는다.

2) 통제자아의 내부에 미치는 영향

부모의 행동만을 모방하는 것이 아니고 사람들은 부모의 사고방식이나 사물을 처리하는 정신적인 판단까지도 모방한다. 어렸을 때 받은 부모의 메시지가 머릿속에 레코드 테이프처럼 저장되어 있다가 필요한 때에 우리에게 어떻게 하라는 지시를 한다. 어떤 경우에는 두 부모가 하던 말을 할 때도 있고 현실자아[1]에게 말을 하는 통제자아도 있다. 그러나 대부분의 경우 마음속에서 일어나는 대화의 대상은 일반적으로 영향력을 행사하는 마음속의 아동이다.

내부에서 전해지는 마음속 부모의 메시지는 어렸을 때 경험했던 부모의 얼굴 표정, 동작, 또는 말이나 지시이다. 아이들은 태어날 때부터 사물을 판단할 수 있는 정신 내부의 능력을 가지고 태어나지 않는다. 이들이 갖는 최초의 양심적인 고통은 부모와 자식 간에 거래되는 인간관계의 결과로서 나타난다. 아이들은 부모의 가치관에 따라 가치관에 대한 것을 배운다. 어린 시절에 경험했던 양심적인 감성이 후에 부모와 자식 간에 행해지는 내부의 대화가 된다. 이렇게 형성된 내부의 대화는 사람에 따라 혹은 상황에 따라, 허락, 혼동, 도덕, 완고 등의 성격을 낳는다.

그렇지만 항상 정신 내부의 대화에 의해서 만들어지는 부모의 메시지가 있다고 해서 그 메시지에 언제나 순응하지만은 않는다. 아주 작은 어린아이도 때로는 독립된 판단을 내리고, 스스로 원하는 것을 택하기도 한다.

모든 아이들은 위험한 것으로부터 보호되어야 하고 그렇기 때문에 "안 돼."라는 소리를 들을 필요가 있다. "안 돼."라는 말을 통해서 사회인으로 성장하는 바탕을

---

1) 본능자아(원초아, id) : 본능적 충동, 성적·공격적 본능, 쾌락원리에 따라 작용. 흥분이 없는 상태, 즉 리비도의 저장고, 쾌락원천에 지배됨. 일차적 처리과정.
현실자아(자아, ego) : 현재 자신의 모습에 대한 인식, 즉 현재 있는 그대로의 자아. 눈먼 왕인 원초아의 힘을 안내하는 길잡이 역할, 자아를 움직이는 원리는 현실원칙. 이차적 처리과정.
통제자아(초자아, superego) : 인간의 마음속에 있는 윤리적, 도덕적, 이상적인 면을 말하며, 유전되는 것이 아니라 성격구조 중 마지막으로 발달되는 체계로써 부모의 양육태도, 즉 부모가 주는 보상과 처벌에 대한 반응으로 발달.

닦고 그리고 부모가 배려하고 있다는 근본적인 사랑의 개념을 배우게 된다. 그럼에도 불구하고 어떤 사람들은 성인이 된 다음에도 마음속에 자리 잡고 있는 "안 돼."라는 소리 때문에 부담을 느끼는 어려움을 갖는다. 이러한 경우의 "안 돼."는 부모의 편향된 태도와 필요 이상으로 너무 많이 간섭하는 "안 돼." 때문에 마음속에 혼동이라는 무기력하고 무비판적 성품을 갖게 된 경우이다. 부모의 메시지에 담긴 지나친 구속은 즐거움을 표현할 수 없게 하고 감정적 호소력을 둔화시키며, 창의력을 박탈하는 결과를 초래한다.

3) 갈등을 일으키는 내부의 대화

많은 사람들이 탑독(top dog) 통제자아(부모)와 언더독(under dog) 본능자아(아동)의 싸움 때문에 고통을 겪는다. 이러한 상태를 두고 '스스로를 괴롭히는 갈등'이라고 한다.

한편의 당신이 다른 한편의 당신에게 말을 한다. "더 잘해야만 돼. 그렇게 하면 안 된다.", "그런데 왜 이렇게 됐지?" 하는 내부의 이야기를 많이 경험했을 것이다.

통제자아와 본능자아가 마음속의 갈등을 앞에 놓고 대화하는 것을 들으면 긴장과 혼동이 일어난다.

처음에 나는 나였고 그리고 나도 그만하면 괜찮은 사람이었다. 그런데 다른 내가 등장했다. 외부는 권위자였다. 그때 혼란이 왔는데, 그 이유는 외부의 권위자가 너무 많은 것이었다. 무엇이든 강하게 반대하는 부모상을 머릿속에 가지고 있는 사람은 머릿속에서 부모와 자기가 싸움하는 소리를 들으면서 자신을 학대한다. 그런 자학을 하는 사람은 바로 나일 수 있다.

예를 들면, 어머니는 "주일학교에 가야 좋은 사람이 된다."라고 하고 아버지는 "주일학교에 가는 것은 시간 낭비야, 나하고 등산가자."라고 하면 자녀는 어리둥절해하며 무엇을 어떻게 해야 좋을지 몰라 한다. 처음에는 어머니가 말한 것을 하고 다음에는 아버지가 말한 것을 해 본다. 그리고 불평하기를 "무엇을 어떻게 하든 옳은 일을 하고 있다는 생각이 들지 않는단 말이야. 교회에 가 앉아 있으면 등산 갈 걸 하는 생각이 나고, 등산하면 죄책감 때문에 안절부절못하니 어떻게 하면 좋을까."

많은 경우에 우리는 이러한 딜레마에 쌓여 주체성이 없는 인생을 살게 된다. 심한 경우에는 사랑과 미움이 동시에 존재하기 때문에 애증의 갈등을 극복하지 못하고 심각한 우울증이나 그 밖의 정신적인 문제를 가질 수 있다.

4) 양육하는 부모

양육과정에서 보여주는 부모의 태도는 동정적이고 보호적이면서도 때로는 비판적이고 도덕적이며 처벌적인 입장을 취한다. 어떤 부모는 양육적인 데 더 많은 에너지를 쏟고, 비판적인 데 적은 에너지를 쏟지만, 또 어떤 부모는 정반대이다.

보호하며 양육하는 부모 밑에서 자란 아이의 통제자아는 양육적이다. 의식적으로 통제자아의 지시를 거역하는 행위를 하지 않는 한 성장해서 부모가 된 다음에도 자기 아이에게 자기 부모가 했던 것과 같이 동정적이며, 보호적이고 양육적인 태도를 취한다.

편견적 부모는 통제자아가 많은 이견(異見)으로 채워져 있다. 예를 들면, 말하는 태도, 아이 기르는 방법, 생활태도 등 문화적 혹은 가정적 각본에 의한 모든 것이 부모의 자라온 환경에 따라 갖게 된 일가견이기 때문에 이를 고수하려는 경향을 보인다. 편견을 가지는 아이들을 대할 때의 부모는 사실에 근거를 두기보다는 잘못된 기반 위에 행동 규범을 정하고 그 규범만이 절대적인 것처럼 아이들을 다스리는 경향을 보인다. 모든 부모들은 편견적이고 비판적인 주의를 많이 준다.

편견적인 부모는 대체적으로 비판적이다. 비판적인 측면의 통제자아 상태에 의해서 생각하거나 행동하는 사람은 항상 어른으로서 행세하기를 원하며 다른 사람 안에 있는 자아상태를 어떠한 방법으로 자극할 수 있는지를 안다. 직장의 상관이나 배우자, 교사 친구가 자주 비판적인 통제자아 상태에서 행동한다면 이들과 상대하는 모든 사람들은 초조와 분노 때문에 어쩔 줄 몰라 할 것이다. 결과적으로 이런 사람과 상대하기를 꺼려하게 되기 때문에 격리된 생활을 하게 된다.

5) 부모가 되기 위한 훈련

부모의 능력을 발휘하지 못하는 사람들이 더러 있고 이런 사람들은 통제자아의 발달이 안 되었거나 제대로 되지 못한 사람들이다. 이런 사람들은 부모가 되는 방법의 기술을 익혀야 한다. 이 방법을 적용하는데 필요한 조건은 지금까지 머릿속에 가지고 있었던 통제자아가 부정적인 성격을 띠고 있었다는 사실을 인지하고 그것을 인정하게 하는 것이다. 부정적인 사람의 통제자아란 일반적으로 과다한 비판을 하며, 과잉보호를 하고, 과잉교육을 하며, 일관성이 없고, 갈등을 자아내며, 진실을 보지 않고, 감정적으로 필요 이상의 것을 원하는 것이다. 이러한 사실을 인지해야 한다.

다음 단계로는 부모의 역할에 대한 책을 읽고, 다른 사람들이 어떻게 자식들을 대하는지를 보고 옳다고 생각되는 방법들을 취사선택하게 하는 일이다. 이때 마음속에 일어나는 사건은 통제자아와 본능자아가 계속적인 대화를 하며 무엇이 필요하고 불필요한지를 타협한다. 현실자아를 동원해서 이성적으로 문제점을 판단한 후에 부모의 역할을 맡게 한다. 이렇게 해서 재구성된 부모의 태도는 통제자아 상태의 일부로서 그 기능을 담당한다. 종전의 부정적인 성격 내지는 특징을 가지고 있던 통제자아는 새로이 보충된 긍정적인 통제자아와 균형을 맞추어 가게 되는데 이때의 중재 역할은 현실자아가 맡는다. 부모 자신의 현재 상태를 인식하고 자신의 행동을 종용할 수 있는 능력을 기른다면 좋은 부모의 역할을 훌륭히 할 수 있을 것이다(임종렬, 2000).

부모의 양육태도는 적어도 다음과 같은 몇몇 특성을 지니고 있다.

첫째, 부모의 양육태도는 일회성의 특이한 사항보다는 보편성을 띤, 지속적인 행태를 반영한다. 물론 부모의 양육태도는 일시적인 기분이나 날씨 상태 등과 같은 요인에 의해 영향을 받을 수도 있지만 유전적으로 타고나는 본연의 성격과 학습 및 경험에 기반을 둔 자녀양육 가치관에 더 많이 좌우된다. 다만, 충격적인 사건이 주기적으로 반복된다면 이는 부모 양육태도 속에 포함될 수 있을 것이다.[2] McNelly(1991) 등의 연구 결과 어머니의 양육방식에 매우 일관성이 있는 것으로 밝혀졌다. 즉, 어머니의 아동 양육태도나 가치는 시간이 흘러도 어느 정도 굳건하고, 깊은 신념과 목표에 기초를 둔 일관성과 지속성을 보인다는 것이다. 한편 어머니의 양육태도는 아이의 연령에 따라 다소 변화되기도 하는데, 어머니들은 자녀가 성장함에 따라 점차 긍정적인 감정을 갖게 되고 통제력을 낮추게 된다는 것이다(김영주, 2000).

둘째, 부모의 양육태도는 자녀와의 지속적인 직·간접적 상호작용에 기반을 두고 형성되며, 자녀들의 성장·발달에 어떤 형태로든 영향을 미친다. 자녀가 지나치게 오랜 기간 동안 부모와 격리되거나 방치될 경우 부모의 양육태도가 자녀에게 미치는 영향은 상당히 미약할 수 있다.

셋째, 부모의 양육태도는 부모양육에 대한 자녀의 지각 여부와는 상관없이 형성될 수 있다. 자녀가 그것을 거의 의식하지 못한 상황 속에서도 부모의 자녀양육이 이루어질 수 있기 때문이다. 물론 부모의 양육태도가 자녀에 의해 지각될 경우 이는 자녀의 인격 형성과 행태에 매우 지대한 영향을 미칠 수 있다.[3]

넷째, 부모의 양육태도는 부모의 성격과 가치관에 의해 영향을 받는다. 부모의 덕성, 교육수준, 가치관과 성격은 1차적으로 자녀들의 양육에 반영된다. 자녀는 태

---

2) McNelly, Eisenberg, & Harris(1991)는 아동기로부터 청소년기에 이르기까지 어머니의 일관성과 변화를 연구하였다. 종단적인 연구를 수행하였고 반복 소사법을 사용하였으나, 32명의 어머니를 8년 동안 다섯 번 면접하였다. 연구를 시작할 때 그들의 자녀들(16명의 딸과 16명의 아들)은 약 8세였고 연구가 끝날 즈음에는 16세였다. 연구자들은 어머니의 통제가 연령이 증가함에 따라 일단 감소하지만 약물이나 섹스, 데이트에 대한 어머니의 걱정 때문에 다시 증가할 것이라고 예측하였다. 어머니들은 애착이나 부모의 통제에 대한 태도, 자녀의 독립성, 훈육 문제 등에 대해서 질문을 받았다.

어나는 순간부터 아버지와 어머니의 영향을 가장 근접한 위치에서 직접적으로 받기 때문이다.

다섯째, 부모의 양육태도는 부모의 직업과 가족의 소득수준에 의해서도 영향을 받는다. 특히 가장인 아버지의 직업이 무엇이냐에 따라 부모의 양육태도는 달라질 수 있다. 전문직업을 가진 아버지와 막노동을 하는 일용직 아버지의 양육태도가 크게 차이가 날 수 있다. 또한 가족의 소득수준도 여러 면에서 부모의 양육태도에 영향을 미칠 수 있으며, 특히 자녀의 교육, 경제생활, 사회생활에 지대한 영향을 미칠 수 있다.

여섯째, 부모의 양육태도는 가족의 구성형태와 분위기를 반영한다. 편부·편모 가정은 부모 가정과는 사뭇 다른 부모 양육태도를 보일 수밖에 없다. 또 다른 형제나 조부모의 존재도 부모의 양육태도에 영향을 미친다. 부부가 원활한 부부생활을 영위하고 있느냐의 여부 또한 부모의 양육태도에 영향을 미친다.

일곱째, 부모의 양육태도는 정치·경제·사회·문화적 환경변화의 영향을 받는다. 국가가 급격한 경제 성장 과정에 있던 1970~1980년대의 부모 양육태도는 당시 상황에 맞춰 어느 정도는 권위적이고 적극적이며 노력 지향적인 모습을 띠었지만 1990년대 이후에는 매우 민주적으로 변모하였다.[4] 가족에 따라 어느 정도 편차는 있겠지만 부모 양육태도도 시대 흐름에 따라 변모해 간다.

부모의 양육태도란 자녀가 자신의 성장기 동안 자신에게 투사되었다고 생각하는 부모의 일반적이고 보편적인 양육태도를 뜻한다.

---

3) 부모 양육태도는 어떤 형태로든 자녀에게 영향을 미치게 되어 있고, 이에 대해 자녀들은 언젠가는 인지하게 되어 있다. 자녀와의 연계선상에서 부모 양육태도를 보아야 하는 만큼 자녀가 지각하는 부모 양육태도는 의미가 있다. 부모 양육태도를 정확히 이해하기 위해서는 부모-자녀 간의 상호작용을 관찰하는 것이 가장 객관적인 방법이기는 하지만 실제 부모의 양육태도보다는 부모의 양육행동에 대한 자녀의 지각 및 표상이 이들의 심리적 적응에 더욱 중요한 의미를 지닐 수 있다고 하겠다(문경주·오경자, 2002, p. 29-43).

4) 이대희(1998)는 20세기 후반 우리나라의 국력 성장 과정을 기승전결의 네 단계로 나누고 각 단계별로 다르게 나타나는 국민 사고방식이나 욕구, 가치관에 대해 정리한 바 있다.

2 부모 양육태도와 성격형성

1) 부모 양육태도와 자녀 발달단계

자녀들의 성격과 심리적인 문제들은 어린 시절에 부모와의 관계에서 순조롭지 못한 경험과 느낌이 배후에 있다. 자녀의 심리적 단계는 일반적으로 다음 [표 1–1]에서 보는 바와 같이 정상적 자폐기, 공생기, 분리–개별화기, 외디퍼스 갈등기로 구분해 볼 수 있다(Mahler, 1968).

[표 1–1] 성격 발달단계

구분 \ 기간	출생~3개월	18개월	36개월	60개월
시 기	정상적 자폐기	공생기	분리–개별화기	외디퍼스 갈등기
정신과 질병	자폐	우울증/유기불안	경계선 성격장애	신경증

출처 : Mahler(1968).

(1) 정상적 자폐기

정상적 자폐단계에서는 외부자극에 대한 리비도 집중이 상대적으로 없다. 이것은 자극장벽(Freud, 1895: 1920), 즉 외부자극에 대한 유아의 선천적인 무반응이 가장 명확하게 나타나는 시기이다. 유아는 하루의 대부분을 반은 자고, 반은 깨어 있는 상태로 지낸다. 주로 배고픔이나 다른 욕구, 긴장으로 인해 울 때 깨어나고, 이어 긴장이 해소되어 만족하면 다시 잠든다. 심리적 과정보다는 생리적 과정이 우세하며, 이 시기의 기능은 생리적인 용어로 가장 잘 나타낼 수 있다. 유아는 생리적 성장을 촉진하기 위하여 출생 이전과 비슷한 상황을 유지하며, 극단적인 자극으로부터 보호된다.

감각 중추의 상태를 은유적으로 개념화하여, 생후 첫 몇 주를 정상적 자폐단계라고 부른다. 왜냐하면 이 단계에서 유아는 욕구충족이 그 자신의 무조건적, 전능적,

자폐적 속성으로 보이는 원초적, 환각적 혼돈 상태에 있기 때문이다(Ferenczi, 1913).

출생 이후 처음 몇 주 동안은 절대적인 일차적 자기애의 단계로서, 유아는 돌보는 사람을 자각하지 못한다. 이것이 우리가 정상적 자폐증이라 이름 붙인 단계이다(Margaret et al., 1997).

정상적 자폐기는 출생 후 3개월까지로 아직 주변 상황에 대해 제대로 적응하지 못하고 불안감을 느끼는 시기이다.[5] 출생 초기, 주변 사람의 분위기가 아이에게 영향을 미치는데 주변의 즐겁고 만족스런 분위기나 냉담하고 불만족스러운 분위기가 그대로 아이에게 전달된다. 냉담하고 불만족스러운 분위기 속에서 자라는 아이는 자폐의 각질 속에 쌓인 채로 성장하여 자폐 증상이 나타날 가능성이 높다(임종렬, 2001).

자폐단계는 외부자극에 대한 집중이 상대적으로 없다는 것으로 특징지어질 수 있지만 이것은 외부자극에 대한 반응이 전혀 없다는 것을 의미하지는 않는다. 외부자극에 대한 이러한 순간적인 반응이 곧 정상적 자폐단계와 이후 단계들을 연결시켜 준다(이재훈, 2000).

(2) 공생기

공생기는 생후 4개월부터 18개월까지로 아이가 자신을 양육하는 사람(양육자)[6]과 완벽하게 애착의 관계를 갖는 시기이다. 이런 애착 관계 속에서 아이가 사랑과 보호를 받고 있다는 느낌을 받아야 하는데, 이때 아이가 양육자로부터 필요한 사랑과 보호를 충분히 받을 경우에는 아이가 양육하는 사람을 믿고 의지하게 된다.

---

5) Mahler(1958)는 유아기적 자폐증과 공생적 정신병 등 두 가지를 극단적인 정체성의 장애라고 언급하였다. 우리는 정체감이라는 용어를 사용하여 존재감, 실체감에 대한 최초의 의식-이것은 '내가 누구인가?'라는 느낌이 아니라 '이것이 나!'라는 느낌-을 표현한다. 이것이 개인성의 전개과정에서 최초의 단계인 것이다(이재훈, 1997)

6) 양육자 : 아이를 돌보는 사람, 즉 어머니가 돌보면 어머니가 양육자이고 할머니가 돌보면 할머니가 양육자가 된다. 여기서는 양육자를 어머니로 표기하기로 한다.

믿음과 의지의 반복 속에서 대상 항상성[7]이 형성되며 아이는 부모가 곁에 없어도 곁에 있는 느낌을 받게 된다. 아이가 공생기를 원만하게 보내지 못할 경우 성인이 되어서 외부로부터 심한 스트레스를 받으면 감정장애라고 하는 우울증을 겪게 되고 나아가 정신분열증까지도 경험할 수 있다. 우울증은 외롭기 때문에 나타나는 질환으로 외롭게 지냈다는 것은 양육자와 정신적으로 애착된 관계를 가지지 못하고 거리를 두고 지냈다는 것을 의미한다.

(3) 분리–개별화기

분리–개별화기는 생후 19개월부터 36개월까지로[8] 아이, 즉 자녀들이 부모인 양육자로부터 독립하고자 노력하는 시기다. 이 시기는 부모가 자녀와 심리적 분리를 이루기 위해 자녀에게 자율성을 허용하는 시기로 자녀가 성인이 되기 위해서는 부모로부터 정신적인 독립이 완벽하게 이루어져야 한다.[9] 부모에 의해 통제되거나 간섭받으면서 독립이 완벽하게 이루어지지 못했을 때 경계선 성격장애의 요소를 지니게 된다. 즉 반사회적 성격, 인격 장애, 다면성 정신장애 등의 잠재성 정신질환을 갖게 된다.

18개월에서 36개월 된 유아는 그 자신의 자라나는, 즐거운 그리고 열정적으로 지켜 온 자기 이미지를 어머니나 다른 중요한 사람의 침해로부터 방어하기 위하여 방어에 초점 맞춘다. 이것은 분리–개별화 단계에서 임상적으로 두드러지게 나

---

7) 대상 항상성이란 부모의 애정이 지속적으로 반복되면서 부모가 곁에 없어도 부모가 곁에 있는 것처럼 느끼는 것을 말한다.

8) 분리–개별화 단계는 자아발달에 있어서 핵심적이다. 이 단계에는 공포가 분리불안이라는 주장도 있는데 불리불안은 유기불안과 연결된다. 분리–개별화 단계는 두 번째 탄생 경험으로 심리적 '부화'라고 기술한다. 부화는 생물학적 탄생만큼이나 필연적인 것이다(Mahler & Gosliner, 1955).

9) 18~36개월 된 유아는 그 자신의 이미지–자신이 자라면서 즐겁고 열정적으로 지켜 온 자기 이미지–를 어머니나 다른 중요한 사람의 침해로부터 방어하기 위하여 방어에 초점을 맞춘다. 이것은 분리–개별화 단계에서 임상적으로 두드러지게 나타나는 중요한 현상이다.

타나는 중요한 현상이다. Anna Freud(1951b)가 지적하였듯이 2~3세 아동에게서 일종의 정상적인 부정적 반항기가 관찰된다. 이는 어머니-아동 공생기로부터 떨어져 나오는 과정에 수반되는 특징적인 행동 반응이다. 공생기가 덜 만족스럽거나 더 기생적 일수록 이러한 반항적 반응은 더 뚜렷하며 과장될 것이다. 재함입(reengulfment)에 대한 공포가 최근에 간신히 시작된 개인의 분화를 위협하므로 분화는 방어되어야 한다. 15개월에서 18개월이 넘으면 어머니와의 합일이나 동일성이라는 원초적 단계는 자아와 대상세계의 발달에 더 이상 건설적이지 않다(Mahler & Gosliner, 1955).

(4) 외디퍼스 갈등기

외디퍼스 갈등기는 생후 37개월부터 60개월에 이르는 시기로 부모를 이성의 시각으로 바라보는 시기이다. 이 시기는 독립된 인간이 새롭게 이성이라는 존재에 대해 눈을 뜨는 시기로 여성 혹은 남성의 이미지가 설정되어지는 것이 특징이다. 분리-개별화 시기까지 행복하게 성장했어도 외디퍼스 갈등기를 잘못 보내면 외디퍼스 갈등기 정신질환을 잠재적 요인으로 가지게 된다. 이 시기를 잘못 보냈을 때 나타날 수 있는 질환으로는 자기도취증이나 신경증 같은 것들이 있다. 무엇보다 외디퍼스 갈등기는 이성의 부모를 연인으로 생각하고 사랑하는 시기이다. 따라서 아이가 원하는 만큼 이성 부모를 사랑할 수 있어야 하고 이성 부모로부터 충분히 사랑을 받아야 한다. 이성 부모로부터 충분한 사랑을 받았을 때 아이는 다시 동성 부모와 동일시하게 되고 이때 비로소 아이는 동성 부모가 행하는 역할을 모방하여 동성 부모와 같이 행동하게 된다(임종렬, 2001).

성장 과정의 각 시기를 잘 보내면 건강한 자아 인격체로 성장하여 행복한 가정생활을 영위하고 다른 외부 사회나 조직 구성원들과 좋은 인간관계를 유지할 수 있게 된다. Freud는 '에너지 보존의 법칙'에서 영·유아 시절에 부모-자녀관계 속에서 이루어졌던 상호작용의 경험과 느낌의 만족감, 두려움, 우울, 슬픔, 공격, 행복, 불행의 느낌 등이 무의식의 저장 창고에 저장되며 이것이 인간의 에너지 요소로 작용하면서 삶의 현실 거래를 만든다고 주장하였다. 인간의 무의식이 에너지화되어 인간관계에 작용하고, 조직행태에서도 자신의 무의식적 자아의 작용이 자신도 모르는 사이에 연속된 게임에 작용하면서 인간은 선택, 결정을 내려야 하는 상황에서 자아개념인 가치관, 신념 등의 작용에 의해 결정을 내린다.

2) 부모 양육태도와 성격형성

자녀의 성격형성에 있어 부모의 양육태도는 중요한 영향을 미친다. 이에 관한 연구는 매우 많이 축적되어 있다.

Dix(1990)는 부모–자녀관계에서 정서적 역할에 관한 몇 가지 결론을 도출하였다. 첫째, 강한 감정, 긍정적 또는 부정적 감정은 일상적으로 부모와 자녀 간에 표현되고 경험되는 것이다. 둘째, 애정과 적대감과 같은 부모의 감정은 자녀 성장환경의 질을 예견한다. 셋째, 부모의 정서는 부모의 대처 자원이나 직업 스트레스, 결혼 스트레스와 같은 삶의 사건들에 의해 부분적으로 결정된다. 넷째, 만성적이고 강하고 부정적인 부모의 정서는 가족의 역기능성, 아동학대, 모성의 우울 등을 예견한다. 이런 요소가 부모의 정서에 영향을 미치고 나아가 부모–자녀관계에까지도 영향을 준다. 이런 변수들이 부모됨의 질이나 발달적인 결과, 가족이 처한 환경적인 스트레스와 지지의 영향을 나타내는 바로미터라고 하였다.

부모의 양육태도는 부모 자신이 의도한 바와는 다르게 자녀에게 지각될 수 있다. 부모가 자녀를 애정적으로 양육하였어도 부모의 양육태도를 받아들이는 자녀 입장에서 이를 충분하다고 느끼지 않으면 부모의 양육태도는 부정적으로 작용할 수 있다. 어떤 자녀가 부모에 대해 부정적으로 인식하면 은연중에 자신에게도 부정적인 인지도식이 그려진다. 부모 양육태도는 애정적·수용적·자율적인 경우가 적대적·권위적·통제적인 경우보다 대인 문제해결에 긍정적으로 작용한다.

부모의 양육태도와 자녀성격에 관한 연구는 주로 자녀의 부적응 행태, 일탈행동에 초점을 맞춰 이루어졌다. 인간의 심리적 문제들, 부정적인 관계방식들의 배후에는 순조롭지 못한 어린 시절 부모와 관계된 경험들이 영향을 미친다는 것이다(이재훈, 1997).

자녀의 사회화 과정과 성격, 행동발달은 그를 둘러싼 주변 환경, 특히 부모와의 관계에 의해 상당한 영향을 받기 때문에 부모-자녀관계를 나타내는 양육행동이나 방식의 어떤 측면이 자녀발달에 큰 영향을 미치는지에 대한 연구가 꾸준히 계속되고 있다(Bank & Patterson, 1992; Barth & Parke, 1993; McFadyen-Ketchum et al., 1996).

효율적으로 자녀를 양육하는 부모들은 공정하고 합리적인 방식을 적용함으로써 자녀가 부모의 통제를 받아들이고 내면화하는 것이 용이하다. 또 부모의 행동기준이 안정적이고 애정적이어서 자녀에게 신뢰감을 주고 타인을 존중하는 행동모델을 보임으로써 자녀에게 효율적인 강화를 시킬 수 있다(Kuczynski et al., 1987). 애정적인 부모의 자녀와 그렇지 못한 아동집단을 비교한 결과 애정을 많이 받은 집단은 협동적이고 우호적이며 정서적으로 안정되어 있어서 쾌활한 인성이 나타났다. 이에 비해 거부를 경험한 집단은 정서적으로 불안정하고 초조하며 활동이 어수선하고 호전적인 행동이 많이 나타났다(Symonds, 1949).

어머니의 행동은 아동발달에 가장 결정적인 요인이며 탐색의 자유를 주고, 단호하고 분명한 제한을 하며 아동과 적극적으로 어울리고, 아동의 요구에 즉각적이고 민감한 반응을 보이는 행동 등은 아동의 발달에 있어 매우 중요하다(White & Watts, 1983). 인생(생활) 각본은 어린 시절에 만들어지고 부모에 의해 강화되며 후속 사건에 의해 정당화되어 결국 선택된 대안으로 완결되는 것이다. 여기서 인생 각본이란 어린 시절 부모의 영향 아래에서 발달하여, 현재도 그 영향력이 미치고 있는 진행 중인 프로그램을 말하며 개인 인생의 가장 중요한 국면에서 어떻게 행동해야 할지를 지도하는 것을 의미한다(우재현, 2004).

어릴 때부터 진행된 부모의 일관된 정서적 지지는 성인기에 건전한 인간관계를 형성하고 건강한 심리적 발달을 이루는 필요조건이다. 아동은 돌보는 사람과의 관계에 의거하여 관계에 대한 정보를 심리적 표상 혹은 내적 실행모델에 조직화한다. 또 내적 실행모델에 자신의 대외 '관계'에 대한 느낌과 경험 등이 구조화되어 외부로부터의 정보에 반응한다. 부모 양육태도는 아동이 건강한 정신내적 구조로 성장하는데 결정적인 역할을 담당한다(Bowlby, 1988).

아동기의 안정적인 애착경험은 성인기의 성공적인 대인관계에 영향을 미친다. 성공적인 대인관계의 형성을 위해서는 자아존중감을 계발하고, 우울증과 폭력성을 피하기 위하여 '감정 이입'을 해주는 것이 필요하다. 또 '정확한 반영(accurate mirroring)'을 꾀하고 '정서적인 양육'이 제공되며 '무조건적이고 긍정적인 보상'을 하는 부모가 필요하다(박은미, 1999).

부모의 양육형태는 애정적/적대적, 자율적/통제적, 민주적/권위적, 반응적/비반응적, 수용적/거부적, 아동 중심적/부모 중심적 양육으로 각기 나누어 볼 수 있다(Moccaby & Martin, 1983). 이 가운데 전자 형태의 양육을 받은 자녀들은 안정된 애착을 형성(Emde, 1980)하는 반면 후자 형태의 양육을 받은 자녀들은 성인기에 적응상의 문제를 보인 것으로 나타났다(Briere & Runtz, 1988: 1990).

결과적으로 낮은 부모의 돌봄이나 과보호적 양육태도 등은 부정적인 부모-자녀 결속을 가져오고 이것은 성인기의 대외 '관계'를 발달시키는 능력에 손상을 주게 된다. 낮은 자존감은 생활상의 위기에 대처하는 중심적인 기제를 약화시키고 불충분한 부모의 돌봄은 취약함을 형성하게 하며 과보호적인 양육은 사회적 기능에 있어서 다소의 손상을 초래한다. 부모-자녀 결속은 성인기 사회적 결속과 연관되는데 이는 여성에게 더욱 명확하게 나타난다(Parker & Asher, 1987).

애착에 대한 어머니의 내적 작동모델[10]은 부모와의 경험에 기반을 둔 아동기 동안 발달한다. 45쌍의 어머니-아동을 대상으로 어머니의 내적 작동모델과 어머니-자녀 상호작용행동을 탐색한 결과 안정된 애착으로 분류된 어머니들은 자녀

10) 내적 작동모델이란 '애착과 관련된 정보를 조직하고 그 정보에 대한 접근을 획득하거나 제한하는 일련의 규칙'으로 자신과 타인에 대한 정신적 표상을 의미한다. 이는 양육자에 대한 애착은 아동이 양육자로부터 보살핌을 받을 때의 정서적 경험을 기초로 자기와 애착인물 및 외부세계 사이의 관계를 나타내는 내적 작동모델로 구조화된다는 것을 시사한다.

에게 애정적이었으며 분리 시에도 자녀에게 충분한 준비를 시켰다. 불안정 애착유형 중 거부적 애착으로 분류된 어머니들은 자녀들에게 신체적으로 거리를 두고 있었으며 분리 시에도 자녀를 준비시키지 않았다. 반면 또 다른 불안정 애착유형 중 몰입적 애착으로 분류된 어머니들은 아동과 헤어지는 것에 대해 매우 불안해하고 분리 시 지나치게 자녀를 준비시키는 경향이 있는 것으로 나타났다(Crowell & Feldman, 1991).

영아가 어머니에게 나타내는 애착유형과 관계가 있는지 변인을 알아보기 위해 연구한 결과 어머니의 부당한 양육행태는 어머니 자신의 부모에 대한 스트레스와 과거 자신의 어머니에게서 경험한 수용과 거부 정도로 예측할 수 있었다. 이는 어린 시절 경험에 덜 방어적일수록 긍정적 부모행동을 할 수 있다는 연구(조은영, 1996)와도 입장을 같이하고 있다(박응임, 1995).

성인들의 생활양식이 어린 시절 경험에 의해 영향을 받는다는 것은 심리학적 접근에서도 중요한 개념이다. TA 각본[11] 이론의 특수성은 어린아이는 자신의 인생에 대해 단순하게 세상의 일반적 견해를 갖는 것이 아니라 독특한 설계(specific plan)를 세운다고 주장하고 있다.

한 연구에서는 부모의 양육과 사회적 지지와의 관계를 조사하였는데 부모양육에서 '높은 돌봄'과 '낮은 과보호'를 받은 자가 사회적 지지가 높은 것으로 나타났다. Hazan과 Shaver(1987)는 아동기 애착[12]은 성인기 대인관계 및 애정관계에 영향을 미친다고 주장하였다.

부모와 깊은 애착관계를 맺은 청소년들이 정신과적 증상이나 대인관계 문제를 덜 겪고 있다는 점이 발견되었다(Cavell et al., 1993; Papini et al., 1991). Styron

---

11) 교류분석(TA)은 높은 정신 작용을 통해 잘못된 사고, 잘못된 감정, 잘못된 행동, 잘못된 습관과 잘못된 성격을 개조하는 도구이므로 이를 활용하여 자기재창조를 하자는 것이며 이를 통해 팔자나 운명을 새롭게 만들어가자는 것이다.

12) 애착의 의미는 부모와의 애정관계가 만족스러웠는지, 불만족스럽게 욕구로 남아 있는지 등에 관한 애정의 정도를 의미한다.

과 Janoff–Bulman(1997)은 아동기에 부모와 부정적 애착관계를 경험한 사람의 경우 성인기에도 역시 불안정한 대인관계를 형성할 가능성이 높고 파괴적으로 행동할 가능성이 높으며 타인과의 부정적인 애정관계를 맺기 쉽다고 주장하였다. Lopez와 Heffer(1998)는 아동기의 신체적 학대가 성인기의 사회적 기능 및 자아개념에 미치는 영향을 연구하면서 부모와의 관계의 질이 아동기의 신체적 학대에 영향을 미치는 중요한 변수임을 지적하였다(박은미, 1999).

3) 부모 양육태도와 자녀의 사회적응행동

부모 양육태도는 자녀가 성장하여 가족이나 학교, 일반 사회조직에 적응하는 태도와 행동에 영향을 미친다.

(1) 청소년 일탈행동과 부모 양육태도

아동기에 애정적이고 애착관계에 있었던 부모를 가진 성인은 행복한 결혼과 자녀양육을 수행하고 중년기에는 자신의 결혼관계 외에 친구관계에 상대적으로 오랫동안 몰입하는 경향이 있다(Franz et al., 1991). 반면에 차갑고 거리감 있는 부모를 가졌던 사람은 자주 우울함을 느끼고 성인으로서 성공하기 어렵다고 생각하며 자신을 무가치한 존재로 여기는 경향이 있다(Lasko et al., 1996).

김혜영(1999)은 일반 청소년과 보호관찰 청소년의 심리사회적 부적응의 정도를 비교 연구하였다. 연구결과, 일반 청소년과 보호관찰 청소년이 지각한 부모 양육태도의 두드러진 차이점은 보호관찰 청소년의 경우 부모로부터 엄격한 통제, 심한 체벌, 비일관적 훈육, 무분별한 분노 표현을 경험하였다는 점에서 찾을 수 있었다. 김혜영(1999)은 청소년으로서 자유로운 언어 표현의 억압, 느낌과 생각의 무시, 죄의식 유발 등의 심리적 통제가 사회 부적응 현상을 낳았다고 주장하였다. 이는 일반 청소년의 경우에 지각된 부모의 과잉 보호적 행동, 강압적 통제와 심리적 통제, 애정, 수용, 합리적 지도 등 다양한 요소들이 그들의 심리사회적 부적응에 영향을 미치는 것과 상이하다. 그리고는 초기 청소년의 심리, 사회적 부적응에 가장 영향을 미치는 부모의 양육태도는 '통제 행위'라고 결론을 내렸다.

부모의 행동이 본의 아니게 자녀에게 악영향을 끼치기도 한다. 법석을 피우는 아이를 때려주고 그런 짓을 못하게 하고 혹독한 비평을 하는 것은 '감정을 숨기라.'는 암시가 되기도 한다. 부모 말에 순응하지 않는 아이에게 벌을 주는 것은 '의견을 말하지 마라.'는 뜻이 되고, 부모의 무의식 속에서 모든 일에 일일이 간섭을 받는 아이는 '네 자신을 괴롭혀라.'는 충동을 부모로부터 받는 것이 될 수 있다. 이러한 대우를 받는 아이들은 어쩔 수 없이 부모가 암시한 바 있는 내용의 인간으로 전락하게 된다. 그리고 이러한 암시로부터 자기를 구출해 낸다는 것은 거의 불가능하다. 부모의 말에 순응하지 않고서는 '착한 자식이 될 수 없다.'는 관념이 철저하게 이들을 지배하고 있기 때문이다. 파괴적인 명령을 받고 자란 자녀들과 자기 자신의 생각을 억제받고 자라온 자녀들은 마치 주문에 걸린 아이들처럼 성장한 다음에도 자기의 운명 앞에 무기력한 인간이 된다.

물론 정상적인 아이들의 경우 어느 정도는 자율적 성장능력이 있고 외부 충격에도 원만하게 견뎌내는 능력을 갖추고 있다. 이런 정상적인 아이들의 경우에는 별로 문제가 되지 않을 수가 있지만 능력이 부족하고 성격적으로 과민반응을 보이거나 문제가 있는 아이들의 경우에는 심각한 문제를 유발할 수 있다.

3 부모 양육태도의 유형

1) 지배-수용 여부에 따른 분류

부모 양육태도는 부모가 자녀에 대해 어떠한 입장을 보이느냐에 따라 지배형과 복종형으로 나눌 수 있고, 부모가 자녀를 어떤 관점에서 바라보느냐 여부에 따라 수용형과 거부형으로 나눌 수 있다(Symonds, 1949). 지배형은 부모가 주도적 입장에서 자녀를 규제하고 이끄는 것이고, 반대로 복종형은 부모가 자녀의 뜻에 따라 쉽게 움직이는 양육방식을 말한다. 지배형은 다시 기대형과 엄격형으로, 복종형은 맹종형과 익애형[13]으로 세분할 수 있다.

지배형 부모, 특히 기대형 양육방식의 경우는 높은 기준을 설정하고 자녀가 그 수준에 도달하기를 바라는 형이다. 이런 양육방식은 자녀들의 높은 성취를 위해, 또 부모들이 가지고 있는 수준 높은 가치관의 실현을 위해 적당히 높은 기대수준을 목표로 정해 놓고 자녀들을 유도해 간다. 이런 부모양육방식에 대해 잘 순응하면서 능력을 발휘하는 자녀들의 경우에는 훌륭한 사람으로 발전해 갈 수 있다. 하지만 능력이 부족하거나 반항적인 자녀의 경우에는 부모와 대립하거나 일탈하는 행태를 보일 수도 있다. 부모가 현명하고 지적이며 능력을 가지고 있는 경우에는 비교적 합리적으로 자녀들을 이끌어 가지만 현명하지 못하고 막무가내식의 포악한 부모인 경우에는 자녀들을 소극적이고 피해주의적인 모습으로 만들어 갈 수도 있다. 특히 엄격형 양육태도의 경우에 그런 현상이 나타나기 쉽다.

복종형은 부모가 자녀들의 의견을 존중하고 우선시하며 비교적 자율적인 분위기를 가지고 있는 양육방식이다. 이런 양육태도는 부모가 무능력하여 거의 자녀를 통제할 수 없는 경우, 특히 맹종형의 경우나 자녀가 귀여운 나머지 전혀 통제력을 발휘하지 못하고 사랑에 빠져 있는 익애형의 경우가 모두 포함된다.

수용형의 부모가 자녀를 자신의 일부로 받아들여 존중하고 아끼는 반면에 거부형의 부모는 자녀에게 애정 주기를 거부하고 무관심, 벌주기, 적대 감정의 표출 및 조건 있는 애정을 보인다. 전자의 경우에 자녀들이 부모와의 관계에 있어서 호의적이고 의지적인 데 반하여 후자의 경우에 자녀들은 애정의 요구, 주위를 끌려는 행동, 반항, 공격, 거짓말, 도둑질, 이상행동, 신경증적 경향과 같은 문제행동을 나타낸다.

위의 유형 분류의 사이에 익애, 방임, 무시, 잔인 등을 가미시켜 직교 좌표를 제시하면 [그림 1-1]과 같다.

---

13) 익애형이란 맹렬히 사랑, 즉 과보호적 사랑을 말한다.

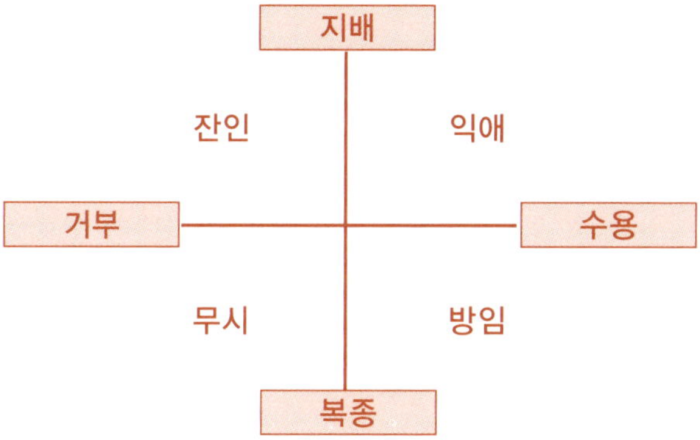

[그림 1-1] Symonds의 양육태도 유형

2) 민주성 여부에 따른 분류

Baumrind(1971)는 부모의 양육태도를 통제, 성숙에의 요구(maturity demand), 부모-자녀 간의 의사소통, 온정 등의 요소를 고려하여 세 가지 유형으로 분류하였다. 즉, 민주형·권위형·허용형이 그것이다. 세 유형의 특성을 살펴보면 다음과 같다.

(1) 민주형 태도

이 유형의 부모들은 온정적·후원적이고 자녀의 의견을 경청하며 자녀의 의견을 존중한다. 자녀의 개별성을 인정하여 자녀의 결정을 존중하고 가족의 문제를 함께 의논하며 자녀를 긍정적으로 격려한다. 자녀에게 명백하고 합리적인 요구를 하며 서로의 권리를 인식하고 존중하며 독립심을 길러준다. 또 부모는 합리적인 방법으로 자녀를 통제한다. 이러한 부모의 자녀들은 높은 자기 신뢰감으로 새로운 과제에 빨리 숙달되고 쾌활하고 열의가 있으며 자기 통제적이어서 타인에게 무례한 행동을 삼가하려는 경향이 있다. 또한 해야 할 일과 하고 싶은 대로 하는 일을 잘 조절한다.

(2) 권위형 태도

이 유형의 부모들은 복종에 가치를 두기 때문에 자녀가 무조건적으로 부모의 말을 따르도록 요구하며 자녀가 부모와 다른 생각이나 의견을 허용하지 않는다. 부모–자녀 간의 의사소통은 거의 이루어지지 않고, 자녀가 부모의 기준에 어긋나거나 복종하지 않을 경우 처벌을 한다. 이러한 부모의 자녀들은 타인에 대한 배려가 부족하여 또래와의 관계에서 안정적이지 못하다. 이에 또래관계를 형성하는데 불안한 상호작용을 보인다. 또한 좌절과 실패를 경험할 때 적절히 대처하는 대신 적대적이고 공격적인 반응을 보인다.

(3) 허용형 태도

이 유형의 부모는 자녀의 자율적 행동을 광범위하게 인정한다. 부모가 자녀에 대해 지나치게 온정적이거나 비지배적이며 자녀에게 벌을 주거나 요구하는 경우가 거의 없다. 자녀가 모든 의사결정을 스스로 하게 하기 때문에 타인을 괴롭히거나 피해를 주는 행동도 제재하지 않는다. 이 유형의 자녀들은 적절한 충동 조절에 어려움을 보이고 매우 미성숙하기도 하며 지나치게 의존적인 경우도 있다. 자신이 원하지 않는 일을 하도록 요구받을 경우 반항적이고 폭발적인 반응을 보인다. 이를 그림으로 나타내면 [그림 1–2]와 같다.

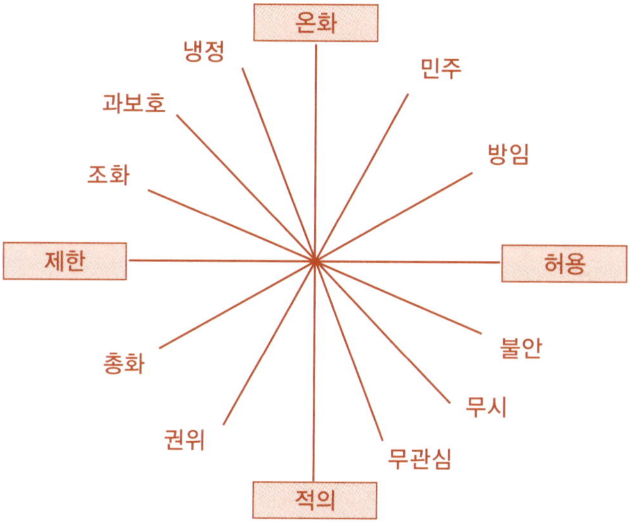

[그림 1-2] Becker의 양육태도 유형

Becker는 온화-허용이 결합하여 민주, 방임을 형성하고, 온화-제한은 조화, 과보호, 냉정을, 제한-적의는 총화와 권위를 그리고 허용-적의는 불안, 무시, 무관심을 형성한다고 주장하였다(황복한, 1996).

3) 애정-자율 여부에 따른 분류

Schaefer(1981)는 부모 양육태도의 애정 유무와 자율성 여부에 따라 네 가지 유형으로 분류하였다. 부모가 자녀에 대해 애정을 보여 수용하는가 아니면 자녀를 거부하고 적대적으로 대하는가를 한 축으로 고려하고, 자녀를 자유롭고 자율적으로 행동하도록 하는가 아니면 엄격히 통제하는가를 다른 한 축으로 하여 다음 [그림 1-3]과 같이 분류하였다(김은영, 1996).

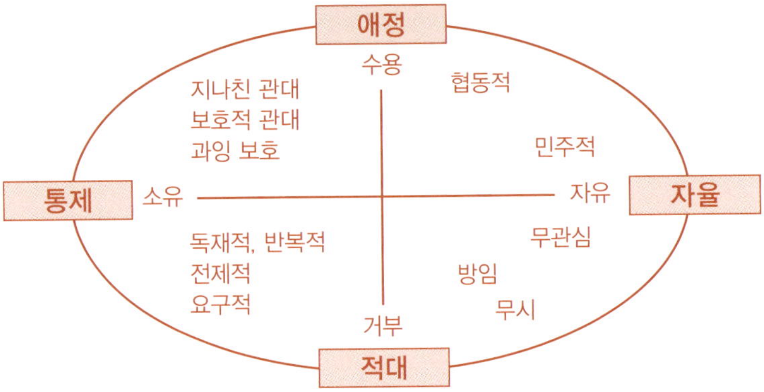

[그림 1-3] Schaefer의 양육방식에 관한 가설적 원형모형

애정형은 부모가 자녀를 따뜻하고 다정하게 대하는 태도인데 반해 적대형은 부모가 자녀를 무시하고 함부로 대하는 양육태도이다. 또 자율형은 자녀의 인격을 존중하면서 자녀의 판단을 믿고 지원하는 태도인데 반해 통제형은 자녀를 믿지 못하고 행동을 적극적으로 통제해 부모의 뜻대로 좌우하는 양육태도이다. 대체로 애정형과 적대형이 동일 차원에 있다고 볼 수 있고, 자율형과 통제형도 동일 선상에 있다. 이 두 차원의 태도 유형을 다시 중복시켜 다음과 같이 네 가지 유형으로 나눌 수 있다.

(1) 애정적-자율적 태도(affectional-autonomic attitude)

이는 자녀를 애정으로 대하면서 자율성을 부여하는 양육태도다. 이 유형의 부모들은 대체로 민주적이고 수용적이며 협동적이다. 자녀의 의사를 존중하고 부모의 강제적인 의사결정을 피하며 자녀를 존엄성 있는 인간으로 대한다. 통제나 복종을 요구하지 않고 부정적인 감정도 자유롭게 표현하게 함으로써 정서적인 안정을 돕는다. 이러한 부모의 자녀들은 능동적이고 적응적이며 독립적이다. 또한 목표지향적이며 창의적이고, 사교적이며 긍정적인 경향을 갖는다.

(2) 애정적-통제적 태도(affectional-controling attitude)

이는 부모가 자녀를 애정적으로 대하면서도 다른 한편으로 자녀의 행동에 많은 제약을 가하는 태도다. 부모들은 자녀에 대해 대체로 과보호적이거나 소유적인 태도를 보인다. 이것이 지나치면 부모들이 자녀를 소유물로 생각하여 자녀의 행동범주를 부모가 결정하고 자녀가 독립적인 행동을 할 때 좌절감을 느끼기도 한다. '부모의 확대된 자아'[14]로 인하여 자녀의 욕구보다는 부모의 욕구를 자녀에게 강요하기 때문에 자녀는 자신의 욕구를 포기하고 부모의 욕구에 민감해진다. 이러한 부모의 자녀는 부모의 욕구에 따라 행동하려는 성향이 있어 독립적이거나 주도적인 태도가 약하다. 미지의 세계에 대한 새로운 탐색 의욕이 저하되어 반응 습득의 기회가 축소되고 문제해결력이 약해질 수가 있다. 이러한 부모 밑에서 자란 자녀들은 규율에 순종적이고 도전적이지 않으며 학교일에 열성적이나 사교성과 창의성이 부족하고 의존적이다.

(3) 적대적-자율적 태도(rejecting-autonomic attitude)

이는 자녀에 대해 비수용적이고 거부적이며 자녀의 행동에 대해 방임적인 양육태도이다. 이러한 부모의 자녀들은 공격적이고 타인에 대해 적개심이 강하며 충동적인 경향이 있다. 또한 부모에게 적대적일 수 있고 내면화된 갈등과 고통을 지니며 자신에 대한 분노를 갖게 되어 자학적이고 퇴행적인 특성을 보인다. 적대적-자율적 태도는 자녀를 애정적으로 수용하지 못하고 거부하는 동시에 자녀를 마음대로 행동하게끔 내버려두는 방임적인 태도이다. 이러한 양육태도 아래에서 성장한 자녀는 일반적으로 공격적이며 자신의 행동조절능력이 미약하여 거절자아가 형성된다. 인간관계 속에서도 상대를 신뢰하지 못하고 폐쇄적이다. 자신에 대해서도 부정적인 감정을 가지고 자신의 소중함을 알지 못한다.

---

14) 확대된 자아란 부모가 어렸을 때 이루지 못하였던 것, 즉 하고 싶었던 것을 자녀에게서 대리만족의 욕구로 채우려고 하는 부모의 마음을 말한다.

(4) 적대적–통제적 태도(rejecting–controling attitude)

이 유형의 부모는 자녀들에게 신체적·심리적으로 체벌을 가하고 권위적·독재적이며 거부적인 태도를 보인다. 또한 이 유형의 부모는 정서적으로 미성숙하고 불안정하여 비일관적인 양육태도를 보인다. 잘못된 절대적인 기준을 세워놓고 자녀들의 행동과 태도를 평가하려고 한다. 부모의 뜻에 복종하지 않을 경우 무지막지한 체벌을 가한다. 이런 분위기 속에서 성장한 자녀는 정신질환을 가진 경우가 많고, 수줍어하거나 사회적으로 위축된 행동을 보이며 정상적인 대인관계가 어렵다. 자신에 대해서도 부정적이며 자기존중감이 낮다. 자학성이 심하고 극단적으로 자살 성향을 보이기도 한다. 성인이 되어서도 반사회적 행동과 감정 장애 등으로 사회적 적응이 힘들어진다.

이상에서 논의한 각 학자별 부모 양육태도의 특성을 간략하게 정리하면 [표 1–2]와 같다.

[표 1–2] 부모 양육태도 유형 비교

학 자	유 형	이 론(자녀태도)
Symonds (1949)	수 용	협동적, 우호적, 정서적 안정, 쾌활한 인성
	거 부	정서적 불안, 초조, 활동이 어수선하고 호전적
	지 배	예의 바름, 수동적 · 의존적, 반항적 · 투쟁적, 자립성 · 참을성 결여
	복 종	맹목적 · 익애적
Baumrind (1971)	민주적	높은 자기 신뢰감, 새로운 과제에 빨리 숙달, 쾌활하고 열의 있음, 자기 통제적
	권위적	타인에 대한 배려 부족, 불안한 상호작용, 적대적 · 공격적
	허용적	미성숙, 의존적, 반항적 · 폭발적 반응
Schaefer (1981)	애정적	능동적, 적응적, 정서적 안정, 독립적
	적대적	내면화 갈등, 자학적, 퇴행적
	자율적	창의적, 사교적, 긍정적
	통제적	도전적이지 않으며 학교일에 열성적이나 사교성과 창의성 부족, 의존적

4) 사회화와 가족의 영향

사회화란 개인이 속해 있는 사회집단에 적합하다고 생각되는 행동양식을 습득하는 과정을 말한다. 인간이 세상에 태어나서 사회구성원으로 성장할 수 있는 터전이 바로 가족이다. 부모는 아동이 이 세상에 태어나 최초로 관계를 형성하는 대상이며, 형제는 아동이 출생 후 처음으로 경험하는 또래집단이자 가장 오랫동안 개인의 사회화에 영향을 미치는 중요한 인물이다.

(1) 부모의 양육행동

부모의 양육행동은 개인의 성격형성에 가장 큰 영향을 미치는 요인이다.

① 애정과 통제

Baumrind(1991)는 애정과 통제라는 두 차원에 의해 부모의 유형을 네 가지로 나누어 설명하고 있다. 애정차원은 부모가 자녀에게 얼마나 애정적이고 지원적이며 얼마나 민감한 반응을 보이고 관심을 가지고 있는가 하는 것이다. 통제차원은 아동에게 성숙한 행동을 요구하고 아동의 행동을 통제하는 것을 말한다.

애정과 통제차원이 높은 경우는 '권위적 부모', 통제차원은 높지만 애정차원이 낮은 경우는 '권위주의적 부모', 애정차원은 높은데 통제차원이 낮은 경우는 '허용적 부모', 애정과 통제차원이 모두 낮은 경우는 '무관심한 부모'로 명명한다.

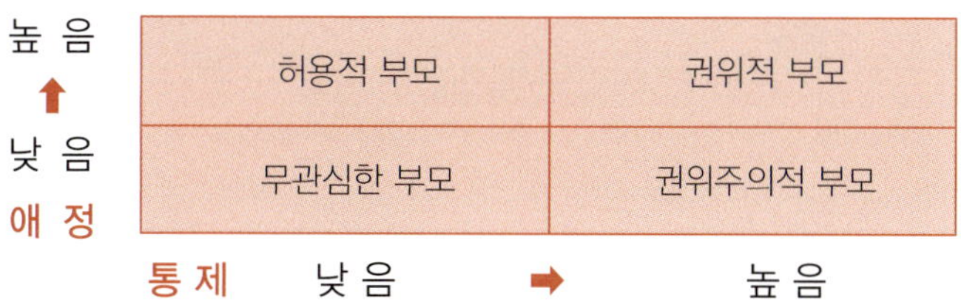

[그림 1-4] 애정과 통제 두 차원에 의한 네 가지 부모 유형

[표 1-3] 부모의 유형과 아동의 사회적 행동(Baumrind)

부모 유형	부모 특성	아동의 사회적 행동
권위적 부모	애정적 · 반응적이고 자녀와 항상 대화를 갖는다. 자녀의 독립심을 격려하고 훈육 시 논리적 설명을 이용한다.	책임감, 자신감, 사회성이 높다.
권위주의적 부모	엄격한 통제와 설정해 놓은 규칙을 따르도록 강요한다. 훈육 시 체벌을 사용하고 논리적 설명을 하지 않는다.	비효율적 대인관계, 사회성 부족, 의존적, 복종적, 반항적 성격을 보인다.
허용적 부모	애정적 · 반응적이나 자녀에 대한 통제가 거의 없다. 일관성 없이 훈육한다.	자신감이 있고 적응을 잘하는 편이나 규율을 무시하고 제멋대로 행동한다.
무관심한 부모	애정이 없고 냉담하며 엄격하지도 않고 무관심하다.	독립심이 없고 자기통제력이 부족하다. 문제행동을 많이 보인다.

② 자애로움과 엄격함

한국청소년상담원(1996)은 자애로움과 엄격함이라는 두 차원에 의해 부모 유형을 네 가지로 나누었다. 자애로움은 자녀를 신뢰하여 따뜻하고 관대하게 대하는 것을 말하고, 엄격함은 확고한 원칙을 가지고 정해진 바를 일관성 있게 밀고 나가는 것을 말한다.

[표 1-4] 부모의 유형과 자녀의 특성

부모 유형	부모 특성	자녀 특성
자애롭기만 한 부모	• 자녀의 모든 요구를 다 들어준다. • 자녀를 압도하기보다는 양보한다. • 말은 엄격하나 행동으로 보여주지 못한다. • 때로는 극단적으로 벌을 주거나 분노를 폭발하여 스스로 죄책감을 느낀다. • 벌주는 것 자체를 잘못이라고 생각한다.	• 책임을 회피한다. • 쉽게 조절하며 좌절을 극복하지 못한다. • 버릇없고 의존적이며 유아적인 특성을 보인다. • 인정이 많고 따뜻하다.
엄격하기만 한 부모	• 칭찬을 하지 않는다. • 부모의 권위에 의문 제기를 허락하지 않는다. • 자녀가 잘못한 점을 곧바로 지적한다. • 잘못한 일에는 반드시 체벌을 줘야 한다고 생각한다.	• 걱정이 많고 항상 긴장·불안하다. • 우울하고 자살을 생각하기도 한다. • 책임감이 강하고 예의가 바르다. • 지나치게 복종적, 순종적이다. • 부정적 자아이미지, 죄책감, 자기 비하가 심하다.
엄격하면서 자애로운 부모	• 자녀가 일으키는 문제를 정상적인 삶의 한 부분으로 생각한다. • 자녀에게 적절하게 좌절을 경험하게 하여 자기훈련의 기회를 제공한다. • 자녀를 장점과 단점을 함께 지닌 한 인간으로 간주한다. • 자녀의 잘못을 벌할 때도 자녀가 가진 잠재력을 인정한다. • 자녀의 장점을 발견하여 키워준다.	• 자신감 있고 성취동기가 높다. • 사리분별력이 있다. • 원만한 인간관계를 유지한다.
엄격하지도 자애롭지도 못한 부모	• 무관심하고 무기력한 부모형이다. • 칭찬도 벌도 주지 않고 비난만 한다. • 자식을 믿지 못하고 자녀가 고의적으로 나쁜 행동을 한 것으로 생각한다.	• 반사회적 성격으로 무질서하고 적대감이 크다. • 혼란스러워하고 좌절감을 많이 느낀다. • 세상 및 타인에 대한 불신감이 짙다.

출처: 한국청소년상담원(1996).

부모의 유형 중에서 바람직한 유형은 '엄격하면서 자애로운 부모'이고, 제일 바람직하지 못한 유형은 '엄격하지도 자애롭지도 못한 부모'이다. 우리나라에서 요즘 가장 많은 유형은 '자애롭기만 한 부모'이다.

우리나라 부모의 양육행동 유형을 알아본 연구에서, 엄부자모[15]가 30.4%, 엄부엄모가 8.2%, 자부엄모가 15.1%, 자부자모가 46.3%로 나타났다. 전반적으로 자부자모 유형이 가장 많은 것으로 나타나 우리의 전통 유형인 엄부자모 유형에서 크게 벗어나 있음을 알 수 있다.

우리나라 5, 6세 유아와 그 어머니를 대상으로 한 연구에서 어머니가 합리적으로 지도할수록, 그리고 애정적이고 친밀한 관계를 보일수록 유아는 사회적 능력 중 협조성이 높게 나타났다. 또한 어머니의 사회성과 양육 능력 및 애정이 높을수록 유아가 사회적으로 유능한 것으로 나타났다.

또 다른 연구에서는 어머니가 온정적이고 애정표현을 잘하며 자녀의 자율성을 격려해 주고 존중해 주는 경우, 아동은 또래관계에서 유능한 성향을 보였다. 또한 어머니가 또래와의 상호작용 기회를 빈번히 마련해 주고 또래와의 상호작용 상황을 간접적으로 감독하는 빈도가 높을수록 아동이 또래관계에서 유능한 경향이 있음을 보여주었다.

한편 아버지의 양육 참여도에서 아버지가 자녀와 함께 여가활동을 즐기고 생활지도에 적극 참여하며 자녀와 관계된 가사활동에 즐겁게 참여하는 경우일수록 그 자녀는 안정적인 사회 정서의 발달적 특성을 보였다. 즉, 내적 통제력이 강하며 또래와의 상호작용을 활발히 시도하는 것으로 나타났고, 성취동기와 호기심이 높아 사회적 활동성이 뛰어나며 다른 사람과 잘 협력하는 것으로 나타났다. 특히 아버지의 양육 참여 행동 중 생활지도, 놀이상대로서의 적극적 참여가 많을수록 유아의 성 역할 발달에서 융통성이 높고 친사회적 행동도 많은 것으로 나타났다(한국청소년상담원, 1996).

---

15) 엄부자모(엄한 아버지, 자애로운 엄마)

CHAPTER 02

발달단계에 따른 부모역할

초기 유아기의 경험 중 어떤 경험은 후속 성장과 행동 유형에 결정적 영향을 준다. 부모는 아동의 성장과 발달에 중요한 영향을 주는 사람이다. 그럼 Freud, Erikson의 발달단계에 따라 부모의 역할을 어떻게 해야 하는지에 대해서 자세히 살펴보자.

1 프로이드(Freud)의 심리성적 발달단계

Sigmund Freud(1856~1939)

Freud는 1856년 오스트리아의 Freiderg에서 40세의 상업을 하는 아버지와 20세 어머니 사이에서 장남으로 태어났다. 4살 이후 히틀러의 오스트리아 침입 때까지 생애 대부분을 비엔나에서 보냈다. 어린시절 명석했던 Freud는 독학으로 스페인어를 습득하여 돈키호테를 스페인어 원서로 읽을 수 있었고, 괴테의 저서를 통해 과학 분야에 흥미를 가지기 시작했다. 비엔나 대학의 의과대학에 진학하여 민물고기의 척수에 관한 중요한 연구를 하였다. Freud의 주요 생애는 정신의학과 정신장애에 대해 연구하고 출판하면서 시작되었다. 1886년 결혼 후 경제적인 문제로 정신치료자로서 개인진료원을 개업하였다.

Freud는 파리에서 히스테리에 관해 연구 중인 Charcot으로부터 최면에 대해 배웠으며, 이때부터 Freud의 위대한 업적이 시작되었다. 히스테리에 관한 Freud의 첫 번째 연구는 'Anna O'라는 여성을 치료하고 있는 Josef Breuer와 함께 최면법과 정화법(cathartic method)을 통해 환자의 신경증 증상을 완화시키는 것이었다. 이들은 1895년에 『히스테리에 대한 연구(*Studies on hysteria*)』를 출판하였다. 그러나 이 경험을 통해 Freud는 최면의 효율성에 회의를 갖고, 새로운 비최면법으로서 정신분석을 시작하였다. 그는 1896년 공식적으로 최면법 사용을 포기하였으며, 자유연상법(free association)을 사용하는 정신분석학의 선구자가 되었다.

1990년에 Freud의 첫 번째 저서인 『꿈의 해석(*Interpretation of dreams*)』이 출판되었다. 그는 꿈의 해석을 '무의식으로 가는 왕도(The royal road to un-conciousness)'라고 하였다. Freud의 나이 46세에 그의 명성이 높아졌고 연구에 많은 지지자들이 모이기 시작하였다. 같은 해에 임상심리학자 Janet으로부터 파리 대학의 교수 자격을 수여받았다. 초기 Freud의 제자들은 Alfred Adler, Carl Jung 등이 있었으며, 몇 년 후 이들은 독창적인 정신분석 이론을 발달시켜 Freud로부터 분리되었다.

Freud는 그의 삶이 다할 때까지 정신분석이론을 발전시키고 수정하였다. 생의 후기에 16년 동안 턱암으로 고통을 받았으며, 1933년 나치의 핍박으로 베를린에서 그의 저서들이 불태워지기도 하였다. 1938년 런던으로 망명하여 그 다음해 1939년 83세의 나이로 타계하였다.

Freud의 영향력은 심리학 분야에서 뿐만 아니라 문학 등 여러 다양한 분야에서 지대하였으며, 20세기의 지적 발달에 큰 공헌을 하였다.

Freud는 아동의 발달과정이 환각적 욕구 충족에서 현실적인 상황들과 타협하는 방식으로 변해야 한다고 말했다. Freud는 유아가 어떻게 외부세계와 관계를 맺게 되는지 이해할 수 있는 틀을 제공해 주고 있다. 예를 들어, 구순기 영아는 빨고자 하는 자아양식을 갖는데, 아동의 주변환경은 이러한 욕구를 때로 충족시켜주기도 하고 때로는 좌절시키기도 한다. 이처럼 욕구가 충족되는 긍정적 경험과 좌절되는 부정적 경험이 교차하는 과정 속에서 자아양식이 일부 위기를 경험하게 되기도 한다. 만일 긍정적 경험의 비율이 부정적 경험의 비율보다 높으면 위기는 긍정적으로 극복되며 아동은 긍정적 성격으로 발달하게 된다. 그러나 반대의 경우 부정적 성격을 갖게 된다.

Freud가 제시한 성격발달의 기본원칙은 첫째, 정신적 결정론으로, 인간의 정신적 활동을 이전의 초기 생활경험이나 행동의 결과로 보는 것이다.

둘째, 무의식의 중요성이다, 즉 인간의 행동이 의식적 과정이라고 보기보다는 인식할 수 없는 무의식에 의해 동기가 유발된다고 본 것이다. 본능적 성적 에너지인 리비도는 행동과 사고의 동기가 된다고 간주하고 있다.

Freud에 의하면 성격발달은 영아기부터 청소년기까지 구강기, 항문기, 남근기, 잠복기, 생식기의 5단계에 걸쳐 이루워지는데, 이 단계 중 앞의 구강기, 항문기, 남근기 3단계가 성격형성에 결정적 역할을 한다.

1) 심리성적 발달단계

(1) 구강기(oral stage) : 출생~1세 반

신생아들에게는 자체성애적 본능들이 존재한다. Freud는 자체성애가 자기애로 변형되기 위해서는 자아의 발달이 필수적이라고 주장한다(1924a, p. 77). 그러므로 자기애는 자체성애와 대상 사랑의 중간 지점에 위치한다(1911b). 이 시기의 아기는 어머니의 젖꼭지를 빨면서 성장해 나가는데, 이는 영양 섭취로서의 의미만이 아니라, 구강 점막의 쾌감을 즐긴다는 의미도 갖고 있다.

이 시기에 리비도가 집중하는 부위는 구강이다. 이 시기에는 입, 입술, 혀, 잇몸 등을 자극하는 데서 만족을 느끼기 때문에 빨고, 삼키고, 깨물면서 만족을 얻는다. 어머니와의 사이에 바람직한 정서적 교류와 함께 평온함을 경험하면서 충분한 구강 쾌감을 맛본 영아는 어머니에 대한 신뢰감을 느끼게 된다.

이것은 인간의 기본적 신뢰감의 기초가 된다. 이런 경험과 느낌이 누적이 되면 삶을 살아가는데 있어서 자신의 능력을 신뢰하고 긍정적인 성격이 형성되며, 타인과의 긍정적인 인간관계도 형성하게 된다. 그러나 이 시기에 어머니와의 따뜻한 정서적 교류가 결핍되면, 구강 쾌감이 약하므로 여유가 없고 외로움을 느끼면서 타인에 대한 불신감이 커져 부정적인 인간관계로 삶의 어려움을 겪는다.

Freud에 의하면 구강기 전반에 좌절 혹은 방임을 경험하면 구강 수동형 성격이 된다. 이런 경우에는 성인이 되었을 때 세상일에 매우 낙관적이고, 타인을 믿고 의존하며, 모든 것을 희생해서라도 타인에게 인정받고 싶어 한다. 이런 사람은 수동적이며, 미성숙하고, 안정감이 없고 과도한 의타심을 보이고 남에게 잘 속는 특징을 지니고 있다.

리비도가 구강기 후반에 고착되면 논쟁적이고, 비판적이며, 상대방 비꼬기를 잘하고, 자신에게 필요할 때까지 타인을 이용하거나 지배한다. 이 시기의 부모역할은 아기의 요구에 반응하는 부모의 민감성이 중요하다. 태내에서 나온 신생아는 무력한 존재이기 때문에 먹이고 재우는 등의 기본욕구를 충족시키고 일관된 양육과 따뜻한 마음으로 돌보는 부모양육태도가 중요하다.

(2) 항문기(anal stage) : 1세 반~3세경

항문기는 구강기와는 달리 신체 내부에서 외부로 내보내는 배설행위에 의해 쾌감을 즐기는 시기이다. 이 시기의 아이는 배설을 중심으로 '저장'하는 것과 '배출'하는 것에 대한 자율적 욕구가 증대한다. 그러나 동시에 이 시기에는 부모에 의한 양육, 즉 아이의 생각대로 배설을 시키는 것이 아니라 부모가 정한 규칙에 의해 배설해야 하는 압력도 증대한다. 이 시기의 아이는 자율성의 획득을 둘러싸고 부모의 사랑과 승인을 얻기 위하여 협력과 자기주장, 자기표현과 자기억제 사이에서 갈등을 경험한다.

또한 대소변의 배설을 참으면서 어느 정도까지 몸속에 저장하였을 때 생성되는 충족감, 그리고 인내의 한계를 넘어서서 배설할 때 생성되는 해방감을 느끼는 시기이다. 이 시기의 유아는 신경계의 발달로 괄약근을 수의적으로 조절할 수 있기 때문에 자신이 원하는 대로 배변이나 배뇨를 조절할 수 있게 되며, 배설행동을 중심으로 성격이 발달한다.

Freud는 이 시기에 형성되는 성격 특성으로 꼼꼼함, 인색함, 완고한 성격의 3요소를 제시하고 있다. 꼼꼼한 성격은 배설물의 시말(始末)을 자신 스스로 깔끔히 처리할 때 생성된다. 또한 배설물은 유아의 입장에서는 부모의 요구에 의해 일방적으로 내보낸다는 의미를 갖고 있기 때문에 처음으로 '내보내는 것'에 대한 아쉬움이라는 관념이 유아에게 생성되면서 욕심과 함께 인색한 성격이 나타나게 된다.

항문기는 처음으로 타인의 요구에 의한 순종을 경험하는 시기로서, 이때 오히려 그것을 거부함으로써 자신의 주장을 표현하는 경험을 갖게 된다. 그러나 이것이 반복되면 완고하고 반항적인 성격 특성이 형성된다.

항문기의 양육이 원만히 진행되기 위해서는 먼저 구강기에 양육자와의 사이에 신뢰감이 잘 형성되어 있어야 한다(현정환 2005).

이 시기의 부모역할은 대소변을 가리게끔 하는 청결습관을 가르치는데 이것이 배변훈련(toilet training)이다. 배변훈련이 성공하면 사회적 승인을 얻는 쾌감을 경험하고 창조적이고 생산적인 성격 특성이 발달한다. 그러나 부모가 지나치게 엄격하고 강압적인 배변훈련을 할 경우 유아는 일부러 지저분한 행동을 하고 부모에게 대항하기도 한다.

부모가 너무 일찍, 또는 너무 엄격한 배변훈련을 시켜 항문기 때 리비도가 고착되면 고집이 세고, 인색하며, 복종적이고, 시간을 엄수하며, 지나치게 청결한 특징을 보이거나 정반대로 잔인하고 파괴적이며 난폭하고 적개심이 강하며 불결한 특징을 보이기도 한다.

(3) 남근기(phallic stage) : 3, 4세~6, 7세경

이 시기의 아이는 부모와 같은 사람이 되고 싶다는 욕구를 갖게 된다. 또한 이 시기는 유아적·성적 호기심이 강해서 생식기에 대한 관심을 갖는 아이도 있다. 이러한 욕구나 관심을 갖고 있으면서 환경에 대해서 적극적으로 탐색하고자 하는 욕구도 보인다.

이 시기는 리비도가 성기 부위에 집중되며 성기의 자극으로부터 쾌감을 느끼는 시기이다. 이 시기가 되면 아동은 자신의 성기에 대해 관심을 갖고 자위행위를 하기도 하며 출산이나 성에 대해서도 많은 질문을 한다. 예를 들면, 의사놀이를 한다든지 성기를 만지면서 노는 가운데 성기 접촉에 의한 쾌감을 알게 되면서 자위행위에 빠지기도 한다.

이 시기부터는 이성의 부모에 대한 성적 애착과 동성의 부모에 대한 라이벌의식이나 질투심을 갖게 된다. 이것을 Freud는 '오이디푸스 콤플렉스'(Oedipus complex)라고 하였다. 남자 아이가 어머니를 소유하려는 마음에서 아버지를 제거하고 싶어 하는 욕망을 말한다. 그러나 실제로 아버지를 제거할 수 없기 때문에 이것이 무의식중에 마음속 깊이 억압되어 버리고, 이 억압된 욕망은 결과적으로 엄마의 사랑을 받기 위해서는 아버지처럼 되어야 한다는 생각을 하게 한다. 즉 아버지를 닮아 가려는 동일시 현상을 일으킨다. 이러한 현상을 촉진시키는 것 중의 하나로 혹시 내가 잘못하면 거세당하지 않을까 하는 거세공포, 즉 거세 불안(castration anxiety)이 나타난다.

거세 불안으로 인해 남아는 오이디푸스 욕구를 억제하게 된다. 동시에 이제부터는 어머니의 사랑을 받기 위하여 어머니의 이성적 사랑의 대상인 아버지처럼 되고자 하는 욕구를 갖게 된다. 이제 자신의 입장에서 아버지를 라이벌의 대상이 아닌 모델링 대상으로 바라보게 되는 것이다. 이것을 동일시(同一視)라고 한다.

엘렉트라 콤플렉스(Electra complex)는 여자 아이가 아버지를 소유하기 위해서 어머니가 없어야 하는데 어머니를 제거할 수 없으므로 어머니처럼 행동함으로써 아빠에게 가까이 가려는 행동을 보이는 것을 말한다. 또한 여자 아이는 이 시기에 남근을 부러워하는 남근 선망증(penis envy)의 심리상태를 보인다.

오이디푸스 콤플렉스는 이후의 삶에서 신경증적 갈등의 가장 중요한 원천이 되는 반동적(reactive) 죄책감을 발생시킨다. 부모의 의식적 및 무의식적 태도가 개인의 특별한 오이디푸스기 경험의 성격을 결정한다. 일반적인 진술에서 Freud는 아동이 근친상간적 대상을 추구할 때 그는 "자신의 부모를 택하는데, 이때 부모의 애정은 분명한 성적 경향성을 드러낸다. 대체로 아버지는 딸을 선호하고 어머니는 아들을 선호한다. 그래서 아동은 만일 그가 아들이라면 아버지의 자리를, 만일 딸이라면 어머니의 자리를 차지하기를 원함으로써 부모의 성적 경향성에 반응한다."고 주장했다(1910d, p. 47).

Freud는 "오이디푸스 상황에서 아동이 아버지와 어머니 중 누구를 동일시하느냐라는 문제는 그 아동이 남성적, 여성적 기질들 중에 어느 쪽 기질을 더 많이 갖고 있느냐에 달려 있다."고 주장했다(1923a, p. 33).

이 시기가 고착되면 남아는 경솔하고, 과장이 심하며, 야심이 강한 특성을 보이고 여아는 난잡하고, 유혹적이며 경박한 특성을 보이게 된다.

(4) 잠복기(latency stage) : 7~12세

이 시기는 성적 욕망이 억눌러지고 비성적 활동, 예를 들면 지적 호기심, 운동, 친구관계 활동이 싹트는 시기이다. 즉 리비도가 무의식 속에 잠복하므로 이 시기의 아동은 성적 욕구를 일시적으로 잊어버리고 그 사회가 요구하는 기본기술을 획득하기 위하여 노력한다. 이것은 장래에 이성과의 건전한 성적 관계를 만들어나가는데 있어서 중요한 의미를 갖는다. 또한 이 시기의 또래관계는 동성 중심이어서 동성 교제를 통하여 남자다움, 여자다움을 더욱 익혀나간다.

Freud는 이 시기에 성적 흥미나 관심도가 줄어드는 것을 생리적 현상으로 보았으며, 따라서 이 시기에 대해서는 별로 신경을 쓰지 않았다.

이 시기 리비도의 지향 대상은 친구, 특히 동성의 친구에게로 향하고 동일시의 대상도 주로 친구가 된다. 잠복기 아동의 에너지는 지적 활동, 운동, 친구와의 우정 등에 집중된다.

잠복기에 고착되면 성인이 되어서도 이성에 대한 정상적 친밀감을 갖지 못한다. 예를 들어 동성 간에 우정에 고착되어 버리면 생식기에 가서도 분리되지 못하고 동성애로 발전할 수 있다.

(5) 생식기(genital stage) : 12세 이후~청년기

이 시기는 신체적 성숙이 이루어짐에 따라 진정한 의미에서의 성욕이 나타나는 시기이다. 성욕이라는 것은 대인 관계 가운데 충족되어야 하는데, 구강기~남근기에서 볼 수 있었던 자기 욕구적인 성향이 이 시기에 들어서면 상대방과의 일체화를 향한 생식적인 것으로 바뀐다. 이것은 일방적인 자신의 욕구를 추구하는 것이 아니라, 정신적으로나 신체적으로 상호 만족이 수반되어야 한다는 것을 의미한다.

생식기의 전반기에는 동성과의 우애, 후반기에 들어서서는 이성과의 상호성에 바탕을 둔 친밀한 관계를 만들어 나갈 때, 비로소 성욕의 건설적인 충족이 가능해진다. 즉 이성에 대한 부드러운 감정과 성적 욕구의 충족이 잘 접목되면 정신적으로나 신체적으로도 상대방을 사랑할 수 있게 된다. 그러나 청년기에는 이러한 경험을 하는 기회가 그리 많지 않기 때문에 대부분의 청년은 금욕과 쾌락 사이에 강렬한 갈등을 경험한다. 또한 이 시기가 되면 지금까지 수동적으로 영향을 받기만 했던 자신의 성격을 새롭게 검토하면서 사회생활을 보내기도 하지만, 보다 바람직한 방향으로 자신을 바꾸어 나가는 시기이기도 하다.

이 시기에 순조로운 발달을 성취한 청년은 타인에 관심을 갖고 성숙한 협동의 자세를 발달시키게 된다. 그러나 남근기를 성공적으로 거치지 못해 권위에 대해 적대감을 가지고 동성을 동일시하는 데 혼란이 생긴 아동은, 성 에너지를 합당하고 원만하게 처리할 능력을 키우지 못하게 되어 권위에 반항하고 비행을 저지르거나 이성에 적응 곤란 상태를 보이기도 한다.

이 시기에 부모역할을 위해 생식기의 특징에 대한 이해가 필요하다. 지금까지의 부모 의존과 동일시로부터 벗어나 자율성과 책임감을 획득하는 시기이므로 청년기 심리적 이유기(psychological weaning)이다. 또한 이 시기는 부모로부터 독립하려는 청년들의 욕구와 성급한 자율의 욕구를 인정하지 않으려는 부모들의 상반된 욕구 사이에서 나타나는 갈등이 심화되는 시기이다. 자녀가 정신과 신체가 균형을 이뤄갈 수 있도록 믿음을 갖고 기다려줄 수 있는 인내가 필요하다고 생각한다.

2 에릭슨(Erikson)의 심리사회발달 이론

Erik H. Erikson(1902~1994)

Erikson은 1902년 독일의 프랑크푸르트에서 덴마크인 아버지와 유태인 어머니에게서 출생하였다. 그는 출생 전에 부모가 헤어져서 세 살 때까지 모친 슬하에서 자랐으며, 어머니가 소아과 의사인 Homburger 박사와 재혼하면서 의붓아버지와 함께 살았다. Erikson은 수 년이 지나서야 Homburger 박사가 자신의 생부가 아님을 알았다. 어린시절 Erikson은 어머니와 계부는 유태인이었지만 자신은 북구적인 금발과 푸른눈을 가졌기 때문에 유태인 친구들로부터 '이도교'라는 놀림을 받곤 했다. 이러한 경험이 후에 그의 정체성 위기와 혼미에 관한 연구의 기초가 된 것으로 알려져 있다(Crain, 1992).

Erikson은 고등학교 때 고대사와 미술에 뛰어난 두각을 보였지만, 틀에 박힌 학교 분위기를 싫어하였다. 졸업 후 상실감과 미래에 대한 불확실감에 사로잡힌 Erikson은 대학 진학 대신에 미술공부를 위해 유럽을 방랑하였다.

25세에 Erikson은 Anna Freud가 설립한 비엔나의 학교에서 아이들을 지도해달라는 제안을 받았으며, 그곳에서 Anna Freud의 지도 하에 아동정신분석 수련을 받았다. 이것이 Erikson과 심리학의 최초의 만남이었다.

Erikson은 히틀러의 탄압에 의해 1933년 유럽을 떠나 미국 보스턴으로 가서 그 도시에 최초로 아동정신분석가로 개업하였다. 동부의 보스턴에서 3년을 보낸 후 서부의 예일대학에서 1936년부터 1939년까지 지냈다. 1939년 샌프란시스코로 옮겨 캘리포니아대학에서 아동정신분석 치료와 정상 아동을 대상으로 중요한 종단적 연구를 하였다. 또한 인디언 부족을 연구하기 위해 태평양 연안을 여행하였다. Erikson은 Freud가 밝혀내지 못한 다양한 문화권에서 성장하는 정상적인 아동들의 삶을 찾아내려고 하였다. 1949년 개인의 자유와 학문의 자유를 위협하는 충성서약서 서명 거절로 캘리포니아대학 당국으로부터 추방을 당한 후 메사추세츠의 오스틴 릭스 센터에서 수석자문위원으로 1960년까지 일했다. 비록 공식적인 학위를 받지는 않았지만 하버드대학의 교수로 임명되었고, 은퇴할 때까지 그곳에서 일했다.

Erikson의 가장 중요한 저서는 『아동기와 사회(*Children and society*)』(1950)이다. 이 책에 그의 유명한 생의 8단계가 개진되었으며, 인생의 전 단계를 통해 어떻게 이 8단계가 상이한 문화에서 상이한 방법으로 진행되는지를 보여주었다. 『청년 Luther(*Young man Luter*)』(1958)와 『간디의 진실(*Gandhi's truth*)』(1969)에서는 역사물 속에서 정신분석학적 과정을 밝혀나갔다. 『정체성: 청년기의 위기(*Identity: Youth and crisis*)』(1968)는 청년기 정체성 위기와 극복과정을 보여주는 그의 대표적인 저서 중의 하나이다.

Erikson은 전 생애를 8단계로 나누고, 각각의 단계에서 필요한 발달과제를 제시하였다. 이 가운데 제1단계(유아기)에서 제5단계(청년기)까지의 발달과정은 Freud의 발달이론에 대입하고 있다. Erikson은 Freud의 생식기를 청년기, 성인초기, 장년기, 노년기로 구분하여 생애의 과정을 제시하였다. Erikson은 인간이 일생 동안 여러 단계의 심리사회적 위기(crisis)를 경험하는데 그 위기의 결과를 통해 성격이 발달한다고 보았다.

Erikson의 심리사회적 이론(psychosocial theory)은 인간의 발달이 심리사회적 측면에서 이루어진다고 보고 있다. 변화하는 욕구를 충족시키고자 환경과 접촉하는 과정에 아동의 자아양식이 경험하는 위기(crisis)와 극복과정을 성격발달의 주요인으로 생각하고 있다. 이처럼 Erikson의 이론에서 성격발달은 항상 양극적 측면을 제시한다.

1) 심리사회발달 8단계

Erikson은 심리사회적 성격발달을 8단계로 제시하였다. 그는 성장과정에서 발생하는 갈등이 만족스럽게 해결되면 긍정적 요소가 점차 성장·발달해 자아 속에 스며들어 더욱 건전한 발달이 보장되지만, 반대로 갈등이 계속되거나 불만족스러운 양상으로 해결되면 자아발달은 손상되고 부정적 요소가 자아 속에 통합되어 그 뒤의 발달단계에서 성공하는 데에는 큰 어려움을 겪게 된다고 보았다.

(1) 제1단계 : 유아기(신뢰감 대 불신감, 0세~1세 반)

이 시기의 건강한 성격의 가장 중요한 요소는 신뢰감이다. 자신과 다른 사람에 대한 신뢰감은 생후 1년 동안 발달한다. 유아가 처음으로 갖게 되는 신뢰감은 모성 인물(mother figure)에 대한 기본적 믿음이다. 만약 유아가 어머니를 믿을 수 있게 되면 욕구가 생긴 즉시 어머니가 보살펴 주지 않아도 적당한 시기에 어머니가 와서 보살펴 준다는 사실을 알고 있기 때문에 보채지 않고 기다릴 수 있게 된다.

이와 반대로 유아에 대한 어머니의 보살핌이 적절하지 못하여 일관성이 없고 거부적인 경우 유아는 불신감을 갖는다.

이 시기에 형성된 기본적인 신뢰감 또는 불신감은 일생을 통해 지속되며, 다음 단계의 성격발달에 직접적인 영향을 미치게 된다. 기본적인 불신은 성인이 되었을 때 타인과의 관계에서 문제가 발생하면 독특한 방법으로 자신의 세계 안으로 움츠러드는 특징적인 모습을 보인다.

Erikson은 "기본적 신뢰가 기본적 불신을 능가하는 영속적인 형태를 확실하게 확립하는 것이야말로 이제 싹이 트려고 하는 성격의 최초 과제이며, 당연히 어머니의 입장에서는 다른 어느 것보다 우선적인 과제이다."라고 기술하고 있다.

예를 들어, 2세 이전에도 자율적인 행동을 보인다. 그러나 정상적인 조건이 갖추어지는 2세가 되어서야 비로소 전체적으로 '자율적인 존재인가, 타율적인 존재인가, 어느 쪽을 선택할 것인가.'라는 위기적 선택을 경험하게 되는 것이다.

(2) 제2단계 : 초기 아동기(자율성 대 수치감과 의심, 1세 반~3세)

2세가 되면 아동은 사회 환경이 무언가를 요구하고 있다는 것을 알게 되면서 자기와 환경과의 만남(encounter)을 경험한다. 사회로부터의 요구에 적응하려고 하는 가운데 개인 내에 생성되는 심리적 긴장 상태가 심리사회적 위기이다. 개인이 다음의 발달단계로 진행하기 위해서는 그 이전의 단계에서 습득한 발달과제를 사용하여 이 위기를 극복해 나가야 한다고 보고 있다.

이 시기의 아동은 신체적, 생리적 성숙에 의해 최초로 대소변 가리기와 같은 자기통제가 가능하게 된다. 그러나 많은 아동의 자기통제 행동은 이들의 미숙함을 우려하는 부모의 규제를 받게 되거나 또는 스스로 실행해보는 과정에서 실패에 부딪치게 된다. 이와 같은 성공과 실패의 양극적 위기를 극복함으로써 아동은 자기통제에 기본적인 자신감을 갖게 되어 자율성이 형성된다. 과도한 외부의 통제로 인해 위기의 극복에 실패할 때 아동은 통제능력을 상실함으로써 자신에 대한 수치와 회의에 빠져들게 된다.

또한 이 시기에 아동은 생리적 성숙으로 인하여 배변의 보유와 방출, 혼자 걷기가 가능해지고 손을 사용할 수 있는 손 근육 능력이 발달되어 무엇이든 스스로 하려는 경향이 강해진다. 그러나 이 시기의 아동은 자기통제와 주위 사람으로부터의 통제라는 두 가지 요구에 직면한다. 이때 자존감을 상실하지 않고 자아통제를 발휘하거나 타인의 통제에 적응할 수 있게 되면 자율성이 발달한다. 그러나 다른 사람의 눈에 자신이 좋지 않게 보이지 않을까 하는 두려움도 갖게 되는데 이것이 바로 수치감과 의심이다.

이 단계의 아동은 무엇이든 스스로 해보려는 경향이 강하기 때문에 부모가 아동의 의사를 묵살하지 않고 사회적으로 기대되는 행동을 배우게 하면, 아동은 자율성을 상실하지 않으면서도 사회적 규제에 잘 적응한다. 이러한 자율성 대 수치감(sense of autonomy vs. Shame and doubt) 간 위기 극복양상은 평생 지속되는 자기통제력의 기초가 된다.

(3) 제3단계 : 놀이기(주도성 대 죄의식, 3~6세)

이 시기의 아동은 자신의 활동을 계획하고, 목표를 세우며, 이를 달성하고자 노력한다. 또래집단과 더불어 놀이활동에 참여하면서 주도성에 의한 자기주장이 나타나고, 경쟁에 몰입하며, 이러한 과정 속에서 때로 좌절을 경험하기도 한다.

이 시기의 아동은 신체적 놀이와 아울러 가상의 세계에서 부모나 다른 성인의 역할을 가정한 정신적 놀이(흉내놀이, 극화놀이, 가상놀이)를 한다. 그런데 이런 성적 관심, 특히 이성(異性) 부모나 아이 출생에 관한 관심, 그리고 자위(自慰)적 행동은 부모에 의해 금지나 벌을 받기 쉬운 행동들이다.

그러므로 이 시기의 발달과제는 '상처받지 않는 적극성'의 감각을 몸에 익히는 것이 중요하다. 이 감각은 나중에 적극적으로 주위 세계를 탐색하고, 무언가를 이루어 나가는 것은 즐거운 일이라고 하는 감각을 만들면서 현실적 욕구와 주도성 감각의 기초가 된다. 반대로 부모의 강한 금지나 벌에 의해 상처를 받게 되면 호기심을 갖거나 주위 세계를 적극적으로 탐색하는 것 자체가 나쁜 행위로 인식하게 되면서 '죄의식'의 감각이 형성되어 버린다.

또한 이 단계는 부모와의 통일성 과정에 의해 아동의 마음에 '양심'이 형성되기 시작한다. 어떤 양심이 형성되는지는 부모의 역할에 따라 달라진다.

이 시기 부모의 역할은 부모가 아동의 주도적 행동에 어떻게 반응해 주는지에 달려 있다. 부모가 아동 스스로 환경을 탐색하고 스스로 행동할 수 있도록 격려하면 아동에게 주도성이 생긴다. 만일 전면적인 금지나 적극성을 무시한다거나, 부모가 아동 스스로 어떤 일을 완수할 수 있도록 기회를 주지 않고 꾸지람을 하면 죄의식을 갖는다. 그리고 죄의식을 증대시키는 부모가 동일시의 대상이 된다면 양심은 아동의 정신적 건강을 위협하는 존재가 되어버린다. 주도성 대 죄의식(sense of initiative vs. guilt) 간 위기 극복양상은 평생 지속되는 자기주도성과 및 자기주장의 기초가 된다.

(4) 제4단계 : 아동기·학령기(근면성 대 열등감, 6~12세)

이 단계는 아동기 자아성장의 결정적인 단계이다. 이 시기의 아동은 이전 단계에서 성공적 발달과정을 거치게 되면 일의 달성을 통한 승인을 학습하게 된다. 아동들은 초등학교에 진학하여 또래들로부터 많은 것을 배우게 된다. 이러한 경험으로부터 이전처럼 단순한 놀이나 공상만으로는 만족하지 않고, 현실적이면서 실용적인 달성의 만족을 추구하게 된다. 이처럼 주위로부터 승인이나 인정받고 싶다는 욕구를 통해 '인내를 통한 달성의 가치'를 깨닫고 이를 위해 노력하여 성취감을 얻는다.

이 시기의 아동이 성취해야 할 중요한 과업은 인지적 기술과 사회적 기술을 학습하는 것이다. 이 시기에 기술을 쌓고 의미 있는 일을 성취하기 위하여 열정적으로 참여하고 그 과업을 완수하면 주변 사람들의 강화가 뒤따르며 근면성이 발달하게 된다. 그러나 아동이 학교에서나 가정에서 자신에게 주어진 일에 적절한 성취를 느끼지 못하거나 자신의 능력이 또래에 비하여 열등하다고 느끼게 되면 열등감에 빠지는 경험을 한다.

그러므로 이때의 부모나 교사의 역할은 아동을 격려하고 재능을 발견하여 북돋아 주는 태도가 중요하다. 부모는 이 단계를 성공적으로 극복할 수 있도록 개인적으로나 사회적으로 의미 있는 목표를 추구할 수 있는 사회 환경과 자신의 능력을 발휘할 수 있는 환경을 제공해줘야 한다. 근면성 대 열등감(sense of industry vs. inferiority) 간 위기 극복양상은 평생 지속되는 근면성 및 열등감의 기초가 된다.

(5) 제5단계 : 청소년기(자아정체감 대 역할혼란, 12~20세)

이 시기의 발달과제는 자아정체감(ego-identity)의 획득이다. Erikson은 정체감을 "내적 불변성과 연속성을 유지하는 각 개인의 능력(심리학적 의미에서의 자아)이 타인에 대한 자신의 불변성과 연속성에 합치하는 경험으로부터 생성되는 자신이다."라고 정의하고 있다. 즉 나는 과거, 현재, 미래의 어느 시점에 있어서도 나이며, 앞으로도 이러한 내가 주체성을 갖고 이렇게 살아갈 수 있을 것이라는 자신(self)을 말한다.

정체감을 형성하기 위하여 청소년은 자기 자신을 과거부터 현재까지 동일한 존재로 지각해야 하며, 다른 사람이 자기를 지각할 때 자기 자신과 동일한 모습으로 지각한다는 사실에 대해 확신을 가져야 하고, 이러한 일관성에 대한 자신감을 가져야 한다.

자아정체감의 획득 여부는 청년기까지의 발달과제를 어떻게 달성해 왔는가 하는 것이 문제가 된다. 정체감에 대한 확고한 선택을 할 수 없을 때 혼란이 생긴다. 정체감 위기 또는 역할혼란의 결과로 직업을 선택하지 못하거나 학업을 중단해 버리는 경우도 있다. 이 위기를 성공적으로 잘 넘기면 스스로 지키겠다고 약속한 대로 충실히 이행할 수 있는 능력인 성실성이 발달하게 된다.

(6) 제6단계 : 성인초기(친밀감 대 고립감, 21~35세)

이 시기에는 개인적 정체감과 더불어 사랑, 친교, 안정된 관계를 맺는 능력이 발달한다. 자아정체감을 확립하는 과제에서 실패한 사람은 자아도취 상황이나 친밀한 사회적 관계를 회피하는 고립감에 빠지고, 자아도취 상황에 처한 사람은 단순히 공식적이고 피상적인 인간관계를 추구하며 친밀한 관계를 형성하는 데 대하여 위협을 느껴 난잡하고 일시적이며 거짓된 관계를 만들거나 타인으로부터 자신을 소외시킨다. 그리고 자아도취에 빠진 사람은 직업을 쓸모없는 것으로 여기기 때문에 직업에서 소외감을 갖기 쉽다.

(7) 제7단계 : 장년기(생산성 대 침체감, 36~60세)

Erikson은 이 단계에서의 중요한 과업이 자녀를 양육하는 것이라고 보고, 부모가 자녀를 낳고 잘 양육하고 지도해야 한다고 생각하였다. 또한 생산성에는 자녀를 출산하고 양육하는 것 이외에 부하 직원이나 동료 또는 친구를 잘 보호하고, 직업이나 여가활동에 참여함으로써 얻게 되는 창조성(creativity)이 포함되며, 다음 세대로의 사상 전수까지도 포함된다.

이러한 생산성이 결핍되면 성격이 침체되고 황폐해진다. 이 단계에서 성공한 사람은 다른 사람을 배려할 줄 안다. 생산성 확립에 실패한 사람은 이기주의를 낳는다.

(8) 제8단계 : 노년기(자아통합 대 절망, 60세 이상)

이 단계의 심리사회적 위기의 문제는 죽음을 눈앞에 둔 노년기에 어느 정도 자아의 통합을 유지할 수 있는가 하는 문제와 관련되어 있다. 후회가 별로 없고, 생산적 인생을 살았으며, 성공뿐만 아니라 실패에도 잘 대처한 개인이 자아통합을 성취할 수 있다.

자아통합을 성취한 사람은 과거, 현재, 미래 경험이 연속성을 지닌다. 이 단계를 성공적으로 극복한 결과가 지혜이다.

CHAPTER 03

바람직한 부모

1 바람직한 어머니의 모습

"모신(母神), 즉 신(神)보다 더 위대한 능력과 권세를 가지고
아이들의 운명을 다스리는 우리들의 어머니,
그 어머니를 경앙(敬仰)한다. 모신이라는 이름으로…

창조의 우연성은 경우의 변수 속에 존재하고
양육의 필연성은 자식의 존망(存亡) 위에 군림한다."

임종렬 『모신(母神)』 중

어머니는 아이를 마음으로 기른다. 그래서 어머니의 마음은 따뜻해야 하고 부드러워야 한다. 나름대로 멋이 있어야 하고 먹고 또 먹어도 물리지 않는 맛이 있어야 한다. 어머니의 속 모습이 아름다울 때 아이의 마음이 아름다워지고 어머니의 마음이 깨끗할 때 아이의 모습이 깨끗해진다. 아이는 오직 어머니의 속 모습과 마음만을 먹고 성장하기 때문이다. 아이의 정신을 아름답게 살찌게 해 주려고 한다면 어머니는 반드시 아름답고 맛있는 마음을 조건 없이 먹여주는 아량을 가지고 있어야 한다.

어머니는 함께 살아도 어머니요, 떨어져 살아도 어머니요, 헤어져 살아도 어머니요, 이 세상을 떠나고 없어도 어머니인 것이다. 왜냐하면 어머니가 세상을 떠나

고 없다고 하더라도 그 어머니와 함께 살던 자녀의 마음속에는 자기를 길러준 어머니에 대한 수많은 느낌이 사라지지 않는 아름다운 추억으로 혹은 괴로운 추억으로 영원히 살아남아 있을 것이기 때문이다.

그리고 어머니의 느낌이 자녀의 마음, 특히 무의식이라고 하는 또 하나의 다른 마음속에서 자녀의 일거수일투족을 감시하고 명령하고 비난하고 저지하면서, 혹은 믿어주고 인정해 주고 애정을 공급해 주는 일을 계속하는 어머니로서 영원히 죽지 않고 살아있을 것이기 때문이다.

따라서 어머니가 세상을 떠나고 없어도 어머니가 길러준 자녀들이 죽을 때까지 그들의 마음속에 살아남아 있다고 주장하는 것이다. 한번 어머니는 영원한 어머니이기에 더욱 좋은 어머니로 살아가야 한다. 어머니가 좋은 어머니였을 때 그 어머니의 마음과 더불어 성장하는 자녀들의 마음 또한 잘 자라기 때문이다.

모든 어머니는 자녀가 아름답기를 바란다. 그리고 자신이 낳은 자신의 자녀라 할지라도 어머니는 아름다운 아이를 좋아하고 자신의 자녀가 아름답기를 바란다. 아이들 또한 좋은 어머니를 선호한다. 아름다운 어머니와 함께 사는 아이는 아름다운 세상에서 사는 아이인 것과 같이, 좋은 어머니와 함께 사는 아이는 좋은 세상에서 사는 좋은 아이이다.

2 자기-대상표상(어머니 마음속의 어머니)

어머니의 마음속에 살고 있는 어머니의 어머니인 외할머니가 어머니의 정서를 관리하는 중요한 사람으로서의 역할을 한다. 이는 모든 어머니의 마음속에는 외할머니가 자리하고 있으며 어머니의 무의식 속에 각인(刻印)된 어린 시절에 경험했던 외할머니에 대한 이미지가 지속된다는 뜻이다. 그 외할머니를 '대상표상'이라고 한다. 대상관계이론가들 중 특히 Kernberg 학파의 이론가들은 어머니의 마음속에 이미지로 살아 있는 외할머니를 대상표상이라고 한다. 어머니의 기억 속에 살아

숨 쉬는 외할머니는 실제로 살아 있는 외할머니처럼 어머니의 마음속에서 어머니의 느낌과 행동을 지시하고 감독한다. 따라서 이러한 대상표상, 즉 외할머니를 잘 모시는 방법은 무의식 속의 느낌을 잘 관리하는 것이다. 느낌 속에서 요구하는 모든 것을 받들어야 한다는 것은 결코 아니다. 수용해야 할 필요가 있는 것은 철저하게 받아들이되 타협해야 할 것은 철저하게 타협해야 하고 수용하기 곤란한 것은 철저하게 배제함으로써 어머니의 마음속에 느낌으로 살아 있는 외할머니가 불행하지 않도록 해야 한다는 것이다.

어머니가 어린 시절을 외할머니와 함께 어떻게 보냈는가가 지금 어머니가 기르고 있는 아이들과의 관계를 말해주는 것이기 때문에 어머니가 어린 시절에 경험하였던 정서는 참으로 중요하다. 어머니의 삶을 위해서도 중요하지만 어머니가 기르는 자녀들에게 먹여줄 좋은 정서(마음)를 만들기 위해서도 매우 중요하다. 다시 말해 어머니의 정서를 결정해 준 어머니 어린 시절 외할머니와의 경험이 중요한 것이다. 혹시라도 아이를 기르는 어머니의 마음이 생각하는 것처럼 다정하지 못하고 자라나는 아이들이 어머니가 원하는 것처럼 곧고 바르게 자라지 못한다면 거기에는 분명 그렇게 될 수밖에 없는 무슨 이유가 있다. 어머니에게 그 이유를 물으면 "아이들 때문에 힘이 들어요."라고 대답할 것이고 같은 말을 아이들에게 물으면 "어머니 때문에 힘이 들어요."라고 대답할 것이다.

그러나 만일 그 어떤 사람이 필자에게 그 이유를 묻는다면 "어머니의 마음속에 살아 있는 불행한 외할머니의 마음 때문입니다."라고 대답할 것이다. 행복과 불행은 마음속에서 느끼는 정서이고 그 정서는 그 정서를 길러 준 사람에 의해서 만들어진 것이다. 그래서 행복과 불행은 할머니에게서 어머니에게로, 어머니에게서 어머니의 아이들에게로 대를 이어 전해지는 이해할 수 없는 이상한 마력을 지니고 있다. 어머니가 느끼는 어머니의 정서는 이렇듯 대를 이어 후손들에게 전해지는 속성을 가지고 있다.

그러므로 어머니가 행복한 오늘을 사는 것은 후세의 행복을 위해서 중요하다. 어머니의 오늘이 불행하다면 어머니의 오늘을 불행하게 만들고 있는 원인을 찾아야 한다. 내 마음속 깊은 그 어느 곳, 무의식의 어느 구석에 박혀 어머니가 된 나를 괴롭히는 어린 시절의 불행했던 나와 어머니와의 관계를 찾아내야 한다. 그리고 그 원인이 되는 것은 그것이 무엇이든 간에 미련 없이 버려야 한다. 어머니 자신을 위해서 그리고 어머니가 기르고 있는 자녀들을 위해서 그렇게 하지 않으면 안 된다.

행복하게 살기를 원한다면 행복을 만들어 가야 한다. 어머니 자신을 위한 행복을 만들어 가야 할 것이다. 어머니의 행복은 외할머니와의 불행한 관계, 혹은 아이들과의 불행한 관계를 끊고 오직 어머니 자신만의 관계 속에서 어머니를 위한 행복을 만들어 갈 때 얻을 수 있다. 자신을 위해 행복을 만들어 가는 것도 어려운 일인데 상대가 누구든 남을 위해 행복을 만든다는 것은 참으로 어려운 일이다.

그래서 어머니는 어머니 자신을 위한 행복을 만들어야 한다. 어머니가 만든 행복 속에서 어머니가 행복할 때 외할머니가 행복할 수 있고 아이들 또한 덩달아 행복해 질 수 있기 때문이다. 이는 곧 자신을 위한 삶이 자신과 가까이 있는 남을 위한 삶이 될 수 있다는 것을 의미한다. 요컨대 어머니는 철저하게 어머니 자신만을 위해서 살아야 한다. 그것이 외할머니와 아이들을 위해서 사는 최선의 삶이 됨은 물론 어머니 대(代)에서 후손으로 이어지는 불행의 밧줄을 끊을 수 있는 방법이기 때문이다. 혹시 어머니인 내가 잘못되었거나, 혹은 내가 양육한 아이가 잘못되었다면 그것은 분명 양육과정 상의 문제이다. 그러므로 내가 새로운 방법으로 자녀들을 양육한다면 지금 가지고 있는 나에 의해서 만들어진 내 자식들의 문제는 해결될 수 있지 않겠는가?

3 무의식 속에 내재화된 이미지들

의식과 무의식은 모든 사람이 가지고 있는 정신세계이다. 의식은 사람의 '생각'을 만들어내는 일을 하고, 무의식은 그 사람의 '느낌'을 만들어내는 일을 한다. 즉 사람의 생각과 느낌은 서로 다른 마음의 영역에서 만들어지는 것으로, 그 사람의 인간 된 모습을 외부에 있는 사람들에게 전달해 주는 역할을 한다. 의식적으로 만들어지는 '생각'이 사람의 의지에 의해서 만들어지는 것이라면 무의식 중에 만들어지는 '느낌'은 사람의 의지와는 전혀 상관없는 것이다.

예컨대 초등학교 4학년생인 재욱이는 착한 아이가 되고 싶었다. 공부를 열심히 해서 우등생도 되고 싶었고 부모님 말을 잘 듣는 착한 아들도 되고 싶었다. 그래서 재욱이는 어느 날 새로운 결심을 하게 되었다. 아침에 어머니가 깨우기 전에 혼자 알아서 일찍 일어나고 아침밥을 먹기 전에 공부도 하고, 지각하지 않도록 일찍 학교에 가고, 학교에서는 열심히 수업을 듣기로 하였다. 방과 후에는 학원에 들러 피아노와 영어도 열심히 배우고, 저녁에는 11시까지 공부하기로 계획하였다. 이렇게 하면 곧 우등생이 되고 부모님이 바라는 자랑스러운 아들이 될 수 있을 것이라고 믿고 당장 실천에 옮기기로 하였다. 그러나 재욱이의 계획은 결심 첫날부터 차질이 생겼다. 계획했던 대로 되는 것이 하나도 없었다. 아침에 어머니가 몇 번씩 깨웠으나 일어나지 못해 결국 고함을 지르고 법석을 떠는 소란이 있고 난 다음에야 겨우 일어났다. 세수를 하는 둥 마는 둥 하고 아침밥도 제대로 먹지 못하고 간신히 지각을 면할 정도로 학교에 갔다. 방과 후의 생활도 예전과 다를 바가 전혀 없었다. 학원에도 늦었고, 수업 중에도 게으름을 피우며 쓸데없는 공상만 하다가 돌아왔다. 저녁에 집에서는 TV 채널을 가지고 동생과 싸웠고, 싸우다가 어머니에게 야단을 맞았다. 11시까지 공부를 하겠다고 작정한 마음은 온데간데없이 사라지고 9시도 채 되기 전에 졸음이 와서 견딜 수가 없었다. 겨우 숙제를 끝낸 재욱이는 계획한 대로 실천하지 못한 것 때문에 심한 죄의식을 느끼면서 결국은 잠에 곯아떨어지고 말았다. 다음 날의 생활도 전날과 다를 바가 하나도 없었고 그 다음 날도 또한 마찬가지였다. 그 후에도 재욱이는 여러 차례 재결심을 했지만 결심은 결심으로 끝났을 뿐 실천할 수가 없었다. 재욱이의 작심은 3일이 아니고 3초에 불과했기 때문에 3초의 작심은 실천 불가능하고 의미 없는 작심이었다. 즉 재욱이의 작심은 허황되고 짜증스러운 느낌만 줄 뿐 아무것에도 도움이 안 되는 작심이었다.

여기서 재욱이가 공부하겠다고 생각하고 작심을 한 것은 '의식'이 한 일이고, 재욱이의 작심이 3초밖에 지속되지 못하도록 한 것은 '무의식'이 한 일이다. 의식에서 생각하는 자기의 의도나 결심은 무의식이 '그렇게 해도 좋다.'는 허락을 해 주어야만 의식이 생각한 것을 실천할 수 있다. 그러나 만일 의식이 생각한 것을 무의식이 허락하지 않는다면 그 생각은 생각으로 그칠 뿐 전혀 실천할 수 없는 허황된 것이 되고 만다.

의식과 무의식이 하는 일이 이렇게 다르기 때문에 의식에서 생각하는 모든 것은 가짜 생각이고 무의식에서 만들어내는 느낌만이 진짜 자기의 느낌이라고 하는 것이다. 생각은 생각하는 사람의 의도에 따라 얼마든지 바꾸어 생각할 수 있고 잘못된 생각을 고칠 수도 있고 생각에 생각을 거듭하여 새로운 계획을 세울 수도 있다. 그러나 무의식이 만들어내는 느낌은 느끼는 사람 마음대로 느낌의 내용을 바꿀 수도 없고 새로 만들어낼 수도 없는 절대적이고 결정적인 성질을 가지고 있다. 재욱이가 공부를 할 수 없으면서도 공부를 하자고 자기에게 말한 것은 결과적으로 공부를 하지 않고 느끼게 될 쓰라림을 맛보기 위한 계획을 세운 것이라고 할 수 있다.

만약에 재욱이가 공부를 하지 않은 결과로 인해서 맛보게 될 쓰라림이 싫었다면 재욱이는 스스로 생각한대로 공부를 했거나 아니면 그러한 결심을 하지 않았을 것이다. 결과적으로 맛보게 된 쓰라림을 자기 것으로 만들기 위한 무의식의 의도에 의해서 그러한 계획을 세웠던 것이라고 할 수 있기 때문이다. 고통을 스스로에게 느끼게 함으로써 그동안 게으름을 피운 자기 자신에 대한 벌을 주는 것으로써 그동안의 고통으로 만들어진 죄의식을 줄이기 위한 것이었다고 할 수 있다. 이러한 고통스러운 느낌은 어머니로부터 게으름 때문에 꾸중을 받은 것이 불충분해서 자기 스스로가 자기에게 벌을 주는 행위라고 할 수도 있다. 이렇듯 우리는 우리의 느낌을 우리 마음대로 조정할 수 없다. 그럼 왜 우리는 우리 마음속의 느낌을 자기 마음대로 조정할 수 없는 것일까?

생각과 느낌은 정신분석학에서 주로 다루는 심리분야이다. 정신분석은 오랜 연구의 역사적 과정 속에서 인간이 조정할 수 없는 무의식에 대한 본질을 알아보고자 하였다. 무의식의 본질을 한 마디로 줄여서 말한다면 인간이 인지하고 이해하고 종용할 수 없는 의식이 알지 못하는 심리영역이다. 무의식은 인간의 마음속 깊은 곳에 자리를 잡고 인간의 운명을 결정해 주는 엄청난 일을 한다. 무의식의 영역에는 인간이 태어나서 살아온 지금까지의 모든 것, 특히 잊어버렸다고 생각하는 과거의 모든 경험들이 버려지지 않은 채 저장되어 있는 어마어마하게 큰 저장창고라고 할 수 있다.

그렇다면 무의식이라고 하는 그 큰 경험의 저장창고가 언제 어떻게 해서 만들어졌을까? 무의식의 저장창고에 대한 이야기는 참으로 길고 복잡하지만 그것을 다음과 같이 요약해서 설명할 수 있다.

"아이가 출생한 후 어머니에 의해서 양육되는 동안 아이가 겪는 첫 36개월간의 경험들은 의식의 세계와는 인연을 끊고 잊혀진 채 어마어마하게 큰 마음속 깊은 곳의 저장창고에 저장되어 있으면서 사람의 운명을 좌지우지하는 엄청난 힘을 발휘하는 것, 그것이 바로 무의식이다."

마음속 깊은 곳의 저장창고에 이미지로 저장되어 있는 출생 후 36개월간의 경험이 평생을 살아가면서 두고두고 사용하게 될 운명의 재산이 된다. 아이가 사용하게 될 운명의 재산인 무의식 영역에는 의식 세계에서 충족되지 못한 욕구와 불만 등이 억류되어 있다. 무의식 영역에 억류되어 있는 불만의 덩어리는 의식의 세계로 올라와 미처 해결하지 못해 불만이 된 과거의 욕구를 해결하고자 하는 강한 소망이 된다. 이러한 소망은 무의식의 세계에 머무르면서 느낌을 만들어낼 뿐 과거에 충족되지 못한 욕구를 현실적으로 충족시킬 수 있는 기회를 갖지 못하는 것이 일반적이다. 이는 아이가 성장하면서 경험하게 된 대상(어머니)과의 관계가 아이의 성격과 운명의 바탕이 되는 생각을 만들어내고 느낌을 만들어내기 때문이다. 아이의 성격과 운명을 만들어내는 생각과 느낌의 근원인 자신(아이)과 대상(어머니)의 이미지를 어떠한 것으로 결정하여 정신 내부에 억류(내면화)시켰는가를 검증하는 것이 고장 난 마음을 고치는데 없어서는 안될 주요한 작업이 된다.

자신(아이)의 이미지와 대상(어머니)의 이미지는 아이가 36개월 동안의 성장기간에 느낀 어머니에 대한 느낌들이다. 이 느낌들이 후기 성장과정의 어머니 이미지가 되어 그 아이의 성격과 운명을 만들어내는 역할을 한다. 아이가 무의식 속에 저장하는 어머니의 이미지는 아이가 어머니에게 무엇인가를 해달라고 요구했을 때 어머니가 어떠한 반응을 보였는가와 밀접한 관계가 있다.

이미지가 무의식 속에 가라앉아 그곳에 머물게 되는 현상을 '내면화'라는 말로 표현한다. 자신(아이)의 이미지 역시 대상(어머니)의 이미지가 형성되는 것과 같은 과정을 겪는다. 아이가 어머니에게 무엇인가를 요구했을 때 어머니의 반응이 좋았다면 아이는 어머니가 자신에게 좋은 반응을 보이지 않을 수 없을 정도로 자기가 좋은 아이였기 때문에 어머니가 자신에게 좋은 반응을 보였다고 생각한다. 그리고 자기 자신에 대한 좋은 이미지를 가지게 된다. 그러나 아이의 요구에 어머니의 반응이 좋지 않았다면 그 아이는 어머니가 자기를 좋아할 만큼 자기 자신이 좋은 아이가 아니었기 때문에 어머니의 반응이 좋지 않았다고 느낀다. 그리고 자기 자신에 대한 이미지를 나쁘게 가지게 된다. 그뿐만이 아니라 아이는 출생 후 초기 36개월을 대상(어머니)과 함께 살면서 대상(어머니)에게 보내는 정, 그러니까 "나는 어머니가 좋아요."라는 표현을 했을 때 어머니가 그것을 어떻게 받아들였느냐에 따라 어머니에 대한 아이의 느낌이 결정된다. 일반적으로 이때의 느낌은 좋지 않은 느낌이다. 왜냐하면 아이가 어머니를 좋아한다는 느낌을 표현했을 때 어머니는 아이의 그러한 표현을 반갑게 받아들여야 하는데 대체로 어머니는 아이의 그러한 표현을 귀찮게 생각하고 거부하는 경우가 많기 때문이다. 이러한 어머니의 태도는 아이로 하여금 자기 자신의 이미지를 부정적으로 결정하게 하고 이를 내면화하게 된다. 그리하여 "나는 어머니가 싫어하는 아이다."라는 이미지가 아이의 정신 내면에 이미지로 각인된다. 이렇듯 초기 성장과정에서 아이가 겪는 어머니와의 관계는 아이의 이미지를 결정해 주는 중요한 구실을 한다. 아이와 어머니의 관계에서 어머니가 아이에게 어떠한 느낌을 가지도록 했느냐에 따라 아이의 자기 이미지가 결정되고 어머니의 이미지가 결정되어 아이의 정신 내부에 자리 잡게 된다. 정신 내부에 가라앉은 느낌은 무의식의 세계에 보관되기 때문에 의식 세계에서는 더 이상 인식할 수 없는 잊어버린 기억이 된다. 잊어버렸다고 생각하는 그 기억이 무의식 속에 남아서 아이가 하고자 하는 일과 해야 하는 일 사이에서 그 일들을 할 수 있게 하기도 하고 할 수 없게 하기도 한다. 일반적으로 아이가 하고자 하는 일인 TV 보기, 만화보기, 전자오락하기 등은 하게 하고 해야 할 일인 아침 일찍 일어나기, 스스로 숙제하기, 따로 공부하기 등은 하지 못하게 하는 경향이 강하다.

아이는 새로 짠 생활계획을 제대로 실천하지 못한 것으로 미루어 보아 틀림없이 출생 후 초기 36개월 동안의 경험이 불행했을 것으로 짐작된다. 그때 경험이 행복했었다면 재욱이는 그렇게까지 불행한 생활을 하지 않아도 되었을 것이다.

재욱이는 결국 일주일에 한 차례씩 1년 8개월 동안 상담을 받았다. 상담을 통하여 자신의 삶과 관련된 초기 36개월간의 성장 경험을 새로운 각도에서 이해(통찰)하고 자기 이미지와 대상(어머니)의 이미지를 마음속으로 다시 끌어들이는 '재내면화'에 성공하여 의식에 협조하는 무의식의 표상(이미지)을 가지게 되었다. 재욱이의 마음속에 새롭게 저장된 재욱이와 어머니의 이미지가 좋은 표상으로 작용하는 좋은 이미지가 된 것이다. 그리하여 재욱이는 의식이 생각하기만 하면 생각한 거의 대부분을 '해도 좋다.'고 허락해 주는 협조적인 무의식을 가지게 되었다. 다시 말해 건강한 삶을 살 수 있는 아이가 되었다는 것이다. 문제는 문제를 가진 사람의 성격이 만들어낸 것이기 때문에 성격이 바뀌지 않는 한 사람들이 생각하고 있는 것처럼 세월과 더불어 쉽게 없어지는 문제가 아니다(임종렬, 2010).

CHAPTER 04

양육의 본질

1 양육의 본질

"만일 좋은 아버지를 가져본 적이 없으면
좋은 아버지를 만들어야 한다."
니체(Nietehe)

임종렬(2010)은 사람이 하는 일 중에서 아이를 기르는 것보다 더 전문성을 요하는 일은 없을 것이라고 했다.

"아이를 기르는 것은 한 나라의 백년대계를 세우는 것과 같으니까요. 그래서 스웨덴을 비롯한 선진국에서는 놀이방이나 어린이집에서 어린이의 성장을 돌보는 교사가 되려면 대학원을 졸업해야 합니다. 아동학이나 유아교육학 석사학위를 갖지 않은 사람은 유아원이나 유치원의 보육사나 교사가 될 수 없습니다. 그토록 아이 기르는 일이 중요하다는 것입니다. 그런데 한국의 어머니들은 다른 교육은 받으면서도 정작 가장 중요한 '아이 기르는 법'에 대한 교육에는 소홀하여 아이 기르는데 문제가 많고, 어렵게 길러 놓은 아이들이 어머니들이 원하는 대로 훌륭하게 자라지 못하는 경우가 많은 것입니다. 문제아가 되는 것은 바로 어머니들의 아동양육 전문성 결여에 있다는 것입니다. 그래서

'문제아는 없다. 다만 문제 어머니가 있을 뿐이다(Fairbairn, 1940).'라는 말이 있게 된 것 아니겠습니까? 사람이 하는 모든 일은 그 일이 아무리 쉬운 일이라 할지라도 전문성을 요하는 경우가 많습니다."

"아이 기르는 일을 저는 '종합예술'이라고 부르고 있습니다. 아이 기르는 일처럼 전문성을 요하는 직업은 없다고 생각하기 때문입니다. 그런데 이에 대한 교육을 전혀 받지 않고 어머니가 되었으니 우리 어머니들은 참으로 용감한 분들이라는 생각을 합니다."

"어머니가 길러주는 아이들의 성격이 아이들의 운명을 좌우하는 모든 것이라고 할 수 있습니다. 그래서 어머니들은 아이 양육 방법을 알고 아이를 길러야 한다고 고집을 부리는 것입니다."

"그러니까 사실은 이 세상의 모든 어머니들이 어머니가 되기 전에 어머니로서 해야 할 아이 기르는 법에 대한 교육을 받아야 한다는 것입니다. 설사 결혼 전에 기회가 없어 교육을 받지 못하였다 하더라도 아이를 잉태했을 때 혹은 최소한 아이가 어렸을 때 '참된 어머니 되기' 교육을 받고 아이를 올바르게 기를 수 있는 자질을 갖추어야 한다는 것입니다. 어머니가 '어머니 되는 법'을 배워 터득하고 이를 실제 아이 기르기에 적용하는 것은 참으로 중요한 일이라고 할 수 있습니다."

"정부나 학교, 혹은 아이를 기르는 당사자들까지도 이러한 일에 대해 전혀 모르고 있으니 결국 아이 기르는 법을 가르치는 것이나 배우는 것에 대해서는 무관심했다고 생각합니다. 그래서 정부에서는 이러한 일을 하루속히 깨닫고 국민 모두에게 어머니되기 교육을 시켜야 합니다. 초등학교에서 대학에 이르기까지 정식 교과과정으로 채택하여 가르친다면 어머니되기 교육을 받고 난 사람들이 결혼하여 아이를 낳아 기르게 될 것 아닙니까? 그렇게 되면 아마도 이 나라의 장래가 훨씬 더 밝아지고 좋아질 것입니다."

아이들이 잘 자라야 어머니의 마음이 편하고 반대로 어머니의 마음이 편해야 아이들이 잘 자란다. 아이들이 잘 자란다는 것은 아이들이 자라는 환경이 원만하다는 것을 뜻한다. 환경은 집이나 도시, 학교, 그 밖의 물리적인 주변 환경을 말하는 것이 아니고 '내가 거래하는 사람', 특히 내가 거래하는 그 사람의 마음을 말한다. 아이를 기르는 어머니의 마음은 아이들에게 절대적인 환경으로 작용한다.

2 어머니와의 관계—타인과의 관계

내가 맺고 있는 나와의 관계, 그리고 내가 맺고 있는 다른 사람들과 관계가 지금까지 내가 맺고 살아온 우리 어머니와의 관계와 같다. 내가 어렸을 때 어머니와 어떠한 관계를 맺고 살아왔느냐에 따라 지금 내가 맺고 있는 다른 사람들과의 관계의 질 또는 방식이 결정된다.

사람이 살아가는 데 필요한 것은 의식주뿐만이 아니다. 의식주 문제가 해결되었다 하더라도 인간의 삶에는 부족한 것이 많다. 사람은 우선 함께 살아야 할 사람들이 필요하다. 어머니들은 대체로 따뜻하고 부드럽게 아이를 기른다고 생각하지만 아이가 느끼는 어머니의 보살핌은 그렇지 못한 경우도 많다. 결과적으로 그 어머니의 마음과 달리 아이를 대하는 손길은 따뜻하고 부드럽지 않았다고밖에 할 수 없다. 다시 말해 어머니와 아이 사이 혹은 그 밖의 모든 인간관계에서 행해지는 주고받는 것에 대한 느낌은 주는 사람의 느낌보다도 받는 사람의 느낌이 중요하다. 주고받고 하는 관계적 의미는 받는 사람이 결정하기 때문이다. 어머니가 아무리 좋은 것을 많이 주었다 할지라도 아이가 어머니로부터 좋은 것을 받은 적이 없다고 느끼면 그것은 나쁜 것이다. 주고받는 행위 속에서 느끼는 감정에는 객관적 견해가 크게 의미 있는 것으로 작용하지 않고 주관적으로 느끼는 것만이 중요하고 의미가 있을 뿐이다. 그렇기 때문에 어머니가 무엇인가를 아이에게 줄 때는 좋은 것을 받았다는 느낌을 가질 수 있는 방법으로 주는 것이 좋다. 더불어 충분히 받았다는 느낌을 가질 때까지 주는 것이 더욱 좋다.

아이가 어머니로부터 무엇인가를 받았다고 느낄 때는 아이가 원하는 것을 어머니가 주었을 때이다. 그것도 지체함이 없이 당장에 즐거운 마음으로 아이가 원한 만큼 주었을 때이다. 그때 비로소 아이는 어머니로부터 충분히 받았다는 것을 느낀다. 이러한 관계적 현상을 정신분석학에서는 '용전(containment)'이라고 한다. 어머니로부터 필요한 것을 충분하게 받으면서 자란 아이는 어머니에게서 받은 만큼 풍요로운 인생을 살게 될 것이며 성공하는 아이가 되어 인생의 보람을 느끼면서 살게 될 것이다. 그러나 어머니로부터 필요한 만큼 받지 못한 아이는 실패에 실패를 거듭하는 아이가 될 가능성이 크다. 어머니가 아이들에게 잘해주었을 때 아이들도 어머니에게 잘해줄 수 있는 마음을 갖게 되는 것이다.

3 아이는 아이 자신을 위해 태어난다

아이는 아이의 인생을 살기 위해 태어난다. 아이가 세상에 태어나는 것이 비단 아이의 의지에 의해서 태어난 것이 아닐지라도 아이는 아이의 인생을 살기 위해서 태어난다. 비록 태어나는 과정이 힘들고 고통스러울지라도 자신의 삶을 위한 중요한 첫 관문이기에 이겨내고 태어난다. 이때 아이가 어느 나라, 어느 곳에서 태어나는가 하는 것은 문제가 되지 않는다. 다만 문제가 되는 것은 어느 가정에서 태어났는가 하는 것이다.

특히 어떠한 성격과 자질을 가진 어머니로부터 태어났는가 하는 것이 중요하다. 좋은 성격과 풍부한 자질을 갖춘 어머니에게서 태어난 아이라면 어머니의 성격과 자질에 걸맞은 다행스러운 인생을 살 수 있게 될 것이다. 아이에게 다행스러운 삶을 제공하는 어머니는 다행스러운 인생을 사는 어머니다. '다행스러운 어머니'란 돈이 많고 학식이 높으며 사회적 지위나 권력을 가진 어머니를 뜻하는 것이 아니다. 아이가 원하는 어머니는 아이가 원하는 것을 줄 수 있는 어머니이면 되는 것이다. 어머니가 아이에게 줄 수 있는 것은 아이가 구속이나 학대받지 않으면서 자유분방하게 아이다운 인생을 살 수 있게끔 배려하는 것이다.

아이들은 자신들의 인생을 살기 위해 나름대로의 사는 방법을 가지고 태어났다. 따라서 아이가 자라는 대로 그냥 자연스럽게 놓아두면 아이들은 잘 자란다. 아이가 아이답게 자라며 살 수 있는 여유를 마련해 주면 아이들은 스스로 자란다. 우후죽순처럼 재미있게 잘도 자란다. 현실적으로 아이는 어머니를 위해서 살아야 할 필요가 없다. 아무리 어머니가 아이에게 어머니를 위해서 살아달라고 간청을 해도 아이는 자신을 위해서 살 뿐이다. 이러한 아이를 소유하고 평생을 곁에 두고 살면서 아이의 삶을 어머니가 즐기려 하는 것은 무리한 일이다. 이러한 어머니를 둔 아이는 불행하다. 구속감이나 의존감 때문에 불행하고, 자율성을 상실하기 때문에 불행하다. 아이를 기르는 모든 어머니는 아이가 이러한 느낌을 가지고 산다는 것을 모른다. 그래서 아이와 함께 살면서 아이의 나이를 생각해 보지도 않고 무조건 어머니의 뜻대로 살아주기를 바라는 조금은 염치없는 요구를 하는 사람들이 우리들의 어머니들이다.

어머니를 위해서 사는 아이의 인생은 불행하다. 불행한 인생을 사는 아이를 기르는 어머니 또한 행복할 수 없다. 이는 곧 아이의 행복이 어머니의 행복이 된다는 것을 의미하기 때문이다. 따라서 어머니의 할 일은 아이가 아이의 인생을 살도록 도와주는 것뿐이다. 아이는 자신의 인생을 살아야 한다. 아이는 자신의 인생을 살 권리가 있으며 원하는 목적을 달성하고 자기실현의 꿈을 이룩할 수 있는 기회를 가져야 한다. 아이가 진정한 의미의 자기 삶을 살 수 있도록 최선의 배려를 아끼지 않는 것이 어머니의 올바른 역할이다. 아이는 아이의 인생을 살기 위해서 태어난 귀중한 존재이다. 어머니에게 귀중한 존재이고, 사회와 국가에게 귀중한 존재이고, 아이 자신을 위해서도 귀중한 존재이다. 아이의 존엄성을 인정하고 양육을 위해 최선을 다할 때 아이는 바르고 유능하게 자란다는 것을 믿어야 할 것이다.

CHAPTER 05

부모역할과 신경과학과의 관계

1960년 및 1970년대 행동주의심리학 및 행동주의 심리치료에서 1980년대의 인지심리학 및 인지 심리치료로, 그리고 다시 과학이 신체 중심의 정서를 적극적으로 탐색하면서 치료가 정서 심리생물학적 상태에 초점을 맞추는 시대로 전환 중이다. 명시적, 분석적, 의식적, 언어적, 합리적 좌뇌(LH)에서 암묵적, 통합적, 무의식적(USS), 비언어적, 신체 중심의 정서 우뇌(RH)로의 전환, 의식적 인지에서 무의식적 정서로의 전환이다.[16)]

건강과 질병은 심리적, 사회적, 생물학적 요인의 상호작용의 산물이라 한다. 즉, 심리적 과정에 의해 면역 기능에 변화가 생기며, 변화된 면역 기능은 다시 심리적 과정에 영향을 준다. 그러므로 부모역할과 신경과학과의 관계를 살펴보고자 한다.

16) 이 내용은 2014년 한국임상모래놀이치료학회 국제학술회때 미국 UCLA 데입이비드게펜 의과대학 정신의학교수인 Allan N. Schore의 학술발표 자료이고, 번역은 융분석가인 장미경 교수의 번역 내용을 인용한 것이다.

1 생애 초기 우뇌 정서조절 및 정서적 안녕의 관계적 기원

Schore는 "정서 과정은 자기의 핵심에 있으며 이와 같은 신체적 기반 현상의 고유한 정신생물학적 특성으로 인해 최근 인간 발달모형은 유아기에서 시작하여 전 생애에 걸치는 뇌-정신-신체 개념화를 향해 이동하고 있다."고 말했다.

Larsen은 "대부분의 사람들에게 있어 언어적, 의식적 및 연속적인 정보처리는 좌뇌에서 일어나며 무의식적, 비언어적 및 정서적인 정보처리는 주로 우뇌에서 일어난다."고 말했다(J. Psychosom. Res., 2003).

또 Schore는 애착을 어머니-영아 사이의 우뇌에서 우뇌로의 무의식적 정서적 의사소통이며 정서각성을 상호작용적으로 조절한다고 하였다. 그리고 인간발달의 심리학적, 생물학적인 모델의 통합이라는 Bowlby의 기본 목표와 노선을 같이 하여 정서적 신체 중심적 과정들이 무의식적으로 상호작용하며 조절되는 방법에 대한 현재의 임상 및 실험의 초점이 애착이론에서 조절이론으로 전환되고 있다고 하였다.

Taylor는 정서비조절(조절되지 않은 정서)은 모든 정신증적 장애의 근본 원리라고 하였다.

또 Schore는 관계외상은 미래의 사회적-정서적 스트레스원에 제대로 대처하지 못하게 하는 우뇌의 영속적인 심리적 반응성 및 정서비조절이라는 취약성을 남긴다고 하였다(Infant Mental Health Journal, 2001). Schore는 생애 초기 애착외상 즉, 학대 및 방임은 PTSD[17]의 정신병인과 관련되며, 성격장애는 애착-우뇌에 그 기원을 두고 있다고 하였다(Australian New Zeal. J. Psychiatry, 2002).

비언어적 무의식적 정서 조절은 의식적 정서 조절보다 더 필수적이다.

---

17) 외상후 스트레스 장애(Post-Traumatic Stress Disorder)

2 정서조절과 정서적 안녕의 발달적 기원

Schore(1994)는 정서적 안녕의 발달적 기원에 있어 생애 초기 발달에 대한 이해가 중요하다고 하였다. 전 인생에 걸쳐 인간의 모든 내적 및 외적 측면들을 위한 단계를 설정하기 때문이라고 하였다.

Schore는 "영아기에 발생한 사건들 특히 사회적 환경과 관련된 교류는 생애 최초 몇 년 동안이 정신의 구조 속에 각인된다. 또한 아동과 어머니의 최초 관계는 아동에게 판형으로 작용하며 이로 인하여 이후의 정서관계에 들어갈 수 있도록 개인의 능력에 영속적으로 틀이 잡히게 된다. 이러한 생애 초기 경험들은 고유한 성격, 성격의 적응능력 및 특정 형태의 미래 병리에 대한 취약성과 저항을 형성한다. 즉 이것들은 안정적이고 적응적인 통합 체계의 초기 조직화에 깊은 영향을 미쳐 자기를 형성하게 한다. 건강과 질병을 결정하는데 있어 생애 초기 두뇌 발달의 결정적 기간 중에 초기 어머니의 돌봄 및 유전자의 후천적 변형은 우리 분야에 영향을 미친 과학의 가장 중요한 발견 중 하나일 것이다."라고 하였다.

또 "출생 이전에 모든 것은 유전적이며 출생 이후의 모든 것은 학습한 것이라는 생각은 이제 잘못된 것이다. 학습은 태아기에 시작되며 즉 임신 마지막 3개월 및 출생 이후 2년 차까지 두뇌가 신속하게 발달하는 기간 중에 일어난다. 이는 마지막 임신 3개월 중 생물학적 어머니의 정서상태가 영아의 두뇌 발달 특히 우뇌에 영향을 미친다는 것을 의미한다."라고 하였다(Family Court Review, 2011).

Bowlby(1969)는 애착 의사소통은 "강한 감정 및 정서를 동반하며, 얼굴표정, 몸짓, 목소리 톤, 생리적 변화, 움직임의 빠르기 및 시작행동 같은 맥락 속에서 일어난다."라고 하였다.

Schore와 McIntosh는 "안정적인 애착을 공동 창조하기 위해 유아는 주관적으로 예측 가능하고 일관되며 정서적으로 가용한 주 양육자에 접근하려고 하며 유아의 사회적 개입 기간 중 어머니가 보다 일관되게 행위 수준을 유아에게 맞출수록 어머니는 비개입 기간 중에도 유아가 조용히 회복할 수 있는 기회를 더 많이 주며, 아동이 다시 개입하려고 신호를 보낼 때 어머니가 더 많이 반응할수록 두 사람의 상호작용은 더 일치하게 된다."라고 하였다(Family Court Review, 2011).

또 Schore와 Mclntosh는 "애착은 필수적으로 아기의 우뇌와 주 양육자의 우뇌 간에 발생하는 의사소통을 통해 형성된다. 생애 초기는 물론 그 이후에도 이것은 비언어적이며, 사회적-정서적 및 신체 중심적 의사소통이다. 특히, 애착 의사소통은 (1)시각적인 직접 대면의 교류, (2)정서적인 목소리 톤의 청각적 표현, (3)촉각적인 몸짓 신호를 통해서 표현되며, 이와 같은 모든 것들은 영아와 어머니의 우뇌에서 매우 빠르게 수행된다."라고 말했다(Family Court Review, 2011).

Parker는 "인생의 이른 시점에 적당한 스트레스 사건을 미리 경험하게 되면 후에 정서적으로 도전을 받는 환경에 다시 부딪혔을 때보다 효과적인 각성 조절을 할 수 있게 된다."라고 말했다.

"수용적이고 지지적인 어머니가 존재하는 상황에서 관리 가능한 스트레스원에 반복적인 노출은 정서적인 자기조절을 강화할 수 있고 이와 같은 누적 경험은 스트레스 저항성 발달에 대한 사회정서적 기초를 제공한다."라고 말했다.

또 "대인관계 스트레스원에 대한 스트레스 저항은 위험한 경험을 회피하는 것에 있는 것이 아니라 위험한 경험에 숙달되면서 성공적으로 개입하는 것에 있다."고 말했다.

특히 "영아기에 정서적으로 도전적인 상황에 대한 행동반응은 어머니-영아의 관계의 질에 영향을 받는다."고 말했다.

Semrud-Clikeman과 **Hind**는 "영아의 정서적 경험은 영아의 초기 학습 경험의 상당 부분을 차지하는 소리, 이미지 및 그림을 통하여 발달하며 뇌 개체발생의 시작단계에서 우반구에 더 많이 저장되거나 처리된다."고 말했다.

초기 발달하는 우뇌는 암묵적인 절차적 기억, 애착의 내적 작동모델, 그리고 정서로 충만한 대인관계 맥락을 무의식적으로 안내하는 것을 통하여 개인을 안내하는 감정조절 전략을 부호화한다는 것이다(Psychol BUll, 1990).

Totonto는 인간 발달의 초기 단계에서의 비언어적 경험의 중요한 특성을 기술하였다(Psychoanal. Psychol., 2001).

Totonto는 "개인이 언어로 표현할 수 없는 인생을 경험하는 기간은 결핍, 발달 정지 및 병리의 이해에 중요할 뿐만 아니라 창조성, 예술성, 종교, 직관 및 사랑에 필요하며 풍부한 원천이 될 수도 있는 것이다."라고 말했다.

생후 2년째 중간과 말미에 성장이 절정(성장 고조)에 이르는 우반구의 초기 성장은 이후 소멸된다. 이후 다소 느린 성장이 이어지며 적응 기능이 일생을 통해 작용한다.

생후 첫해 어머니와 애착이 형성된 아동은 이제 두 번째로 아버지와의 애착을 형성한다.

3 우뇌의 관계외상 및 정신병인론

효율적인 우뇌의 적응 기능들은 최적의 관계 환경에서 발달한다.

Henry(1993)는 "개인적으로 적절한 세계를 창조하고 그로부터 파생되는 위안을 만들어낼 과제는 우뇌의 기능에 좌우된다. 만약 이런 기능을 불안정한 애착에 의해 잃어버리게 되면 많은 것을 잃게 된다."고 말했다.

Le Doux(2000)는 "만약 누군가의 초기 정서적 경험의 상당한 정도가 긍정적인 시스템보다는 공포 시스템의 활성화에 의한 것이라면, 정서상태에 의해 조정되는 병행 학습과정으로부터 만들어지기 시작하는 성격은 애정 및 낙천주의와 달리 부정성 및 무망감을 특징으로 갖게 된다."고 말했다.

Schore(2003)는 "만성적인 생애 초기 관계 스트레스는 학대나 방임에서 발생한다."고 말했다. 어머니–영아 애착은 좋든 나쁘든 발달하는 우반구에 영향을 미치며 스트레스 탄력성에 영향을 미치거나 정서비조절의 소인을 만들어 정신병리를 일으킬 수 있다는 것이다.

위 연구자들은 스트레스 사건이 발생했을 때 어머니가 덜 민감하고, 쉽게 짜증을 내며, 더 비판적이고 처벌적이며, 자녀와의 상호작용에 따뜻함과 융통성이 부족하다는 것을 관찰했다. 스트레스는 부모역할을 심각할 정도로 손상시키며 어머니-영아 간 상호작용의 질을 낮추는 요인이다.

Newman과 **Stevenson**은 "분명히 이 어머니들은 매우 취약한 사람들이며 높은 수준의 내적 동요를 경험하는 사람들이다. 어머니의 어린 시절 학대경험 그리고 학대적 관계에서의 애착경험이 유아와의 관계에서 재현될 수 있다. 재현은 관계외상(relational trauma)에서 발생한다. 애착외상은 단일의 사건이 아니라 '만연한' 그리고 '누적적인' 사건이다. 어머니가 상호작용적 회복을 유아에게 제공하지 못하기 때문에 부정적 상태가 장기간 지속된다."라고 말한다(Aust. N. Z. J. Psychiatry, 2007).

위의 내용에서 살펴 보앗듯이 감정 강도를 조절하는 능력의 상실은 생애 초기 관계외상의 가장 큰 영향을 줄 뿐만 아니라 스트레스 그리고 정서 관련 과정을 조절할 때 우반구가 측면화된다는 것을 확인할 수 있으므로 부모교육의 중요성을 인식해야 할 것이다.

PART 02

아동의 문제행동 이해 외 행동수정

CHAPTER 01

아동의 문제행동

1 문제행동의 개념

문제행동에 대한 역사적 흐름은 1950년대 초까지는 일반적으로 '사회적 부적응'이라는 용어로 쓰여 오다가 50년대 이후에는 Freud 심리학의 영향으로 '정서장애'로 분류되었고, 1960년대 후기에는 '문제행동'이라는 용어로 강조되어 왔다.

'문제행동'이란 대다수에 의해 기대되거나 인정되는 행동으로부터의 이탈을 지칭하는데 특히 개인이나 집단에게 실질적 또는 잠정적으로 신체적·정신적·사회적인 상해를 주는 행동을 말한다. 즉, 어떤 개인이 가족이나 학교, 기타 생활에서 행하는 개인적으로나 사회적으로 바람직하지 않은 행동을 의미한다. 김재은(2005)은 자녀들의 행동 중에서 문제가 될 만한 행동, 즉 문제가 되는 행동을 부모나 교사가 그냥 내버려두면 후일 사회생활을 할 때 남과 더불어 지내기가 어렵게 됨을 의미한다고 하였다. Haper(1974)는 자녀의 어떤 행동이나 태도가 주어진 상황에 적절치 못할 경우를 문제행동으로 정의하고 있다. 이원영(1995)은 자녀의 문제행동은 행동적인 것으로 비행, 거짓말, 싸움, 반항 등이 있고, 정서적인 것으로는 열등감, 공포, 불안 등이 있는데 이는 가장의 억압적이고 권위적인 분위기와 가족구성원들 간의 갈등에 의해 야기된다고 하였다.

'문제행동(misbehavior)'이라는 용어는 부적응 행동, 이상 행동, 행동장애, 정서장애 등으로 다양하게 표현되며 문제행동의 개념도 광범위하여 학자들 간에도 일치된 정의는 내리지 못한 상태이다. 자녀가 문제행동을 가지고 있다고 판단되는 기준은 대부분 성인들의 태도나 민감도, 이해심의 정도 등 어른들의 기준에서 아동의 행동을 판단하는 주관적인 견해이므로 많은 문제성을 내포하고 있다. 문제행동의 판별은 사회·문화적 규범과 발달적 규범을 포함하여 여러 가지 준거에 의하여 좌우되는 것이므로 부모·교사는 자녀나 학생의 문제행동을 정확하게 파악·평가하는 것이 무엇보다도 중요하다고 할 수 있다. 문제행동은 사회·문화적으로 받아들여지지 않는 일탈 행동이나 부적응 행동을 의미하며, 아동기 행동장애에는 아동 자신의 발달과 타인의 생활을 뚜렷이 방해하는 정신병, 자폐증 및 사회적 부적응 행동이 포함된다.

건강한 아동은 대부분 지속적이고 긍정적인 대인관계를 맺으며 능력에 따른 성취를 이루고 사회화 과정에서 어려움을 덜 겪는다. 그러나 문제를 가진 아동은 정서적, 사회적 적응에 곤란을 겪어 문제행동을 반복함으로써 문제성격이 더욱 고정화될 가능성이 크다.

1) 부적응 행동

'부적응 행동'이란 자신의 능력에 대해 불안해하고 주저하는 행동, 매사에 자신감이 결여되어 있거나 수업 중에 답을 알면서도 발표를 못하고 부끄러움을 타는 등 소극적인 행동이 대표적이다. 또한 주변인에 대한 불순종, 거짓말, 비속어, 욕설하기 등 투쟁적 경향을 많이 나타내는 행동양상을 지칭한다. 이러한 행동은 강압적 제재를 받게 되고 그 결과 다른 사람을 공격하고 파괴적인 행동으로 치닫게 되거나 등교 거부, 침묵, 적극성 결여 등 심리적으로 자기를 공격하여 상처받는 행동들이 극단적으로 나타나게 된다. 특히 부적응을 나타내는 아동들은 학교나 가정에서 억압이나 제지를 많이 받아왔기 때문에 자신들의 감정이나 의견을 자유롭게 드러내기보다는 숨기고 억제하는 경향이 있다. 이렇게 자신의 감정이나 욕구를 지속적으로 억제할 경우 자신들의 긍정적인 욕구가 채워지지 않는 경험들은 타인에 대한 분노, 반항, 복수심을 일으키거나 자신이 처한 환경이 이러한 감정의 표출을 허용하고 있지 않기 때문에 감정 자체를 부인하며 살아가기도 한다.

2 문제행동의 요인

일부 학자들은 문제행동이 아동과 환경과의 상호작용 갈등에 의한 것이라고 주장한다. 문제행동의 원인을 설명하기 위하여 많은 접근방법이 제시되었는데 이는 다음과 같이 정리할 수 있다.

첫째, 생물학적 및 생리학적 요인으로 유전적 조건, 생리 구조적 조건, 출생 전 요인, 출생 중 요인, 환경적 위험 등이 제시되고 있다. 유전학자들은 행동을 직접적으로 결정하는 유전인자는 없다고 주장하지만 일부 유전자는 효소적, 생화학적 기능을 결정하므로 문제행동을 유발시키기도 한다. Werrry(1979)는 중도 및 최중도의 문제행동은 뇌 손상과 깊은 관계가 있기는 하지만 뇌 손상 아동 중 문제행동 아동은 그리 많은 비율을 차지하지는 않는다는 연구 결과를 밝히고 있다. Bateson(1979)는 출생 직후의 아동들을 대상으로 한 연구에서 일반적인 영양실조와 어떤 특별한 음식물의 장기적 결핍은 신체장애 및 정신지체와 더불어 문제행동을 유발할 수 있다고 지적한 바 있으며 Ross와 Pelham(1981)은 문제행동 아동과 통제집단 사이에는 출생 시의 요인이 중요하다고 보고하고 있다.

둘째, 가정환경적 요인으로 이는 아동의 문제행동이 아동의 내적 원인에 의해 유발된 것이 아니라 가정환경과 관련이 있고 적절한 학습을 통하여 해결될 수 있다는 것이다. 자녀의 문제행동에 영향을 미치는 요인은 크게 두 가지로, 가정 환경적인 '부모의 신념적 요인'과 '자녀 자신의 요인'으로 나누어 볼 수 있다.

1) 부모요인

(1) 부모의 일관성과 유연성

일관성과 유연성은 숙련되고 바람직한 부모되기에 부가되는 필수적인 조건이다. 일관성이라는 것은 부모의 양육방식을 아동이 안정적이고 예측할 수 있는 환경으로 받아들이고 자라게 될 때 더 기능적으로 작용하는 것을 말한다. 예컨대 부모가 한계를 설정해 놓고도 이를 지키지 않을 때 자녀를 혼돈케 함은 물론 부모 자신의 신용도 떨어지게 되기 때문이다. 이와 함께 유연성은 자녀의 욕구를 정신·신체적 발달단계에 맞춰 적절하게 충족시켜 줄 수 있는 부모의 양육태도를 말하는데 자녀양육에 있어 어쩌면 일관성보다도 더 중요한 부문이 아닐까 싶다. 일관성을 유지할 때 부모의 아집이나 강압적 권위를 이용하는지를 항상 부모 스스로 점검해 보고, 유연성과 함께 자녀들이 건강한 신체·정신의 소유자로 자랄 수 있도록 부모 자신의 연구와 노력이 요구된다.

(2) 부모의 자아 효능감

? 유능한 부모됨에 있어서 자기 확신의 역할은 무엇인가?

Bandura는 유능함에 대한 신념이 우리의 행동이나 성격, 특히 위험을 기꺼이 감수하고자 하는 것, 도전을 받아들이는 것, 어려운 목표를 계속 추구하는 것에 중심적인 역할을 한다고 주장하였다(Bandura, 1982: 1986). 성공적인 부모됨은 부모의 자아 효능감을 강화시킨다. 영아로부터의 신호나 암시를 잘 해석하고 들어주는 어머니의 능력은 스스로 얼마나 효율적이라고 받아들이는가에 달려 있으며 부모됨의 능력에 대해 확신하는 어머니는 더 유능하게 행동하고 우울함을 덜 느낀다. 무엇보다 자신이 할 수 있다고 믿는 어머니들은 그들의 자원을 잘 정리하고 까다로운 아기를 다룰 때 기회를 잘 포착한다. 반면 스스로를 의심하는 어머니들은 자주 의기소침해지며 덜 창조적이고 자원활용 능력도 떨어진다.

아동기에 부모의 따뜻한 지지를 받고 자라난 아동은 부모됨이란 '기쁘고, 즐거운 일'이라는 것을 배우게 된다. 이런 아동은 후에 부모가 되어 자녀를 양육할 때 자신이 그러했듯이 따뜻하고 지지적으로 잘 키울 가능성이 높다. 그러나 학대하는 부모 밑에서 양육된 아동은 그들이 부모가 되었을 때 학대하는 부모 노릇을 반복하는 특징을 보인다. 예컨대 부모에 의해 자주 거칠게 다루어지며 자라난 사람은 다른 사람에 대해 부정적인 성향을 띠게 되며, 간혹 지지받지 못한다는 느낌을 받게 되면 부모가 자기에게 했던 그대로를 모방하여 대응하게 된다. 즉, 아이들은 자신에게 가장 익숙한 방법을 사용하여 세상을 살아가게 된다는 것이다.

2) 자녀요인

자녀의 기질은 순한 기질, 까다로운 기질, 중간 기질의 세 가지로 분류한다. 순한 기질은 생리적 주기가 규칙적이며 낯선 것에 쉽게 접근하고, 순조롭게 적응하고 미약한 반응 표현 등 긍정적 기질을 나타내 어머니가 돌보기 쉬운 자녀라 할 수 있다. 반면 까다로운 기질은 생리적 주기가 불규칙하고 낯선 것을 접하면 쉽게 위축되고, 적응이 어렵고 격렬한 반응 표현 등 부정적 특성을 보여 어머니가 돌보기가 어렵다. 이에 비해 중간 기질은 순한 기질이나 까다로운 기질을 제외한 특성이라 할 수 있다.

자녀의 기질 이외에 성별, 출생 순위, 연령 등도 문제행동과 관련이 있다. 문제행동은 통계적으로 여아에 비해 남아에게서 더 많이 발견되는데 남아는 주로 과잉운동, 미숙, 공격성 등 외향적 문제행동의 빈도가 높다. 반면 여아는 불안, 우울, 정신·신체 증상 등 주로 내향적이며 정서적인 측면에서 문제행동을 보였다. 출생 순위에 따른 문제행동의 차이는 특히 외아들이나 외동딸에게서 많이 나타났는데 이들은 대체적으로 의존적, 퇴행적, 이기적 행동 양상을 나타내며 이해심이 부족한 경향을 보였다. 그러나 한편으로는 낙천적이고 명랑하며 솔직한 성향을 띠기도 한다. 이에 비해 맏이의 성격은 이해심, 관용성, 지도성 등의 측면에서 맏이다운 특징이 형성되어 가는 반면 권위주의와 독선 등 바람직하지 못한 징후도 함께 나타났다. 반면 막내의 경우 때로는 이기적이고 자기 중심적이며, 관용성이나 지도성, 인내심, 근면성, 봉사성 등이 부족한 경우가 있다고 보고된 바 있다(이상로, 1979). 남녀 모두 출생 순위가 4번째 이상의 자녀에게 문제행동의 빈도가 높았으며 여아의 경우는 외동과 둘째에게서 문제행동의 빈도가 높게 나타났다. 자녀의 문제행동에 영향을 미치는 요인으로 유아의 성별, 출생 순위, 연령 등의 변수가 대체로 일관된 결과를 보이는 것은 아닌 반면 자녀의 까다로운 기질과 부모의 신념적 양육태도는 자녀의 문제행동에 가장 큰 영향을 주는 요인으로 꼽힌다.

3) 부모 신념태도와 자녀의 문제행동

자녀의 문제행동에 크게 영향을 미치는 요인은 부모의 신념적 양육태도, 사회·경제적 지위, 그리고 부모의 연령과 성격 등을 들 수 있다. 우선 첫째, 부모의 신념적 양육태도는 자녀의 문제행동을 강화 또는 감소시킬 수 있다. 둘째, 부모의 사회·경제적 지위가 낮은 자녀는 사회·경제적 지위가 높은 부모의 자녀보다 더 많은 문제행동을 보이며, 부모의 학력이 높을수록 문제행동이 적게 나타난다. 또한 사회계층에 따라서도 다른 종류의 문제행동이 나타나는데 일반적으로 상류층 자녀들은 정서적, 신경증적 문제를 갖는 반면에 저소득층으로 갈수록 외향적 문제행동을 보이는 것이 특징이다. 셋째, 부모의 연령과 관련하여 30세 이전의 어머니보다 30세 이상의 어머니를 둔 자녀들이 사회 적응력이 높으며 어머니의 연령이 낮을수록 자녀의 성격이 불안정한 것으로 밝혀졌다. 넷째, 부모의 성격은 부모 자신의 생활과 자녀의 성장 발달에도 영향을 주는데 문제행동 자녀의 부모는 독재적이고 규율과 규칙을 지키지 못하는 것으로 나타났다. 구체적으로 살펴보면 자녀의 성격이 공격적이고 통제가 잘 되지 않을 경우 그 아버지는 환경에 쉽게 적응하지 못하며 난폭하고, 자녀에 대한 배려 없이 마음대로 행동하는 경향이 있었다. 또한 문제자녀의 어머니 또한 독재적이고 심술궂거나 규율과 규칙을 지키지 못하는 성격인 것으로 나타났다. 이와 같이 부모의 신념적 양육태도와 성격은 자녀의 발달뿐만 아니라 문제행동 형성에도 매우 큰 영향을 주는 요인이라 할 수 있다. 따라서 자녀의 문제행동을 다룰 때 부모는 자신의 신념적 양육태도에 대해서도 점검, 평가해 보고 바람직한 양육태도가 아닐 경우 자녀의 행동 변화를 위한 지도와 함께 부모 자신의 신념태도를 변화시키려는 노력이 수반되어야 할 것이다.

사회계층이란 인간의 지위를 그들의 경제적 상태나 사회적 지위, 정치적 권력 등에 따라 상·중·하로 분류하는 계급조직을 말한다. 자녀의 문제행동은 유아의 가정환경, 그중에서도 부모의 신념태도가 중요하다는 연구(Webster–Stratton, 1989)가 많이 이루어져 왔고, 이러한 부모의 신념태도는 사회계층에 따라 차이가 날 수 있는 것으로 나타났다. Gecas(1979)는 일반적으로 사회계층에 따라 부모들 자신이 속한 계층의 실제 생활과 일치하는 가치체계를 형성하고, 이러한 가치는 사회화 과정을 통하여 자녀에게 지속적으로 영향을 미치게 된다고 하였다.

Kohn(1963)은 사회계층별로 자녀의 좋지 못한 행동에 대한 부모의 대처방안에 의해 상이한 사회화가 이루어진다고 하였다. 즉, 중류층의 가정에서는 아동의 참여를 지향하는 참여적 사회화가 이루어지는 반면 저소득층의 가정에서는 복종 지향적인 억압적 사회화가 이루어진다는 것이다.

한편, 어머니의 신념적 양육태도에 관한 연구는 많이 이루어졌으나 상대적으로 아버지에 관한 연구는 그 중요성에 비하여 많이 이루어지지 않은 것이 사실이다. 그러던 것이 1960년대 후반부터 자녀교육에 관한 아버지의 역할이 강조되면서 많은 연구 결과들이 제시되기 시작하였다. Kohn(1993)은 아버지의 직접적인 자녀양육 참여는 어머니와는 또 다른 측면에서의 정서, 사회성의 발달을 촉진한다고 하였고, Fisher(1978)는 여아의 성 역할 습득에 관한 연구에서 여아는 남성에 대한 관심과 친밀한 관계를 배울 수 있는 기회를 아버지로부터 제공받기 때문에 아버지의 역할이 특히 여아의 성 역할 발달에 대단히 중요하다고 보고하였다. 또 Parson과 Bales(1955)의 연구에서는 아버지를 가족 내에서 사회와 가족을 연결하는 대표자로서 '도구적 역할(Instruemental role)'을 하는 존재로, 어머니를 자녀 및 감정문제를 담당하는 '표현적 역할(expressive role)'을 하는 존재로 규정하였다. 즉 아버지는 경제력의 제공자이자 최종 판단자이며 바깥 세계와 가정을 연결해 주는 역할을 하는 존재로 보았고, 이에 비해 어머니는 가정의 소비생활과 가사일을 담당하고 가족 간의 화목을 도모하는 애정적·정서적 역할을 수행하는 존재로 본 것이다.

아버지 역할에 대한 아버지 자신의 인식을 조사한 연구(김미란, 1985)에서 아버지들은 바람직한 아버지가 되기 위해 첫째, 가정의 화목을 위해 노력하는 것 둘째, 자녀의 모범이 되게 자신의 성공을 위해 노력하는 것 셋째, 자녀의 교육을 담당하는 것 넷째, 사회전통이나 가치관 생활 철학을 자녀에게 전달하는 것 다섯째, 경제적 능력을 가지고 물리적 환경을 제공하는 것 등의 순서로 역할 매김을 한 것으로 나타났다.

Anderson(1980)은 아버지의 애정은 소년의 남성 역할을 증진시켜 준다고 하였는데 특히 소년은 아버지와 어머니의 관계에서 의사 결정권이 누구에게 있는가에 영향을 받는다고 보고하였다. 어머니의 의견이 강한 가정의 소년은 아버지를 자신의 남성적 모델로 삼지 않으려는 경향을 보인다는 것이다. 한편 미국의 경우 결혼 초기의 이혼이 자녀에게 성 역할 학습 대상의 부재로 인한 자기통제의 붕괴 등 부정적 영향을 끼치기 쉽다고 보고한 연구도 있었다(Hetherington, 1989). 또 Lipper와 Block(1974)는 어떤 특정한 분야에서 성공한 사람은 부모와의 관계가 원만한 가정에서 성장하였으며 양쪽 부모 모두의 자녀양육 참여가 높았다는 결과를 제시하였다. Epstein과 Radin(1975)의 연구에서는 중류층 아버지들의 애정적 태도가 자녀의 동기유발 및 인지적 기능을 발달시킨 반면 저소득층 아버지들이 일반적으로 보이는 통제적 태도는 자녀의 동기유발 및 인지적 기능을 감소시킨다고 하였다. Hess(1984)는 중류층의 부모는 자녀들에게 자율 지향적이며, 내적·주관적 상태를 보다 중요시하는 데 반해 저소득층의 부모는 개인의 규칙에 대한 추종과 외적 규제를 더욱 중요시하여 무조건적인 복종을 강요한다고 하였다. 이러한 결과 중류층 가정의 아동은 성취에 대한 보상과 자율성을 인정받으며 스스로 탐구해 볼 수 있는 기회를 많이 가질 수 있어 자긍심과 높은 학업 성취도를 나타내는 반면 저소득층 가정의 아동들은 주로 잘못한 행동에 대해 벌을 받고, 자신의 의견제시나 탐구의 기회를 박탈당함으로써 자신감이 결여되어 있고 자기 능력에 대해서도 부정적인 태도를 갖게 되어 결국 학업 성취도도 낮은 것으로 나타났다. 또한 가정의 경제적 어려움은 부정적인 생각이나 경험, 정신·신체적인 긴장과 공격성을 유발시킴으로써 체벌 위주의 위압적인 양육태도로 비춰지는데 이는 저소득층 부모의 부정적인 정서 상태가 부모–아동의 상호작용에 영향을 미친다는 것을 시사하는 것이다(Berkowitz, 1989; Patterson, DeBarysche, & Ramsey, 1989).

이상의 내용을 종합해 보면 결국 부모의 허용적이고 자율적인 양육태도가 자녀양육에 있어서 가장 중요한 신념태도임이 분명하다. 이러한 부모를 가진 자녀들은 부모를 자신의 성장모델로 삼아 긍정적인 자존감을 형성하고 성장 에너지를 충분히 확보할 수 있기 때문이다.

최근 문제행동에 대한 효과적 진단 평가나 검사 도구들의 신뢰도, 타당성이 의문시되고는 있지만 문제행동으로 진단 평가되는 유아의 수가 점차 늘고 있는 추세이다. 또한 이 분야 선행 연구의 대부분이 부모의 신념태도와 가정환경 및 자녀의 인지적 영역의 특성과 관련성을 규명하는 데 초점을 맞추고 있다. 그러므로 우리나라의 문제행동 아동의 진단 기준이나 연구 방향이 부모의 양육태도가 자녀에게 미치는 심리형성의 배경 등을 포함하는 종합적인 진단이 병행될 수 있도록 이에 관한 많은 연구가 이루어져야 할 것이다.

3 불순종의 이해

자녀들은 부모의 권위를 불복종이라는 행태로 거부, 시험하게 되는데 크게 다음의 네 가지 유형으로 구분할 수 있다.

① 수동적 불순종 : 부모의 요구를 무시하는 것으로써 2살에서 3살 사이에 수동적 불순종이 감소하며, 이는 주로 부모의 또 다른 요구와 명령을 유발한다.

② 직접적인 불순종 : 아동이 종종 화를 내어 표현하는 것으로써 연령이 증가할 수록 직접적인 불순종이 감소한다. 이 유형은 강압적이고 처벌적인 부모의 반응을 유발한다.

③ 단순한 거부 : 연령에 따라 증가하며 직접적인 저항보다는 부모가 덜 싫어한다.

④ 교섭·협상 및 설득 : 가장 진보된 형태의 저항으로 연령이 높아질수록 점차 증가하며 부모가 가장 덜 싫어하는 불순종의 유형이다. 부모는 자녀의 이러한 시도들을 자율과 자기주장의 표현으로 해석한다.

1) 그릇된 행동의 분석

행동심리학자들은 행동을 기능적으로 분석하기를 선호한다. 즉, 행동심리학자들은 징징대는 것과 같은 특정행동이 왜 일어나는지를 묻기보다는 어떠한 상황에서 징징대는 행동이 일어나는지에 관심을 갖는다. 다음은 아동의 행동을 분석하는 예가 되는 질문들이다.

! 훈육 상황의 기능적 분석

- 정확히 어떤 행동을 자녀가 했는가?
- 장소, 주변 환경, 함께 있었던 사람 등 어떤 상황이었는가?
- 부모가 어떻게 반응했는가?
- 어떤 결과들이 행동에 수반되어 발생했는가?
- 언제 그러한 행동이 처음 발생했는가?
- 그러한 행동이 처음 발생했을 때의 주위 환경은 어떠했는가?
- 얼마나 자주 그러한 행동이 발생하는가?
- 부모는 어떻게 자녀의 행동을 수정하고자 노력했는가?
- 무엇이 효과가 있었으며 무엇이 효과가 없었는가?

이러한 분석을 통해 아이들은 기본적으로 자신이 배웠던 것을 행한다. 또한 일반적으로 자신을 즐겁게 하는 방법을 학습한다는 것을 알 수 있게 된다. 아이들은 나쁜 단어를 말하거나 건방지게 이야기함으로써 부모를 화나게 할 수 있다는 것을 배우게 되면 그다음에는 구두든 아니든 간에 부모의 화난 반응 그 자체가 아동을 강화시킬 수 있다. 왜 아동은 부모를 화나게 만들려고 할까? 왜 그들은 부모가 화내는 것이 자신이 강화되는 것이라고 생각하는가? Rudolf Dreikurs는 부모나 다른 사람에게 힘을 행사하고자 하는 '아동의 욕구' 때문이라고 언급하였다. 그것은 우리가 다른 사람들에 의해 상처받고 부당하게 대우받았다고 느낄 때 같은 고통을 되돌려주고자 하는 인간 상호작용의 본질이라고 할 수 있다. 이 기본적이고 말로 표현하기 어려운 철학은 '네가 나에게 상처를 입히면 나도 너에게 상처를 입힐 것이다.' 또는 '네게 교훈을 가르치겠다.'는 것과 유사한 것이다. 부모는 자신이 신체적으로 자녀보다 더 힘이 세다는 것을 알기 때문에 '나는 네가 나에게 상처주는 것 이상으로 너를 아프게 할 수 있다.'는 태도를 당연시 하곤 한다. 이것이 설령 사실일지라도 이 태도는 자녀로부터 증오심을 유발하며 자녀를 더 화나게 할 수 있다.

부모가 긍정적인 강화인자를 제거하면(예: 그날 TV를 못 보게 하면) 자녀는 좌절한 상태에서 복수하고 싶어질 것이다. 아동은 과거에 부모를 화나게 하는 데 효력이 있었던 술책(예: "나는 엄마가 미워.")을 사용할지도 모른다. 부모는 자녀의 도전에 대해 반응의 강도를 높임으로써 상처받은 것을 되돌려주는 가장 좋은 방법들을 무심코 자녀에게 가르친다(예: "내게 다시는 그런 말 하지마!"). 이처럼 부모와 자녀 간의 악화된 힘겨루기가 계속되어진다. 자녀의 반항적인 행동이 거듭되다 보면 친사회적인 행동을 가르치기가 매우 어렵게 된다.

2) 부모양육 기준의 내면화

? 아동은 어떻게 도덕심을 발달시키는가?

아동이 성숙해질수록 부모의 명령보다는 점차 자신의 내적 가치관에 의해 행동하게 된다. 내면화가 없다면 부모나 여타 사회기관들은 끊임없이 아동의 행동을 지켜보아야 할 것이다. 그렇다면 내면화는 어떻게 이루어지는가? 초기 심리분석

이론의 처방에 의하면 부모의 금지로 인해 좌절할 때 아동은 부모에게 분노를 느끼며 그다음에는 분노를 느낀 것에 대해 죄의식을 느낀다. 아동은 불편한 감정을 느끼는 것과 부모의 사랑을 잃는 것을 피하는 방법의 하나로서 부모의 규율과 기준을 채택한다. 최근의 심리분석모델은 부모와의 동일시를 통해서 부모의 사랑을 얻는 방법으로서 부모가치의 내면화를 보다 긍정적으로 볼 수 있게 해 준다. 부모가치의 내면화는 확실한 부모 통제, 이성적 추론, 자신의 행동이 다른 사람들에게 미치는 영향 등에 대해 자녀와 토론함으로써 이루어진다.

귀인이론에 의하면 부모의 기준은 외부 압력을 최소화함으로써 가장 잘 수용된다고 한다. 자녀의 순종을 얻는 데 있어서 가장 덜 강압적인 방법이 부모의 가치를 가장 잘 받아들여지도록 한다는 것이다. 부모의 압력을 최소한으로 받고서도 복종하는 아동들은 자신의 복종을 외부 압력의 탓으로 쉽게 돌리지 않으며 '내가 복종하는 것으로 보아 나는 규칙을 잘 준수하는 부류의 사람임에 틀림없다.', '내가 복종하는 것은 내가 그 규칙을 진심으로 믿기 때문이다.'라고 생각한다. 이러한 행동은 아동 자신이 바르게 행동하도록 '강요' 당했다는 것보다는 바르게 행동하도록 스스로 '선택'했다는 인상을 주는 것으로 이는 아동이 부모의 기준과 가치를 보다 잘 수용할 수 있도록 한다. 반면 부모가 통제적일수록 자녀는 부모의 기준을 수용하고 만족시키기 위해 노력하지 않는 것으로 나타났다.

3) 부모의 권위에 대한 아동의 이해

? 부모의 권위적 훈육방식은 아동에게 어떤 영향을 미치나?

영·유아기 때는 대부분 자기욕구 만족에 의해 행동하는데 부모의 요청이나 명령은 아동이 느끼는 즐거움을 연기시키거나 금지시킨다. 청소년기 불순종하는 아이는 "어머니는 내게 어떻게 하라고 말할 자격이 없다."고 말하기보다는 "나는 그것을 지금하기 싫어요."라고 말하는 것이다. "왜 내가 그것을 해야만 하나요?"라고 화를 내면서 말하는 청소년들은 분명히 부모의 권위에 도전하고 있는 것이다.

! 권위적 훈육방식의 사례

TV를 보며 놀고 있는 아이에게 취침할 준비를 하라는 부모의 요구이다. 부모의 요청은 그 아이가 느낄 즉각적인 즐거움을 방해하고 수면을 위한 노력(세면, 양치질, 잠옷으로 갈아입기)을 요구하는 것인데 이 상황에서 부모가 직면하게 될 아이의 반항을 예측해 보면 "지금 해야 하나요?"라고 묻거나, "하기 싫어요."라고 말하거나, 또는 부모의 요청을 단순히 무시하는 것 등이다.

이처럼 어른들은 한계를 설정하고 아동들은 그 한계를 시험한다. 부모는 규칙을 세우고 자녀는 때로 그 규칙을 어긴다.

부모 기준의 아동 내면화 과정에 대한 이론을 살펴보면 우선 정신분석론에서 아동은 부모에 대해 분노를 느끼며 자신이 그러한 적대감을 갖는 것에 대해 죄의식을 느끼기 때문에 부모의 사랑을 잃지 않으려고 부모의 규율과 기준을 받아들인다고 한다. 이에 비해 수정된 정신분석론에서는 아동은 부모의 사랑을 획득하는 방법으로 부모와 동일시함으로써 부모의 기준을 내면화한다. 한편 귀인이론에서는 부모가 자녀에게 그들이 바르게 행동하도록 선택하고 있다는 인상을 주어 아동은 부모의 기준과 가치를 내면화하게 된다. 그리고 사회 인지모델에서는 아동이 부모의 기준을 지각하고 부모의 기준을 자신의 기준으로 받아들이며 자신의 행동 길잡이로 사용한다고 정의한다.

? 자녀양육방식에는 어떠한 것들이 있나?

민주적 부모와 권위적 부모는 자녀양육을 책임지는 방식에 있어서 상당히 차이가 있다. Baumrind(1971)는 자녀를 양육하는 부모의 유형을 다음과 같이 구분한 바 있다.

! 바움린드(Baumrind)의 자녀를 양육하는 부모의 유형

- **민주적 부모 :** 온유하고(수용적), 확고하며(통제적) 논리와 설득으로써 자녀의 순종을 얻는다. 규칙을 설명하고 자녀의 언어적 상호작용을 격려하며 한계 설정에 있어 융통성이 있다. 자녀의 요구에 대해 민감하게 반응하며 자녀의 독립적 사고를 권장, 상반된 견해에 대해서도 수용적인 태도를 보인다. 자녀와 의견이 불일치할 때 민주적 부모는 자녀에게 '너는 우리가 무엇을 해야 한다고 생각하느냐?' 또는 '어떻게 우리 둘 다 원하는 것을 얻을 수 있을까?'하고 자녀에게 물어본다. 훈육하는 동안에 민주적 부모는 부모의 권력에 의존하기보다는 자녀의 상황에 대한 이해를 도모하고자 한다. 그러나 무조건 허용적이지만은 않으며 논리가 통하지 않을 때에는 자녀를 순종시키기 위해 기꺼이 힘을 행사하기도 한다. 무엇보다 민주적 부모는 온유함과 엄격함을 갖춘 부모로 대체적으로 가장 유능하고 자기의존적 · 자기통제적이다. 남아는 책임감이 강하고 성취 지향적이고, 여아는 친근한 성향이 많아 행복한 자녀를 두고 있는 경우가 많다.

- **독재 · 권위 · 처벌적 부모 :** 무엇보다 순종을 중요시하고 자녀의 자유를 제한한다. 자녀를 순종시키기 위해 주로 부모의 권력을 사용한다. 질서와 전통 유지를 중요시하며 비타협적이고 자녀와의 언어적 상호작용을 꺼린다. 권위적 부모의 예는 '내가 그렇게 지시하기 때문에 너는 그렇게 해야만 한다.'와 같은 지시방법을 흔히 사용한다. 이 유형의 부모는 대체로 비우호적이고 두려움이 많으며 기분 변화가 심한 자녀를 두고 있는데, 특히 남아의 경우가 많다. 권위적 부모의 자녀는 민주적 부모의 자녀에 비해 대체적으로 공격적이고 수줍음이 많다.

- **방종적 부모 :** 방종적인 부모는 감독과 통제를 회피하는 점에서 민주적 부모와 기본적으로 다르다. 자녀에게 행위의 기준을 강요하기보다는 자녀를 방종하게 한다. 방종적 부모의 자녀는 평소에는 잘 적응하나 지나치게 또래 지향적이며 학교교육이나 성취에 몰두하고, 사회적, 인지적, 정서적 발달이 가장 미약한 것으로 나타났다.

- **방임적 부모 :** 낮은 수용도와 낮은 통제가 결합된 유형이다. 그들은 '나는 너를 포기한다. 네가 무엇을 하든 나는 상관하지 않는다.'를 표방하며 훈육을 포기하는 '비참여(uninvolved) 부모'의 유형이다. 방임적 부모는 음식이나 안식처와 같은 자녀의 기본 욕구만을 만족시키며 자녀의 사회적, 정서적 요구는 간과한다.

이처럼 Baumrind는 아동의 자기 의존성, 자기 통제, 성취, 기분, 공격성의 차이가 양육방식의 차이와 관련이 있다고 결론지었다.

양육방식에 대한 대부분의 연구는 상관관계 연구이므로 양육방식과 아동특성 간의 인과관계를 자동적으로 유추해서는 안된다. 즉, 양육방식은 아동의 행동유형과 관계가 있지만 아동의 행동유형이 구체적 양육방식에 기인하지는 않는다는 것이다. 앞서 언급한 바와 같이 양육방식은 부분적으로 아동의 행동과 기질을 반영하는 것이다. Anderson과 그의 동료들(1986)에 의한 연구에서 다루기 어려운 아동들의 경우 부모로부터 강제성을 유발시킨다는 것을 보여주었다. 부모와 자녀 간의 상호교환적 영향 때문에 가정생활에 있어서 원인 및 결과 변인들을 명확히 구별해내기 어렵기 때문이다. 다른 양육방식을 사용하는 부모는 아마도 다른 방법으로 아동에게 영향을 미칠 수 있기 때문에 여타의 측면에서도 다를 것이다. 예컨대 사회경제적 지위가 낮은 가정의 부모일수록 다양한 특성들을 무시, 중산층 부모보다 더 처벌적이고 제재적인 양육방식을 가질 수 있다. 또한 교육수준과 결혼 만족도, 생활에서 오는 스트레스의 정도 등도 다르기 때문에 아동의 인성과 행동에 영향을 미치는 요인은 부모의 자녀양육방식보다는 이러한 변인들일지도 모른다.

이와 함께 Lewis(1981)는 민주적 양육방식이 아동의 인성을 형성하는 원인이 되기보다는 아동의 인성에 대한 반응이라는 견해를 고수하였다. 그러나 Baumrind는 이에 동의하지 않고 민주적 부모는 보살핌과 자기주장의 본보기가 되며 자녀는 이를 모방하게 된다고 주장하였다. Baumrind에 의하면 민주적 부모는 처벌적 또는 허용적 부모보다 자녀의 친사회적 행동 및 유능한 행동을 더 잘 강화시키며, 따라서 자녀는 자신의 부모가 공평하며 자신을 잘 이해한다고 지각하고 부모의 가치관을 자연스럽게 내면화한다는 것이다.

4) 자녀양육에 있어서 부모의 권위와 처벌

Hoffman의 권력주장모델(Power Assertion Model)에서는 공격적 아동의 부모는 자녀의 행동보다는 자신의 기분상태에 따라 자녀를 처벌한다고 말한다. Hoffman은 부모가 지나치게 권력 주장의 방법을 사용함으로써 아동의 좌절감을 초래하고 아동의 자율성을 약화시킨다고 주장하였다. 심하게 처벌받은 아동은 우울함을 느끼며 다른 사람을 자주 학대한다. 이러한 반사회적 특성들은 악동의 행동에서 가장 두드러지게 나타난다.

4 처벌

부모는 종종 좋은 행동을 증진시키기보다 그릇된 행동을 줄이는 데 더 많은 노력을 쏟으며 자녀의 그릇된 행동 때문에 좌절한다. 많은 부모가 격앙된 감정상태에 있을 때 자녀를 때리는데 어린 아동은 약하고 보복할 가능성이 거의 없기 때문이다. 이는 부모와 자녀 간에 '힘겨루기'를 조장한다. 자녀의 행동에 대해 부모가 어떠한 반응을 보이느냐에 따라 자녀에게 새로운 형태의 대인관계 기술을 갖게 해 줄 수도 있고 짓궂은 저항의 행태를 조장할 수도 있다.

1) 처벌의 정의

부모는 때때로 처벌을 해도 '왜 효과가 없나.' 궁금히 여긴다. 아동의 행동에 영향 미치는 요인은 여러 가지가 있다. 아동은 때때로 매를 맞은 후에도 그릇된 행동에 대한 요인이 처벌보다 더 강하기 때문에 잘못된 행동을 계속하기도 한다. 또 보상과 처벌 외에도 많은 요인들이 아동의 행동에 영향을 미친다. 처벌에 대한 '보복'으로 잘못된 행동을 계속할 수도 있다. 따라서 차라리 강화인자를 제거하는 것이 오히려 혐오자극을 제시하는 것보다 더 바람직하다. 때리거나 야단치는 등의 혐오자극은 일반적으로 울음, 슬픔, 두려움, 분노 등 아동의 각성 수준을 증가시키며 심하면 '부작용'을 일으킬 수도 있다.

자녀훈육방식으로 처벌을 선택한 부모는 처벌의 위험은 물론 원칙을 알아야 한다. 이에 효과적인 처벌의 사용방법을 알아보자.

2) 처벌의 효과적 사용

처벌인자는 그릇된 행동 후 즉각적으로 제시될 때 효과적이다. 강화인자와 마찬가지로 처벌인자의 제시가 지연되면 그 효과가 약화된다. 자주 처벌받은 아동은 혐오자극에 적응하게 된다(예: "때려 봐, 상관없어."). 어떤 아동은 부모가 자녀를 처벌한 후 죄책감을 느끼고 또 강화인자가 주어진다는 것을 학습하기도 한다. 이러한 '혼합된 메시지'는 이후에 그릇된 행동을 줄이기보다 오히려 증가시키는 경향이 있다.

처벌에 앞서 관련 규칙에 대한 진술과 경고가 선행되어야 한다. 경고를 무시하고 따르지 않았을 때에는 예정된 처벌이 뒤따라야 한다. 제대로 지켜지지 않는 위협은 무시되고 부모에 대한 신뢰성을 약화시킬 뿐이다.

3) 처벌의 부작용

무분별한 처벌의 사용은 부작용을 유발할 수 있다. 강한 처벌은 아이들의 정서적 혼란을 야기시킬 수 있고 부모–자녀관계를 고통스럽게 만들기도 한다. 무분별하게 벌을 주는 부모를 자녀가 두려워하고 미워하면서 부모 역할수행의 효과성은 떨어지게 된다. 결국 친밀한 가족관계가 '사랑–미움'으로 복잡하게 변화되고 자녀는 처벌자인 부모와 함께 있는 것을 불안하게 느끼거나 친밀감을 형성하기 어렵게 된다.

지나친 처벌이 일어나는 가정이나 교실과 같은 환경 역시 아동으로 하여금 파괴행동이나 무단결석, 도망 등의 행동을 하게 해 그 자체가 혐오의 대상이 될 수 있다. 특히 아이들은 처벌을 받은 후 그릇된 행동이 일시적으로 중단되기 때문에 부모들은 일시적 변화가 영구적인 것으로 오인한다. 순종을 얻어내는 방법으로 우리의 양육 목표를 지지하는 좀 더 사려 깊은 방법을 사용하지 않고 오로지 처벌에 '의존'해 아이들을 지배하려 들 수도 있다.

처벌을 많이 사용하는 부모는 자녀가 가벼운 처벌에는 별 반응을 보이지 않고 좀 더 거친 처벌을 하도록 자극함으로써 더욱 가혹한 처벌을 불러일으킨다고 불평하기도 한다.

예를 들어 아버지한테 매를 맞은 어떤 소년은 자기가 얼마나 고통스러운지 아버지에게 보이기보다 오히려 눈물을 감추고자 한다. 아동들은 대개 부당하게 취급당한다고 느낄 때는 처벌자가 고통을 보는 '만족감'을 느끼지 못하도록 눈물을 보이지 않으려 한다. 그럴 경우 분개한 자녀와 부모 간의 '힘겨루기'는 더욱 강화되며 부모는 처벌의 강도를 더 높이게 된다.

? 아동이 바람직한 행동 수행보다 처벌을 피하기 위한 '들키지 않는 법 배우기'에 에너지를 소모하지 않도록 하려면?

솔직히 말하는 것을 처벌해서는 안 되기 때문에 잘못을 인정한 것은 즉각적으로 받아 주고, 그릇된 행동에 대해서는 나중에 이야기하는 것이 좋다. 그렇지 않으면 간혹 아이들은 사회적으로 수용될 수 있는 행동을 실행하는 것보다도 '들키지 않는데' 더 많은 에너지를 소모하기 때문이다.

Hoffman(1967)은 권력 주장적인 훈육방식을 사용하는 부모의 자녀가 집 밖에서의 규칙은 더 많이 위반한다는 것을 관찰했다. 이는 아동들이 처벌이 일어날 가능성에 기초해 상황 구별법을 학습하였음을 보여주는 것이다. 왜냐하면 아동은 규칙을 위반해도 처벌이 일어나지 않는 상황에서는 규칙을 더 많이 위반하는 경향이 있기 때문이다.

? 과잉교정이란?

과잉교정이란 환경을 '원래보다 더 좋은 상태'로 복구시켜 놔야 한다는 것이다(Jenson, Sloane, & Young, 1988). 예를 들어 마루 위에 옷을 집어던진 아이에게 자기 옷을 집는 것뿐 아니라 카펫과 가구 청소까지 요구하는 것 등을 들 수 있다.

긍정적 실행은 아이들의 그릇된 행동에 대해 좋은 대안이 되는 행동을 반복적으로 수행하도록 시키는 것이다.

과거에 교사들은 지각하는 아동에게 '다시는 늦지 않겠습니다.'를 백 번씩 쓰도록 시켰다. 이것은 확실히 혐오과제가 된다. 처벌과 달리 긍정적 실행은 바람직한 행동을 가르치는 장점으로 작용한다(Kazdin, 1984).

? 부모는 처벌을 꼭 사용해야 하는가?

처벌이 지속적이고, 성가시고, 자기 파괴적이고, 위험한 행동을 줄이는 데 사용될 수도 있을 것이다. 예컨대 아이들이 찻길로 뛰어들거나 성냥을 가지고 놀 때, 창문에 매달릴 때 등은 재빠른 처벌이 적절할 수 있다. 짤막한 질책을 가끔씩 사용하는 것도 아이들을 훈육하는 한 방법이 될 수 있는데 이때에는 눈을 보면서 중립적인 얼굴 표정과 어조로 아동의 이름을 말하는 것이 효과적이다.

한편 질책이 별 효과가 없을 경우에는 강화차단을 사용하는 것이 좋다. 그러나 질책이 효과적이라면 좀 더 수용 가능한 행동을 칭찬해 주는 것이 좋다(Jenson et al., 1988). Toner(1986)는 처벌에 대한 대안으로 '아동의 인지 수준에 맞게 이유를 설명해 주기, 규칙을 지키는 모델을 보여주기, 규칙이행 행동에 대해 보상하기, 유혹에 넘어가지 않도록 지침선을 제공하기' 등을 제안하고 있다. 다음은 Toner가 제시한 처벌 대안의 예이다.

! 토너(Toner)의 처벌 대안의 예

- 반응적인 부모는 아동의 행동에 제한을 둔다. 아동은 자연스럽게 이러한 제한을 시험한다.
- 향상을 보이면 즉각적으로 긍정적인 결과(특히 사회적 강화)를 제시해야 한다. 이때 그릇된 행동은 가능한 무시해야 한다.
- 부모가 자녀를 위해 대신 과제를 수행하거나 문제를 해결해 주는 것은 자녀들에게 해를 입히고 있는 것이다. 그들은 자녀로 하여금 자율감을 증가시키고 자아존중감을 높여주는 자기-관리 및 그 밖의 기술을 학습할 기회를 박탈하고 있는 셈이다. 아동의 건강이나 안전이 위태롭지 않는 한 자연적 결과를 막는 것은 피해야 한다.
- 잘못된 행동에 대해 부모가 주의를 기울이는 것은 종종 그 행동을 되풀이하게 만든다. 성가시게 굴고, 징징대고, 불평하는 행동으로 원하는 것을 얻게 되면 아동은 그러한 행동을 학습하게 될 것이다. 자녀가 아주 오랫동안 성가시게 굴거나 울고 난 후 요구를 들어줌으로써 부모는 무심코 떼쓰기와 같은 밉살스러운 행동을 조장하기도 한다.
- 부모가 처벌을 지나치게 사용할 경우 자녀는 부모에게 적개심과 분노를 느낄 뿐 아니라 바람직하지 못한 행동적, 정서적 패턴을 더 많이 보이게 된다. 벌을 사용키로 결정한 부모는 전략적으로 벌주는 법을 배워야 한다. 특권을 제거하는 것이 혐오자극을 주는 것보다 좋으며 처벌에 앞서 항상 먼저 경고할 필요가 있다.

? 왜 많은 부모들이 자녀를 순종시키기 위해 긍정적인 방법을 시도해 보지도 않고 처벌에 의존하는가?

Darwin과 Freud 덕분에 우리는 오늘날 좌절과 공격적 행동 간의 관련성에 대해 보다 잘 알게 되었다. 부모는 자녀의 나쁜 행동이나 자신이 삶의 문제로 좌절했을 때 자녀를 처벌할 가능성이 높으며 격분한 상태에서 자녀를 때린다는 사실이 확인되고 있다. 대부분의 부모들이 화가 났거나 좌절한 경우에 비전략적으로 처벌을 사용한다는 것이다. 슬프게도 자녀를 구타함으로써 부모 자신의 공격적 충동이 충족되기 때문이다.

한편 아동은 실패에 대한 비판을 받으면 실패에 대한 두려움을 증가시킬 수 있다. 자녀에 대한 심한 처벌은 부모-자녀관계를 위협하며 아동으로 하여금 부모와 아동 자신에 대해 부정적인 감정을 발달시키고, 가혹한 훈육으로 인해 사회적 정보처리 과정을 왜곡하게 하기도 한다.

부모와 권력 투쟁을 하는 아동은 반항적이며 부모의 모든 요구에 대해 일일이 언쟁을 벌인다. 또 부모의 요구를 무시하기도 하고 부모가 원하는 것과는 다른 방식으로 순응하기도 한다. 그러다 부모와의 권력 투쟁이 계속되고 부모를 패배시키지 못한다고 느낄 경우 아동은 부모에게 보복할 방법을 모색한다. 보복하고자 하는 아동은 자신이 사랑스럽지 못하다고 느끼며 자신이 상처받은 것처럼 다른 사람에게 상처를 입힐 때만이 자기 존재에 대해 중요성을 느끼기 때문이다.

자녀훈육에 있어 성공적이지 못했다고 느낀 부모들의 행동패턴을 보면 주로 자녀를 꾸짖는 반면 자녀의 잘못된 행동을 성공적으로 수정했다고 느낀 부모들은 주로 토의와 설명에 의존했음을 알 수 있다. 대부분의 부모들은 지속적으로 처벌을 사용하는데 자녀를 처벌 혹은 체벌하기 전에 부모 자신의 분풀이성 처벌인지에 대해 감정상태를 먼저 점검해 보고 처벌이 꼭 필요하다면 모든 방법들이 실패한 후 마지막 수단으로 사용해야 할 것이다.

CHAPTER 02

아동의 행동변화

1 행동수정

인지치료는 펜실베니아대학의 Aaron T. Beck에 의해 개발된 단기적이며, 현재 지향적인 정신치료이다(Beck, 1964). 이 치료의 목표는 환자가 당면한 현재 문제를 해결하고, 역기능적인 사고(dysfunctional thought)와 행동을 수정하는 데 있다.

'인지적 행동수정 기법'은 역기능적 행동으로 이끄는 사고를 수정할 수 있도록 하는 데 활용하는 기법이다. 여기에는 인지적 재구조화, 인지적 자기지시, 인지적 심상 기법 등이 있다. 인지적 재구조화(cognitive restructuring) 기법은 Mahoney(1991)가 개발한 기법으로 우리의 사고에 내포되어 있는 잘못된 논리를 표현하게 하고 불합리한 사고과정을 논리적이고 합리적인 사고유형으로 대치하는 기법이다. 이 기법은 우리의 사고나 신념의 근거가 되는 비합리적 가정을 조사하고 대안적 가정을 만들게 하여 현실 상황에서 대안적 가정을 검증할 수 있는 행동을 하게 한 후 이러한 논리에 대해 환류를 제공함으로써 부적응적 행동의 원인이 되는 내담자의 잘못된 논리를 변화시키게 된다.

인지적 자기지시(cognitive self-instruction) 기법은 Meichenbaum(1977)이 개발한 기법으로 내적 대화(internal dialogues)와 더불어 겉으로 드러나지 않은 자기진술을 하게 함으로써 어려운 생활사건에 대처하고 문제행동을 해결하게 하는 기법이다. 예컨대 불안하여 "나는 할 수 없어."라고 말하는 아이에게 "나는 최선을 다해 볼 거야."라는 말을 자신에게 주문 걸게 함으로써 부적응적 행동의 요인이 되는 비합리적 사고에서 벗어나게 할 수도 있다.

인지적 심상 기법은 환자들의 마음속 단어, 영상, 심상(image) 형태의 자동적 사고이다. 많은 환자가 시각적 심상을 가지고 있지만 이를 보고하는 경우는 거의 없으며, 상담자가 여러 번 반복하여 묻는다 하더라도 심상을 이끌어내기에 충분치 않은 경우가 많다. 심상은 대부분 아주 빠르게 지나가고 내용적으로 불쾌한 것이기 때문에 환자들은 이를 재빨리 마음속에서 지워 버린다. 불쾌한 심상을 식별하여 적절히 반응하지 못하게 되면 내담자는 계속 스트레스를 받게 된다(Beck, 1997).

? 자녀의 행동을 규제하기 위해 부모는 어떻게 관여해야 하는가?

훈육상황에서 자녀양육 목표는 자녀의 그릇된 행위가 아니라 자녀의 그릇된 행동에 대해 부모가 어떻게 반응하느냐에 초점을 두는 것이 바람직하다. 즉, 효과적으로 훈육하기 위해서는 자녀의 그릇된 행동에 대해 부모가 대응(react)하는 것이 아니라 반응(respond)하는 것이 요구된다.

영아의 심리상태와 바람직한 부모의 반응을 살펴보면 태어나서 첫 일 년 동안 대부분의 아기는 반사적으로 울거나 짜증을 내게 되는데 그렇다고 해서 그들의 심리적 불편을 무시하는 것은 옳지 않다. 부모는 영아의 자연스런 충동을 따라야 하고 우는 아기를 달래주어야 한다. 불편한 아기에게 적절히 반응해 주지 않으면 관심 및 안심에 대해 높은 욕구를 지닌 아동이 될 가능성이 크다. 즉, 자기의 욕구에 적절하게 반응하는 부모를 둔 영아는 자기가 진정으로 원할 때 부모가 보살펴준다는 것을 '신뢰'할 수 있게 되며 이는 영아 자신에 대한 자긍심과 만족감 형성에 좋은 바탕이 된다.

영아 후기 및 유아 초기 아동을 위한 제한설정에 관한 연구들을 살펴보면 간단하면서도 확고한 언어적 진술과 신체적 제한을 주장하고 있다. 만일 우리가 제지하고자 하는 어떤 것을 아동이 하고 있다면 "안 돼."라고 확고하게 말하고, 갖고 있던 사물을 지적하며 그 행동으로 생길 수 있는 결과를 말해 주는 것이 좋은 방법이다(예: "안돼, 접시가 깨져."). 이처럼 수용될 수 없는 행동은 금지된다는 것을 아동이 학습하는 데에는 오랜 시간이 요구되므로 일관성 있는 부모의 반응과 인내심은 유능한 부모역할을 위한 필수 요소라 할 수 있다.

수용 가능한 행동의 표준을 설정할 때는 반드시 아동의 규칙 이해 및 이행 능력을 고려해야 한다. 생후 2년째에 접어들면 아동은 다른 가족원의 감정 상태에 좀 더 민감해지고 그에 따라 자기의 행동을 수정하기 시작한다.

2 규칙이행 행동 증진시키기

규칙을 이행하거나 위반하면 어떤 결과가 뒤따를지를 명시해 준다. 예를 들어, '손을 깨끗이 씻고 나면 저녁 식탁에 앉을 수 있다.'라는 이 규칙은 긍정적인 결과를 진술하고 있다. 부모는 아동이 이해할 수 있도록 규칙을 준수해야 하는 이유를 알려주는 것이 좋다. 부모는 아동에게 규칙을 상기시켜 주어야 하고(예: "저녁 식사 전에 손을 씻는 데 대한 규칙이 뭐지?"), 위반한 데 대해 비난하기보다는 규칙을 이행한 행동에 중점을 두어야 한다. 그리고 언어적으로 상기시키던 것을 점차 상황적인 설정을 통해 바꾸어 보기도 한다. 예컨대 아동에게 '안전띠를 착용하라.'고 말하는 대신 안전띠를 완전히 착용할 때까지 말없이 운전석에 앉아 있는 것이 때로는 효과적일 수 있다는 것이다.

자녀를 훈육함에 있어서 Parker는 규칙을 위반해서는 안 되는 이유를 제시하는 것과 같은 인지구조화 절차를 사용하도록 권하고 있는데 이는 규칙의 가치 또는 규칙 위반 결과를 아동이 저절로 이해할 수 없기 때문이다. 아동에게 규칙을 이행하도록 책임감을 부여하고 자기 자신을 성실한 사람으로 여기도록 격려하며 유혹에 저항할 수 있는 특정한 자기지시법을 가르침으로써 규칙이행 행동이 길러질 수 있다. 또한 적용 가능한 상황에서 규칙을 되풀이시키는 것도 아동의 규칙 학습을 돕는 한 가지 방법이 된다. 예컨대 "네가 대우받기를 원하는 대로 다른 사람들을 대하라." 또는 "네가 다른 사람들에게 친절하면 그들도 너에게 친절할 것이다." 등의 방법을 사용하는 것이다. 이처럼 규칙이 되풀이되면 아동에게 내면화되어 아동의 행동을 지도하게 된다.

집안에서 뛰지 말기 등 '가족규칙'을 예로 들어본다면 규칙이행 행동을 증진시키기 위해 다음과 같은 대화법을 적용시킬 수 있다.

! 규칙이행 행동 증진의 대화법

① 무엇을 하고 있니?
② 규칙이 뭐지?
③ 우리는 왜 이 규칙을 만들어 놓았지?
④ 규칙을 어기면 어떤 일이 생기지?
  a. 자신의 행동을 상기시킨다.
  b. 규칙을 기억나게 한다.
  c. 규칙에 대한 근거를 내면화하도록 한다.
  d. 위반한 결과에 대해 상기시켜 준다.

이때에도 가족규칙의 결과를 적용하기 앞서 먼저 경고하는 것이 바람직하다. 또한 새로운 규칙, 예컨대 '다 놀고 난 후에는 장난감을 깨끗이 정리한다.'를 어린 아동에게 적용하고자 할 때는 몇 번의 단계를 나누어 수행수준을 높여가는 것이 효과적이다. 즉, 간단한 단계에서 시작하여 점차 단계를 높여가면서 보다 많은 책임을 부과하여 목표가 되는 행동을 수행하도록 하고 아동이 잘해냈을 때는 칭찬해주도록 하는 방법을 사용하는 것이 바람직하다.

3 조작적 조건화

1) 보상과 처벌을 통한 아동의 행동변화

Skinner는 환경적 사건이 우리의 행동을 형성하고 통제한다고 주장했다. 행동주의자들은 이를 강화인자(강화하는 것은 '강력하게 하는 것'이다)라 일컫는다. '소거'란 행동을 동기화한 강화인자가 철회될 때 행동이 약화되는 것을 말한다. '행동수정'이란 긍정적 강화(보상)를 사용하는 것이 강제나 위협 또는 처벌을 사용하는 것보다 더 효과적일 뿐 아니라 더욱 실용적이고 인도적임을 보여준다. 행동수정접근법에서는 자녀의 행동을 변화시키는 데 아래와 같은 방법을 제시한다.

! 행동수정접근법 : 자녀의 행동을 변화시키는 방법

① 행동을 생각하라.
② 세부단계를 생각하라.
③ 긍정적으로 생각하라.
④ 융통성 있게 생각하라.
⑤ 미래를 생각하라. 부모는 훈육을 자녀의 성격, 특질이나 성향을 변화시키는 것이라기보다 아동의 행동을 변화시키는 것으로 여겨야 한다.

이는 행동수정을 하기 위해서는 자녀의 그릇된 행동에 대한 부모의 반응양식을 변화시켜야 한다는 것을 의미하는 것이다. 즉, 부모는 아무리 작은 변화일지라도 행동이 향상되는 것에 주목하고 이를 강화하여야 한다는 뜻이다. 또한 현실적인 목표를 설정하는 것이 부모와 아동 모두에게 자신감을 갖게 해 주며 성공 가능성 또한 높여준다. 아울러 부모는 자녀에 대해 한 가지 전략이 성공하지 못하면 다른 계획을 세울 수 있는 융통성을 발휘할 수 있어야 한다.

부모가 자녀의 좋은 행동은 무시하고 대신 '아동이 잘못하는 것만을 잡아낸다.'는 태도로 일관하다 보면 아이러니하게도 나쁜 행동에 부정적 주의를 주는 것이 오히려 그 행동을 더 야기할 수 있다. 즉, 주의를 주는 것은 강화로 작용하여 그 행동의 발생 빈도를 높인다는 것이다. 그러므로 자녀의 바람직한 행동이나 순종을 유도하기 위해서는 잘못된 행동에 반응하기보다는 좋은 행동에 강화를 주는 것과 같이 긍정적 수단의 사용방법을 배울 필요가 있다. 부모가 꼭 배워야 할 유용한 기술 중의 하나는 자녀의 그릇된 행동에 대해 무심한 척 지나칠 수 있는 심리적 기술을 습득하는 것이다.

! 아동행동 사례 – 아빠가 학습한 것은 무엇인가?

식사 1시간 전에는 과자를 먹지 않기로 약속한 사례이다. 아이가 부모와의 약속을 어기고 과자를 달라고 떼를 쓴다. 부모는 아이의 요구를 들어주는 것이 잠시 동안은 부모에게 '좋은 방향'으로 작용한다. 일시적으로 아이가 성가신 행동을 멈추기 때문이다. 요구를 들어주는 행동이 부정적으로 강화되었기 때문에 부모는 앞으로 더 자주 양보를 하게 될 것이며 이는 아이의 조르는 행동을 지속시키는 요인이 된다. 조르기는 도박과 같다. 아이가 이러한 대가를 얻지 못하도록 부모가 전략을 쓴다면 아이의 조르는 행동이 결국에는 멈춰질 것이다. 이미 형성된 행동에서 강화제거를 '소거'라 한다. 부모는 소거를 통해 조르는 행동이 조금씩 줄어들기 전에 종종 그 행동이 오히려 증가되거나 과장되기도 한다는 것을 알아야 한다. 초기에 아이는 과자를 얻기 위해 더욱 노력할 것이며 심지어 폭발적으로 떼쓰기를 이용할 수도 있다. 이에 조르기 행동의 '자발적 회복'을 미리 고려해야 하고 그에 따라 반응하는 법을 기억해야 한다.

2) 조작적 조건화 사용에 대한 제한

바람직한 행동보다는 '대가'가 아동의 관심 및 동기의 초점이 되고 그럼으로써 내재적 동기화를 해치게 된다는 것이다. 아동이 숙제를 하는데 대해 보상이 주어져서는 안 된다. 유인책 사용에 의존할 경우 유인책이 없어지면 앞으로 그 활동을 수행하도록 하기가 어려울 수 있다. 가능한 한 빨리 유인책을 얻으려고 애를 써 아동의 수행이 고생스러울 수도 있다.

보상은 분별 있게 사용될 때 강력한 자녀양육의 도구가 될 수 있는데 이러한 보상은 내적 강화물과 외적 강화물로 구분할 수 있다. 내적 강화물은 활동 그 자체에 내재되어 있다고 할 수 있는데 오늘의 교육 현실은 외적 강화물, 특히 점수를 사용함으로써 과거 학자들에게 동기를 부여했던 내재적 강화, 즉 지식 그 자체를 통해 얻는 만족감을 부식시켰다. 이때 외적 강화물을 점차적으로 내적(자연적) 강화물로 대치시키고 내적 강화물이 행동을 통제할 수 있도록 해야 하지만 너무 이르게 외적 유인자극을 철회하면 새롭게 형성된 반응이 소거될 위험이 있으므로 주의해야 한다.

한편 내재적으로 강화하고 있는 이미 확립된 행동에 보상을 주는 것은 실수를 범하는 것이다. 아동이 자기 스스로 옷 입기를 즐기고 이 능력이 그의 자아존중감을 높여준다면 그와 같은 활동에 유인자극을 주는 것은 잘못된 것이다. 자연적인 성과를 잘 하고 있는 것에 보상을 주는 것은 오히려 역효과를 가져올 수도 있다는 점을 명심해야 한다.

4 강화물

1) 강화와 전략적 사용

바람직한 반응 뒤에 즉각적으로 강화를 주면 새로운 행동을 가르치는데 매우 효과적이다. 반면 자녀의 떼쓰기 행동 역시 부모가 오래 버티다가 결국 자녀의 요구를 들어주게 될 때 더욱 증가한다. 왜냐하면 자녀의 극적인 기질 표현과 떼쓰기에 대해 부모가 남들 앞에서의 수치심을 참아내지 못하고 항복하면 아동은 이를 인지하게 되어 다른 사람들이 보는 상황에서 좀 더 '성공적'으로 원하는 바를 얻기 위해 떼를 쓰게 되기 때문이다.

? 자녀의 조르기에 어떻게 반응해야 하는가?

이 경우 '소거' 절차를 적용해야 한다. 즉, '식사 전에 과자를 먹어선 안 된다.'는 규칙을 설명한 후에도 여전히 자녀가 보채기를 계속한다면 '네가 칭얼댈 때는 난 네 말을 듣지 않을 거야.'라는 또 다른 규칙이 필요하다.

? 다른 행동에 대한 차별적 강화(DRO: Differential Reinforcement of Other Behavior)

'입에 손을 대지 않는 행동'을 강화함으로써 손가락 빨기 행동을 줄일 수 있다. 이때는 일관성 있게 칭찬해 주거나 물질적 유인책을 사용함으로써 입에 손을 대지 않는 행동의 빈도를 증가시켜 점차 입에 손 넣는 습관을 감소시켜야 한다. 예를 들어 "네가 손가락을 입에 넣지 않을 때 난 네가 정말 자랑스럽단다. 네가 아주 큰 것처럼 보이거든." 등의 유인으로써 좀 더 바람직한 반응의 빈도를 증가시키면 자연스럽게 줄이고자 하는 아이의 잘못된 행동을 줄일 수 있다.

한편 큰 소리로 제멋대로 행동하는 아동이 조용하게 놀 때, 그때가 바로 부모가 칭찬, 보상과 특권 또는 암시적 칭찬을 사용하기에 적합한 시기이다. 아동이 바르게 행동할 때 부모가 긍정적 기술을 사용하지 않고 아동의 그릇된 행동에만 반응하면 아동은 부모의 주의로 지탱되는 그릇된 행동과 처벌의 상승 주기를 만들어낸다. 그릇된 행동에 부모가 주의를 기울임으로써 자녀의 그릇된 행동이 계속해서 증가하게 되고 처벌도 증가되는 순환 주기가 지속되는 것이다.

좌절과 분노의 극적 표출은 Freud가 개념화한 본능자아(id)의 최후 표현이다. 대개 분노폭발은 아동이 거절당했거나 매우 피곤할 때, 또는 원하는 것을 얻고자 할 때 일어난다. 이러한 자녀의 분노폭발에 부모가 요구를 들어주면 결국 그 행동을 강화한 셈이 되어 폭발적 떼쓰기는 더욱 심해질 것이 분명하다. 폭발이 일어나는 바로 그 상황에서 아동을 부드럽게 떼어 놓는 것이 아동의 스트레스를 줄여준다는 것을 자녀가 알게 됨과 동시에 부모의 상황 통제력을 보여준다. 부모가 이성을 잃지 않고 감정을 개입시키지 않으면서 반응하는 것이 자녀와의 관계가 힘겨루기로 발전되는 것을 막아준다.

부모는 자녀에게 통제할 수 없는 행동보다는 언어적으로 실망이나 분노를 표현하도록 권장, 훈육해야 한다. 아동기 때 폭발적인 대인 양식을 채택한 사람은 성인이 된 이후 다른 사람들과의 관계에서도 이러한 부적응적인 형태를 지속시킨다고 연구자들은 주장하고 있다.

예컨대 어렸을 때 폭발적 떼쓰기 행태를 보인 사람은 성인이 되어서도 사회적 적응이나 대인 관계에 더 많은 문제를 보이고 병적 기질을 나타내거나 이혼을 쉽게 하는 경향이 있는 것으로 나타난다.

2) 사회적 강화의 사용

자녀가 잘못한 것을 비난하기보다 오히려 그가 해낸 것을 칭찬하는 것이 효과적이다. 즉, 사회적 강화를 사용하는 것인데 여기에는 부모의 관심집중과 칭찬, 인정, 안아주기, 뽀뽀, 미소와 같은 것들이 있다.

인정을 받는다는 것은 매우 강력한 사회적 강화물이 된다. 그러나 아동에 대한 칭찬은 진실하고 적당해야 한다는 점이 중요하다. 과도하거나 부적당한 칭찬은 양육자에 대한 신뢰감을 손상시킨다. 특히 별로 대단치도 않은 일을 해낸 것으로 칭찬받는 것은 아동이 별로 능력이 없거나 양육자가 낮은 기대를 하고 있음을 내포하기 때문이다. 유능하게 해낸 일이나 향상에 대해 선택적으로, 또 진정으로 칭찬해 주는 것이 부모와 아동 모두에게 거부감 없이 받아들여질 수 있는 유용한 강화물이 된다.

이에 반해 비난, 찡그린 얼굴, 빈정대는 어조와 같은 자극은 처벌을 받게 되거나 아니면 긍정적 강화물을 잃게 되는 상황을 만들어 부정적 강화 성질을 얻게 한다. 불인정(기분 나쁜 표정, 불친절한 행동)을 나타내는 사람은 자녀가 원하는 것(강화물)을 줄 가능성이 작기 때문이다. 그러므로 과자나 장난감을 얻기 위해 잘 행동하도록 가르치는 것보다 좋은 행동은 다른 사람을 기쁘게 한다는 것을 가르치는 것이 더 합당하다.

? 활동 강화물을 적정하게 사용하는 방법

강화를 적정하게 사용하기 위해서는 몇 가지 학습 원리를 알아야 한다. 가장 효과적인 방법은 자녀의 바람직한 반응 뒤에 즉각적으로 긍정적 강화가 주어질 때이며 특히 새로운 행동을 형성하고자 할 때 효과가 크다. 또한 행동의 학습 초기에는 원하는 반응을 보일 때마다 매번 강화를 주는 것이 효과적이다. 새로운 행동이 일단 형성되고 나면 간헐적으로 또는 약간 지연시키면서 강화를 주는 것이 좋다.

부모는 아이가 선호하는 것을 알고 이를 활용하는 것 역시 좋은 강화방법이다. 즉 선호되는 활동은 그보다 덜 선호되는 활동을 강화하는 데 사용될 수 있다. 예컨대 '네 방을 청소한 후에 자전거를 탈 수 있다.'라든가 '좋아, 먼저 자전거를 탈 수 있어. 그러나 그다음에는 꼭 네 방을 청소해야 돼.' 등의 말은 동기적 효과를 줄이거나 없앤다. 자녀가 즐거워하는 활동을 아는 부모는 그러한 활동을 자녀가 별로 원하지 않는 활동을 하도록 강화하는 데 사용할 수 있다.

5 자연적 귀결

자녀를 양육하면서 부모들은 간혹 자신들의 요구에 응하지 않는 자녀의 행태에 맞닥뜨린다. 예컨대 자녀들이 저녁 식사를 하러 오라는 부름에 바로 응하지 않거나 이 닦기나 방청소 등을 거절할 경우 자녀의 행위에 대한 책임을 부모는 '보상'이나 '처벌'로써 지우기보다는 아동 스스로 결정토록 하는 것이 효과적인 훈육방법이다. 아동 스스로가 자신의 행동을 결정하고 그 결과에 대해 옳고 그름을 인지하는 동안 아동은 좀 더 현명한 행동과 판단을 하게 되고 결국 '자연적 귀결'에 이르게 된다. 다시 말해 저녁 식사에 늦은 아동은 자신의 밥이 식거나 아예 없을 수도 있고, 경우에 따라서는 자신의 음식을 직접 준비해야 하거나 혼자 먹을 수도 있다는 것을 알게 될 것이다. 그러나 그것을 벌로 여겨선 안 된다. 아동이 고생하는 것은 늦게 온 데 대한 자연적 결과를 경험하는 것이지 부모의 어떤 인위적인 벌칙 때문이 아니기 때문이다. 대부분의 부모는 자녀를 가급적 이러한 부정적인 결과로부터 보호하려고 한다. 물론 부정적인 결과가 발생하기 전에 그러한 결과를 지적해 주고, 자녀가 다른 대안을 고려하도록 돕는 것이 바람직한 부모의 역할이다. 그러나 아무리 자연적 결과가 달갑지 않더라도 자녀의 결정을 바꾸기 위해 논쟁하고, 소리치고, 강제하는 것은 별로 합당치 못하다. 특히 '교훈을 가르치기' 위해 아동을 위험 상황에 처하게 해서는 절대 안 된다. 아동 스스로 선택하도록 허용하고 그 결정에 스스로 책임지도록 하는 것이 최선이다. 아동은 잘못된 결정을 하였을 때 그 결과로부터 학습하기 때문이다.

1) 자기 신뢰감의 저해

부모는 종종 자녀 혼자 힘으로 할 수 있는 일도 대신 해 준다. 반드시 나쁜 건 아니지만 그러한 작은 사건들이 자녀의 학습 기회를 앗아간다는 것을 알아야 한다. 무엇보다 부모의 지도나 도움이 필요하면 아동은 요청하는 법을 배워야 한다. 예를 들어 부모들은 자녀가 오로지 부모에게 의지하는 것을 원하지 않으면서도 한편으로는 자녀가 실패하는 것 역시 원하지 않기 때문에 혼합된 반응을 보인다. 옳지 않은 줄 알면서도 자녀를 대신해 보고서를 타이핑해 주고 대신 제출함으로써 그들의 일을 덜어준다. 그러나 이처럼 자녀가 부정적인 결과를 경험하지 않도록 보호해 주는 부모의 구제 행태는 자녀의 분별없는 행동을 더욱 부추길 수 있다. 물론 아동의 능력으로 도저히 감당할 수 없는 상황일 경우에 아동이 파국에 이르도록 내버려두는 것 역시 좋은 부모의 역할은 아니다.

아동이 일을 처리할 수 있는 능력이 있으면서도 질질 끌 경우에 '실패하게 두어라.'라는 말은 부모로서 좀처럼 받아들이기 어렵다. 그러나 이러한 실패 경험이 자녀로 하여금 다음의 성공을 위해 노력하게끔 하는 좋은 계기가 된다. 책임을 지는 것, 갈등을 다루는 것, 할 일을 하지 않았을 때 어떤 일이 일어나는지를 경험하는 것 등은 아동 단련의 한 부분이 된다. 자녀를 구출하고자 돌진함으로써 부모는 자녀에게 독립적으로 성공하려는 동기나 내적 자원 제공의 기회를 차단하고 있으며 이러한 경우에 있어 부모의 새로운 각오가 요구된다고 할 수 있겠다.

6 의사소통 및 관계

1) 의사소통기술

왜 부모는 친구에게 보였던 것과 같은 수준의 민감성, 친절함, 존중을 자녀와 의사소통 할 때는 보이지 않는 것일까? 아동은 부모가 보여주는 경청 기술 및 의사소통 기술을 배우며 그대로 행한다. 부모가 다정하게 말해 오면 자녀는 자신이 부모로부터 보살핌을 받고 이해받았다고 느낀다. 또한 자녀는 자신의 삶에 대한 부모의 관심과 참여를 소중히 여긴다. Carl Rogers(1961)가 말했듯이 부모가 자녀를 수용하며 의사소통할 때 자녀는 자신을 더 잘 수용하고 좋아하게 된다.

원활한 의사소통은 사려 깊음, 인내, 적절한 부모태도가 필요하다. 의사소통기술을 향상시키는 부모는 시간이 흐를수록 자녀와의 관계가 보다 풍부해지고 만족스러워짐을 발견하게 된다.

(1) 동정적(적극적, 반영적) 경청

동정적 경청은 아동이 말하는 것을 정말로 듣고자 노력함을 뜻한다. 부모가 동정적으로 들을 때 자녀의 언어적 혹은 비언어적 행동에 의해 전달되는 숨은 메시지를 들을 수 있다.

부모는 종종 자녀의 말이나 불평을 액면 그대로 받아들이는데 그 진정한 의미를 발견하려면 어느 정도 간파하는 요령이 필요하다. 예를 들면, "나는 남자아이들이 싫어요. 그 애들은 너무 나빠요."라고 어떤 여자아이가 말한 이 짧은 한 문장 안에는 한 일화의 전체가 요약되어 있다. 보통 부모들은 "남자아이들은 그렇게 나쁘지 않아."라고 말할 것이다. 그러나 사려 깊은 부모라면 주의 깊게 경청하고 "너 파티에서 무슨 일이 있었니? 너는 어떤 기분이 들었니?"라고 질문할 것이다. 이러한 질문을 통해 자녀가 진정 전달하고자 하는 의미를 알아볼 수가 있을 것이고 만약 자녀가 이야기하려 하지 않는다면 부모는 자녀의 '말하지 않아도 될 권리'를 존중해야 한다.

(2) 감정 인식하기

"나는 못생겼어요."라고 하면 부모는 즉각적으로 "넌 못생기지 않았단다. 그렇게 얘기하지 마라."라고 반응한다. 그러나 부정적 감정을 잊어버리는 것은 아동이 그러한 부정적 감정을 해결하는데 결코 도움이 되지 않는다. 도움이 되는 부모의 반응은 아마도 "넌 네 겉모습에 불만스럽구나."일 것이다. 이 말은 아동이 한 말과 숨겨진 감정을 인정하는 것으로 아동에 대한 애정과 존중을 전달하는 것이기 때문이다.

(3) 감정표현 권장하기

세 살 난 토니는 넘어져서 무릎이 긁혔다. 토니가 울자 아버지는 "토니, 그건 아프지 않아."라고 말한다. 어떻게 어린 토니는 아픈 무릎의 상처를 표현할 수 있을까? 이 경우 토니의 아버지는 아들의 즉각적인 경험을 부정함으로써 아들을 혼란스럽게 하고 아들의 자아인지(self-awareness) 발달을 저해한다.

많은 부모들은 자녀가 성적 호기심을 표현하는 것을 겸연쩍어한다. 자녀가 네 살이 될 때까지 부모는 성에 관한 자녀의 질문에 대해 이해수준에 걸맞게 개방적이고 솔직하게 대답할 준비를 하고 적절하게 신체의 성적 부분을 명명할 준비 역시 해야 한다. 성에 관해 편안한 태도로 이야기하고 정확한 정보를 제공하는 것은 아이가 자신의 호기심이 정상이며 용인되는 것이란 것을 깨닫도록 도와주기 때문이다(Cavaliere, 1995b).

(4) 서술적인 칭찬

서술적인 칭찬은 긍정적인 행동을 강조하는 것이다. "네 방이 깨끗할 때 네 방에 들르는 것은 기분 좋은 일이야." 등의 칭찬이 대표적인데 이처럼 서술적인 칭찬은 진실되고 유쾌한 목소리로 전달해야 한다. 또 서술적 칭찬은 자녀를 당황하게 하지 않는 방식으로 부모가 좋아하는 것을 자녀가 이행한 데 대해 구체적으로 일일이 열거하는 것이 좋다. "네 동생을 도와줘서 고마워. 내가 없을 때 동생을 돌본 것을 알고서 나는 기분이 좋아."라던가 "네가 강당에서 그 시를 읽는 방식이 정말 내 마음에 들었단다. 나는 네가 잘하려고 노력하는 것을 보고 자랑스러웠단다." 등의 구체적이고 현실적인 칭찬이 효과적이다.

! 다음의 상황에서 아동에게 할 수 있는 서술적인 칭찬의 예를 제시하라

- 아동이 자신의 소중한 장난감을 다른 아동과 함께 가지고 놀 때
- 아동이 숙제를 끝냈을 때
- 아동이 전화를 공손히 받았을 때

(5) 대안 탐색하기와 문제의 소유자 파악하기

부모가 자녀에게 충고하는 것은 자녀에게 문제해결 기술을 가르치는 데 도움이 되지 않으므로 충고 대신 '대안 탐색하기'를 도와줄 것을 장려한다. 대안 탐색하기란 '문제를 해결하는데 이용 가능한 선택의 여지를 찾아내고 고려하는 것'을 일컫는다. 이때 자녀 스스로 문제해결을 위한 구체적인 행동 과정을 제안하고, 무

엇이 진정으로 자신을 고민하게 하는지 이해하도록 돕기 위해 '동정적인 듣기'를 권장한다.

(6) '나' 메시지(I message)

어떻게 자녀를 압도하지 않고 어른의 감정을 전달할 수 있을까? 'I message'는 자녀의 행동에 대한 부모의 느낌을 표현한다. "나는 네가 너무 떠들어서 휴식을 취할 수가 없기 때문에 네가 점점 성가시다."라는 '나' 메시지는 강한 감정을 전달하면서도 비난하지 않는 방법에 의한다는 것을 유념해야 한다. '나' 메시지는 일반적으로 다음의 세 가지 요소로 구성되어 있다.

! '나' 메시지 구성 요소

① 자녀의 행동
② 자녀의 행동에 대한 부모의 느낌
③ 행동의 결과

이 메시지는 예를 들어 "만약에 네가 전화를 하지 않거나 학교에서 돌아오지 않으면(자녀의 행동) 나는 무슨 일인가 일어났다고 생각하고 걱정한다(부모의 느낌). 네가 어디에 있는지 모르기 때문이다(행동의 결과)."라는 식으로 구체화할 수 있다. 이처럼 '나' 메시지는 부모가 왜 걱정하는지, 또 그 상황을 바로잡기 위해 자녀가 할 수 있는 행동은 무엇인지를 설명함으로써 자녀를 비난하지 않으면서 자연스럽게 부모의 배려를 전달할 수가 있다.

CHAPTER 03

아동기의 행동장애

행동장애의 특징으로는 거짓말, 도벽, 공격성, 가학적 행동, 방화, 반항, 무단결석 등을 들 수 있다. 이는 나아가 다른 사람의 권리를 침해하고 사회적 규범이나 규칙을 지키지 않고 남에게 해 끼치는 행동을 되풀이하는 것도 포함한다. 과잉보호, 비일관적인 양육방식은 자녀를 자기통제성이 없고 사회성이 결여된 사람으로 이끌 수 있다. 이처럼 안정감이 결여되고 편애를 느끼며 자란 아동은 의도적으로 부모를 괴롭히려 하거나 보복이나 관심·애정을 얻기 위한 반사회적인 행동을 하게 된다. 행동장애의 특징을 보다 구체적으로 살펴보면 다음과 같다.

① 행동장애 아동은 다른 사람들에게 지속적으로 해를 주거나 사회적인 규칙이나 남을 무시하는 행동을 되풀이한다.
② 자신을 나쁘거나 어리석고 문제성이 있다고 보고 장래에 대한 부정적 견해를 가지며 성공적 경험의 부족으로 낮은 자아개념을 갖는다.
③ 자신이나 타인의 감정을 적절하게 다루는 능력이 부족하고 표출이나 이해에 어려움이 많으며 불안정성 등 낮은 정서조절력을 갖는다.
④ 심리적 이유로 두통을 비롯한 다른 신체적인 병적 증세를 보이는 경우가 많다.
⑤ 지적인 능력에 차이가 없고 시각, 청각에 장애가 없음에도 불구하고 학업 성적이 뒤떨어지는 경우가 있다.
⑥ 어떤 아동들은 늘 우울하고 침체된 행동이나 소질을 나타내고 있다.

! 정신장애 진단 분류 체계(DSM-IV) 기준

A. 집 또는 애착대상과의 분리에 대한 불안이 발달수준에 비해 부적절할 만큼 지나치게 나타나는데 다음 세 가지 이상의 상황에서 드러난다.
① 집이나 주된 애착대상과 헤어질 때 반복적으로 과도한 불안을 느낀다.
② 주된 애착대상을 잃거나 그에게 나쁜 일이 일어날 것이라고 심하게 걱정한다.
③ 불행한 사고로 주된 애착대상과 헤어지게 될 것이라는 비현실적이고 지속적인 걱정을 한다(예: 길을 잃거나 유괴당하는 것).
④ 분리불안 때문에 학교나 그 외의 장소에 지속적으로 가기 싫어하거나 거부한다.
⑤ 혼자 있거나 주된 애착대상 없이 지낼 때 지속적이고 과도하게 두려움을 느끼거나 거부한다.
⑥ 주된 애착대상이 가까이 있지 않거나 집을 떠나야 할 경우 지속적으로 잠자기를 거절한다.
⑦ 분리와 관련된 악몽을 반복적으로 꾼다.
⑧ 주된 애착대상과의 분리가 예상될 때 반복적인 신체증상(두통, 복통, 구토)을 호소한다.

B. 장애기간이 적어도 4주 이상이어야 하고, 18세 이전에 발병한다.
C. 학업이나 직업 혹은 사회적으로 중요한 분야에서 심각한 고통이나 장애를 일으킨다.

출처: 미국정신의학협회(American Psychiatric Association)

1 분리불안(Separation Anxiety)

1) 증상의 특성

'불안'은 시간적, 공간적으로 떨어져 있는 위험에 대한 두려움이라고 할 수 있다. 불안은 공포, 걱정, 대상이 확실하지 않은 것으로부터 느끼는 감정으로 상상력의 발달이 전제된다.

'분리불안'은 유아가 어머니의 부재를 기억할 수 있게 되었기 때문에 어머니를 잃게 될지도 모른다는 두려움으로 인해 어머니가 유아의 시야에서 사라질 때 나타나는 일종의 공포반응으로 애착대상을 잃지 않으려고 애타게 찾으며 울부짖는 행동으로 표현된다. 이런 분리불안은 자기와 대상의 분리가 가능함을 감지할 수 있는 생후 6개월부터 12개월 사이에 나타나 18개월 이후에 절정기에 이르고 분리개별화기가 끝나는 36개월 이후부터는 서서히 사라진다.

Bowlby는 애착관계와 분리불안은 유아가 갖는 최초의 애착대상인 어머니와의 관계에서 형성되는 감정으로 성장 후 모든 애정, 대상관계의 원형이 되는 것으로 전 생애를 통하여 변화 가능성이 적다고 하여 인간발달에서 중요한 초기 경험으로 인식하였다. 대상관계이론에서는 유아가 분리개별화기에 이르러 생긴 자율성, 독립성의 욕구를 성취하기 위해서는 자신의 일부분인 어머니로부터의 지지와 격려, 승인이 필요한데 반해 어머니로부터 심적 에너지를 충분히 공급받지 못할 때 분리불안이 나타난다고 본다. 모든 어머니들은 자신들이 어느 정도의 분리불안을 갖고 있어 충분한 심적 에너지를 자녀에게 공급할 수 없기 때문에 정도의 차이는 있으나 모든 유아들은 분리불안을 갖게 된다는 것이다. 즉, 분리불안장애는 주된 애착대상이었던 사람이나 친숙한 상황으로부터 분리될 때 나타나는 심한 불안상태를 말한다. 예컨대 '엄마를 못 떨어져서 유치원에 못 가요.', '늘 엄마 치맛자락을 붙들고 다녀요.', '엄마가 눈에 안 띄면 아주 불안해해요.', '낯선 곳이 두려워서 집 안에서만 놀아요.' 등이 대표적인 분리불안의 증상이라 할 수 있다.

2) 치료목표

일반적으로 '분리불안'은 다음과 같은 목표를 가지고 치료를 시행한다.

- 불안감의 정도와 빈도를 파악한다.
- 불안감을 감소시킬 필요가 있는 영역을 파악하여 해소방안을 탐색한다.
- 불안감을 유지하는 비합리적인 사고과정을 확인한다.
- 과도한 걱정이 비합리적이라는 것을 인식하도록 한다.
- 걱정에 대한 대안적인 사고를 학습한다.
- 긍정적인 자기암시를 훈련한다.
- 불안감을 느낄 때 스스로 조절할 수 있는 과정을 학습한다.

3) 치료적 개입

불안감을 감소시킬 수 있는 방법을 탐색하기 위해서 내담자(IP)가 느끼는 감정을 충분히 이야기하도록 한다. 불안감으로 인해 일상생활에 지장을 초래하는 영역을 탐색하고 일상적인 일을 과도하게 부정적으로 지각하고 예측하는 것을 찾아 규명해야 한다. 비합리적인 사고가 떠오르면 중지하고 대안적인 사고로 수정하도록 도와야 하며 불안으로 인하여 제한받았던 활동을 확인하고 내담자의 진정한 감정을 수용하고 표현하도록 격려해야 한다. 또한 내담자의 내면적인 과정과 불안감 표현으로 인해 이차적인 일등이 있는지를 탐색하도록 한다. 그리고 불안할 때 긍정적인 자기표현을 하여서 자신감을 갖도록 하는 것이 중요하다.

2 과잉행동과 충동성

1) 증상의 특성

공격적 과잉행동과 충동성은 감정이 조절되지 않아 파괴적 행동으로 나타나게 되는 행동이다. 남의 물건을 훔치고 싶은 충동을 참지 못해 반복적으로 도둑질하는 행동, 자신의 머리털을 반복적으로 뽑는 행동 등이 대표적이다. 그리고 다음과 같은 행동도 동반하게 된다.

- 조용히 여가 활동에 참여하거나 놀지 못한다.
- 발을 가만히 두지 못하거나 의자에 앉아서도 몸을 꼼지락거리고 한자리에 오래 앉아있지 못한다.
- 끊임없이 행동하거나 앞뒤를 생각하지 않고 행동한다.
- 지나치게 수다스럽고 질문이 채 끝나기 전에 성급하게 대답한다.
- 차례를 기다리지 못하고 다른 사람을 방해하고 간섭한다.

2) 치료목표

(1) 충동적인 행동의 발생 빈도를 감소시킨다.

- 충동적으로 행동하게 되는 상황과 시간, 조건들을 확인하고 감소시켜 나간다.
- 충동조절이 되지 않은 채 일어나는 행동들을 감소시켜 나간다.

(2) 충동적인 행동들과 관련된 정서들을 탐색하고 인식하도록 한다.

- 충동적인 행동에 선행되는 긴장감이나 불안감, 우울 등의 정서를 이해하도록 한다.
- 충동적인 행동과 관련되는 적대감이나 좌절의 원인을 이해하도록 한다.

(3) 충동적인 행동으로 인해 일어나는 부정적인 결과의 파생된 문제들을 인식하고 직면하도록 한다.

(4) 충동을 조절하고 대처할 수 있는 능력을 발달시킨다.

- 스스로를 관찰할 수 있는 능력을 발달시킨다.
- 충동적인 행동에 대해 주위의 중요한 사람들이 보이는 반응에 대해 민감해지도록 한다.
- 충동적인 행동에 대처할 수 있는 전략을 개발하고 이를 수행하도록 한다.

3) 치료적 개입

(1) 마음가짐을 바꾼다.

- 아이가 예의가 없고 성미가 급하고 못된 아이라고 생각하던 기존의 관점을 바꾼다.
- 아이를 변화시키려면 부모와 교사가 변하지 않고는 불가능하다.

(2) 아동과 좋은 관계를 맺도록 노력해야 한다.

- 부모 말을 잘 안 듣는 아이에게 부모의 말을 잘 듣게 만들고 싶다면 가장 먼저 해야 할 일은 부모와 좋은 관계를 맺는 것이다.
- 자주 같이 놀아주면 사이가 좋아진다.
- 좋은 관계를 맺는 데 도움이 되는 비언어적 표현들을 사용한다.
  예〉 꼭 껴안아 준다, 머리나 어깨를 가볍게 토닥거린다, 머리를 사랑스럽게 쓰다듬는다, 어깨에 팔을 두른다, 다정하게 웃는다.
- 좋은 관계를 맺는데 도움이 되는 언어적 표현들을 사용한다.
  예〉 '네가 ~하니까 참 자랑스럽구나(대견하구나).', '대단한 걸 해냈구나.', '훌륭해, 환상적이야.', '예전에 비해 많이 좋아졌네.', '아빠한테 네가 얼마나 잘했는지 말해야겠다.', '네가 이렇게 ~할 때 엄마는 너무 기뻐(즐거워).'

(3) 자녀의 자존감(자긍심, 자기 가치감)을 높여준다.

- 주의력 결핍 및 과잉행동 증상이 나타나는 아동들은 야단을 많이 맞고 학습 문제 등을 보이기 때문에 자존감이 낮아지기 쉽다. 따라서 자녀의 자존감을 높여주는 것이 중요하다.

(4) 화와 분노를 효과적으로 해결한다.

- 아동에게 화가 날 때 부모가 잘못 대처하는 방법들로는 다음과 같은 예를 들 수 있다.
  예〉 화가 나는 대로 소리 지르거나 욕하고 자녀를 때린다, 화와 분노를 마음 속에 쌓아두고 표현하지 않는다, 분노감을 무관한 사람에게 돌려서 푼다, 현재의 문제를 넘어서서 이전의 일까지 끄집어내어 화를 낸다.

(5) 부모가 먼저 차분하고 계획성 있는 생활을 한다.

(6) 잘하는 행동에 대해 칭찬과 보상을 아끼지 않는다.

(7) 교육적인 처벌을 한다.

처벌을 하면 즉각 효과가 나타날 수 있지만 여러 가지 부작용이 있다. 처벌은 일시적인 효과를 야기할 뿐이다. 자주 매를 맞는 아이들은 매에 익숙해지며 적개심이 생기고 결국 인간관계를 해치게 된다. 심하면 아동이 어른의 공격성을 모방해 남을 때리거나 물건을 부수는 행동을 보일 수도 있다.

이런 부작용들 때문에 체벌을 가하거나 아동의 자존심을 상하게 할 수 있는 언어적 처벌은 삼가는 것이 좋다. 부득이 처벌을 해야 하는 상황에서는 다음을 염두에 두어야 한다.

- 처벌에 대해 부모와 자녀가 서로 합의해서 결정한다.
- 처벌에 대해 약속했으면 일관성 있게 처벌이 이루어져야 한다.
- 가혹한 처벌은 절대 피해야 한다.
- 부모의 감정에 따라 처벌하지 말아야 한다.
- 사람을 처벌하지 말고 특정한 행동에 대해 처벌해야 한다. 아동의 잘못에 대해 "넌 나쁜 놈이다."처럼 사람을 벌하지 말고 "네가 동생을 때리는 것은 나쁜 짓이다."라고 말하면서 그 행동에 대해 처벌해야 한다.
- 잘못된 행동에 대해 벌점을 부과한다.
- 타임아웃(Time-Out), 생각하는 의자를 활용한다. 체벌보다는 조용하고 격리된 장소에서 일정한 시간 동안 아이를 있도록 하는 것이 좋다. 타임아웃 의자에서 5분에서 10분 정도 앉아있도록 하면서 자기 행동을 반성하게 한다.

(8) 체계적이고 단계적인 생각하기의 4단계 방법을 가르친다.

주의력결핍 아동의 특징 중 한 가지는 깊이 생각하지 않고 충동적으로 행동하는 것이다. 이런 문제를 해결하기 위해 단계적으로 생각하는 방법을 훈련시키는 것이 필요하다. 먼저 부모가 이 방법을 숙달하고 실제 생활에서 실천하는 모습을 보이는 것이 효과적이다. 4단계를 눈에 잘 띄게 그림으로 만들어 잘 보이는 곳에 여기저기 붙여두는 것이 좋다.

- 1단계 : 문제가 뭐지?
- 2단계 : 어떻게 해야 하나? (계획 세우기)
- 3단계 : 계획대로 세심하게 실천하기
- 4단계 : 계획대로 되었는지 확인하기

위 방법을 아동이 숙제를 빠뜨리지 않고 하는데, 혹은 준비물을 챙기는데 적용해 본다. 또 실수를 많이 하는 과목이나 시험을 볼 때도 적용해 본다. 4단계로 생각함으로써 자기 행동을 미리 계획할 수 있어 실수를 줄일 수 있다는 것을 아동이 깨닫도록 도와주어야 한다. 이후 아동이 4단계를 잘 적용하면 보상을 준다. 이 방법을 적용하면 어떤 일을 하거나 문제를 푸는데 시간이 오래 걸린다. 그렇지만 속도보다 정확성이 더 중요하고, 이 방법이 익숙해지면 나중에는 자동적으로 4단계로 생각할 수 있게 되므로 속도도 차츰 빨라진다.

(9) 계획표를 짜서 지키게 한다.

- 주의가 산만한 아동은 대부분 해야 할 일을 제시간에 끝내지 못한다. 자기 통제가 잘 안 되는 아동에게는 외부적인 구조를 만들어 주어야 한다. 생활 계획표를 사용하는 습관을 들이는 것이 한 가지 방법이다. 처음에는 부모가 아동과 함께 계획표를 짜본다. 이때 공책, 타이머, 스티커를 준비한다.
- 계획표 공책을 준비한다.
- 오늘 할 일을 중요한 것 순서대로 쓴다.
- 각각의 할 일에 대해 시작할 시간과 끝낼 시간을 써 마감시간을 정해 놓는다.
- 계획표에 적은 순서대로 계획된 시간에 실천한다. 이때 타이머를 사용하는 것이 좋다.
- 한 번에 한 가지씩, 일을 끝낼 때까지 철저히 그것만 한다.

- 한 가지 일이 끝나면 잠시 쉬고 보상을 준다.
- 하루 일과가 끝나면 그날의 계획표에 얼마나 충실했는지 부모와 아동이 함께 평가한다.
- 잘 안된 부분에 대해 그 원인을 찾아보고 다음날의 계획표를 짤 때는 더 잘 지킬 수 있도록 짠다.

(10) 대인관계 기술을 훈련시킨다.

- 주의력결핍 아동은 흔히 다음과 같은 행동으로 인해 원만한 대인관계를 맺지 못한다.
  - 남의 말을 귀담아듣지 않아 엉뚱한 말을 한다.
  - 남의 의견을 존중하지 않고 자기주장만 한다.
  - 다른 사람들이 이야기할 때 불쑥불쑥 끼어들어 대화를 방해한다.
  - 마음대로 되지 않으면 큰소리를 지르거나 욕을 한다.
  - 차례를 지키지 않고 남보다 먼저 하려고 한다.
  - 남이 듣기 싫어하는 말들을 서슴지 않고 한다.
  - 친구들을 놀리거나 괴롭힌다.
- 이런 아동의 대인관계 기술을 향상시키기 위해 부모와 교사가 모델이 되어 바람직한 기술을 시범 보인 후 아동과 역할을 서로 바꾸어 가면서 역할 연기를 해 본다. 또 배운 기술을 실제 상황에서 연습해 보게 하고, 아동이 노력했을 때 칭찬하고 보상을 준다.

  예〉 "친구가 넘어졌을 때 깔깔대고 웃으면 친구의 기분이 어떨까? 가서 위로해 주면 어때?"
- 말하기, 듣기 등의 기본적인 대화 기술을 가르친다. 놀이의 규칙 따르기, 잘못했을 때 사과하기, 다른 사람의 감정 이해하기, 싸우지 않고 문제해결하기 등을 가르친다.

(11) 아이에게 적합한 방법을 찾아 꾸준히 적용한다.

- 주 증상을 치료하는데 더해 부수적으로 나타나는 학습장애, 대인관계 문제, 감정조절 문제, 품행 문제, 자기 가치감 상실 등 다양한 문제들을 정확하게 평가하고 해결해 주어야 한다.

(12) 전문가, 부모, 교사의 협동이 필요하다.

- 주의력 결핍 아동을 효과적으로 교육하기 위해서는 학교와 가정에서 일관성 있는 교육을 해야 한다.

아이의 주의산만과 과잉행동이 너무 지나쳐서 기본적인 대화가 어렵거나 위의 방법들로 부모가 도저히 통제할 수 없는 정도일 때에는 전문가와 상의해 약물을 사용할 수도 있다. 약물 부작용으로 식욕 저하와 불면증이 올 수도 있지만 약을 끊으면 금방 괜찮아지고 약에 대한 내성도 생기지 않기 때문에 그리 걱정할 문제는 아니다. 물론 약물치료에 더해 심리치료를 병행하는 것이 더 효과적이다.

3 반사회적(Antisocial Personality) 행동

1) 증상의 특성

'반사회적 행동'은 사회의 규범이나 법을 지키지 않으며 무책임하고 폭력적인 행동을 반복적으로 보여 사회적 부적응을 초래하는 태도를 말한다. 이 경우 타인의 권리를 무시하거나 침해하는 행동양식이 생활 전반에 걸쳐 나타난다. '입양아의 범죄'는 양부모보다는 친부모가 범죄자인 경우와 상관관계가 높으며, 양부모 역시 범죄자일 경우에는 그 관련성이 더욱 높다는 연구 보고가 있다(Eysenck & Eysenck, 1978).

정신분석적 입장에서는 반사회성 행동이 아이와 양육자와의 관계형성 문제에서 기인한다고 본다. 신뢰가 형성되지 못하여 폭력적이고 파괴적인 행동으로 타인과 관계를 맺으려는 시도가 반사회적 행동으로 나타난다는 것이다(권석만, 2003).

인지적 입장에서는 비합리적 신념체계, 즉 '들키지 않는 한 거짓말을 하거나 속여도 상관없다.', '내가 원하는 것을 이루기 위해서는 어떠한 행동도 정당화될 수 있다.' 등과 같은 신념체계를 지니고 있다(Beck & Freeman, 1990).

한편 반사회적 행동은 심층적 심리치료보다는 구체적인 부적응적 행동을 변화시키는 행동 치료적 접근이 더 효과적이라고 알려져 있다. 일단 반사회적 행동장애가 형성되면 치료가 어려운 만큼 반사회적 성격으로 발전하지 않도록 조기개입과 부모교육을 통한 예방차원의 노력을 기울이는 것이 중요하다(권석만, 2003).

반사회적 행동으로는 다음과 같은 행태를 들 수 있다.

- 법규를 준수하기가 어렵다.
- 개인의 이익과 쾌락을 위해 타인에게 파괴적이다.
- 자신이나 타인의 안전을 무시하는 무모성이 나타난다.
- 규칙에 대한 두려움이나 존경심이 없고 규칙을 어기는 행동을 반복적으로 한다.
- 기물을 파괴하거나 훔치는 행동을 한다.
- 두려움이 없고 심지어 무모한 행동을 반복한다.
- 규칙이나 법률을 따르려는 의도가 없고 다른 사람들이 자신에게 맞추어야 한다는 태도를 보인다.
- 충동적이고 폭력적이다.
- 자신에게 일어난 일에 대해 늘 다른 사람을 비난한다.
- 타인의 감정을 개의치 않고 자신의 감정을 잘 이해하지 못한다.
- 언어적이거나 신체적인 싸움을 자주 한다.

2) 치료목표

(1) 규칙이나 한계 및 경계에 대한 솔직한 감정을 인식하고 언어화하도록 한다.

(2) 규칙이나 한계를 지키는 것에 실패했을 때 발생하는 결과를 인식하도록 한다.

(3) 과거부터 현재까지의 반항적 행동패턴의 원인을 파악한다.

(4) 어린 시절의 정서적, 언어적, 육체적 학대 경험을 이야기하고, 현재의 행동과의 관련성을 이해시킨다.

(5) 사회 규칙 내에서 사는 것이 자신과 다른 사람을 위하여 좋은 것임을 이해시킨다.

(6) 규칙 내에서 살겠다는 약속을 하도록 하고 지속적으로 모든 규칙을 지키도록 한다.

(7) 내담자가 가진 세상에 대한 잘못된 신념을 바꾼다. 자신의 행동에 대한 정당화, 불가피성에 대한 변명, 다른 사람의 무능에 대한 신념 등을 검토한다.

(8) 상처주는 행동을 했던 사람들에게 사과한다.

(9) 자신의 행동이나 사고, 감정에 대해 타인이나 환경 탓을 줄이고 행동에 대한 책임을 받아들이는 진술을 증가시킨다.

(10) 개인적 감정을 드러내는 것을 통해 중요한 타인과의 신뢰 있는 관계를 연습한다.

3) 치료적 개입

(1) 내담자가 상담자를 조정하려는 것에 대해 주의를 기울여야 하고 환자가 제공하는 정보가 왜곡되거나 조작되었을 가능성에 대해 가정해야 한다.

(2) 반사회적 행동이 자신과 타인에게 미치는 영향을 검토하도록 한다.

(3) 과거의 행동 패턴을 탐색해서 축소, 부인, 비난의 투사 등을 직면하도록 한다.

(4) 계속적으로 규칙을 어기는 것이 결과적으로 내담자에게 좋지 않다는 현실을 강조해 준다. 즉, 규칙이나 한계를 지키는 것에 실패했을 때 발생하는 결과

들을 함께 검토해 본다.

(5) 자신의 반사회적 행동으로 고통받는 사람들을 인식하도록 돕는다.

(6) 다른 사람들에 대한 동정심이나 타인의 감정에 대한 감수성이 부족한 것을 직면하도록 한다.

(7) 다른 사람에 대한 자신의 행동 결과를 다시 검토하기 위해 역할 바꾸기 기법을 이용한다.

(8) 반항적이고 적대적인 행동의 원인을 탐색한다.

① 어린 시절의 학대나 유기 등에 대해 탐색한다.

② 자기중심적으로 행동하는 것이 자신을 고통으로부터 보호하려는 시도인지를 알아본다.

(9) 규칙을 지키거나 자신의 책임을 받아들일 때 언어적인 긍정적 강화를 준다.

(10) 자신이 다른 사람을 위해 할 수 있는 친절한 행동 세 가지를 적도록 하고 실천 계획을 함께 세운다.

(11) 행동에 대한 책임과 타인의 감정에 대한 인식을 발달시키기 위하여 잘못에 대해 사죄를 하는 것의 가치를 가르치고 구체적인 방법을 함께 생각해 본다.

(12) 부모역할을 안정적으로 하도록 한다.

① 자신의 자녀에 대한 책임회피를 직면시킨다.

② 책임감 있고 양육적이며 신뢰감 있는 부모가 되는데 필요한 행동들을 목록화한다.

③ 책임 있는 부모로서의 행동을 시작하도록 구체적인 계획을 세운다.

(13) 고통이나 분노를 간직하고 그것을 반사회적 행동의 핑계로 사용하는 것보다 가해자를 용서하는 것에 대한 가치를 가르치고 그와 관련된 감정을 표현하도록 돕는다.

(14) 자기 자신의 감정이나 생각을 다른 사람들에게 드러내는 경험과 관련된 두려움을 탐색한다.

(15) 친사회적이고 규칙적인 삶을 약속하도록 권유한다.

4 부적응 아이

1) 증상의 특성

- 타인에 대해 과도하게 경쟁심을 느낀다.
- 사소한 일에도 쉽게 분노감을 표출하며 만성적인 적개심을 내포하고 있다.
- 정해진 시간보다 지연되거나 기다려야 할 경우 몹시 초조해하고 결국 화를 낸다.
- 아무것도 하지 않고 시간을 보내는 것은 불가능하다.
- 늘 긴장하고 부정적인 시각이 앞선다.
- 적개심을 표현하지 않고 내재하고 있다가 기다려야 하는 상황에서 폭발적으로 표현한다.
- 타인에 대한 배려나 여유를 찾기 힘들다.
- 세상에는 이기는 것과 지는 것밖에 없다.
- 매우 빠르게 행동한다.
- 빠르고 공격적인 어투로 말한다.
- 가만히 앉아 있지 못하고 발을 흔들거나 손가락으로 책상 두드리는 행동으로 초조감을 표현한다.
- 생각보다 행동이 앞선다.

2) 치료목표

(1) 대인관계에서 적개심이나 공격성을 감소시킨다.

(2) 모든 일에 대해서 통제하려는 경향성을 일의 중요도에 따라 순서화하여 선택적으로 개입하도록 한다.

(3) 다른 사람을 이해하고 공감 능력을 갖도록 훈련한다.

(4) 매사에 경쟁하려는 경향성을 선별적으로 하도록 한다.

(5) 의사결정 시 신중하게 생각하고 행동으로 옮긴다.

(6) 천천히, 그리고 부드럽게 이야기한다.

(7) 좌절에 대한 인내심을 학습한다.

(8) 스트레스 해소방안을 정하여 실천한다.

3) 치료적 개입

(1) 생활전반에 어떤 영향을 미치는가를 인식할 수 있도록 돕는다.

(2) 내담자의 행동 특성을 사례를 중심으로 지적해서 이해시킨다.

(3) 여유 있는 시간계획을 수립하도록 돕는다.

(4) 스케줄을 실행할 때 내담자의 불안감과 염려를 표현하도록 하고, 이로 인해 성취에서 차이가 있는지를 확인시킨다.

(5) 만성적인 적개심 및 분노감을 인식, 적응하고 표출하도록 돕는다.

① 부정적인 감정을 자연스럽게 표현하도록 격려한다.

② 내담자의 대인관계 패턴을 탐색한다.

(6) 효과적인 의사소통 기법을 학습한다.

(7) 문제해결의 결과뿐 아니라 과정에 집중하는 문제해결 방법을 학습시킨다.

(8) 과도한 경쟁심 이면에 내재된 적대감을 인식한다.

5 분노관리

1) 증상의 특성

- 심각한 분노감정의 폭발이 자주 나타난다.
- 공격적 행동을 하거나 기물을 파손한 적이 있다.
- 사소한 자극에 대해서 지나친 적대감으로 반응한다.
- 다른 사람의 말을 잘 경청하지 않는다.

- 분노감정의 폭발로 인해 많은 사람과의 관계에 손상이 있다.
- 심각한 욕설이나 독설을 사용한다.
- 분노 이외의 감정을 잘 표현하지 못한다.
- 늘 긴장되어 있고 피해의식이 있다.

2) 치료목표

(1) 분노감의 빈도와 강도를 줄인다.
(2) 자신이 하는 행동을 인식하고 그 원인을 밝혀내어 분노감을 표현할 수 있는 파괴적이지 않은 대안 행동을 찾는다.
(3) 현재의 분노를 촉발시킨 과거나 현재 생활의 고통이나 상처를 식별해 낸다.
(4) 자기 주장적인 방식으로 분노의 감정을 언어화하여 표현한다.
(5) 다른 사람과 자신을 용서하는 과정이 필요하다는 것을 이해한다.
(6) 과거에 분노를 다루었던 방식이 자신과 가까운 사람들에게 미치는 부정적 영향에 대해 인식한다.
(7) 분노를 언어나 신체 혹은 행동으로 표현하는 것은 줄이고, 감정 자체에 대한 인식과 수용은 증가시킨다.

3) 치료적 개입

(1) 자신의 분노한 모습을 정확히 알도록 분노일지를 쓰도록 한다.
① 분노감이 발생한 일시
② 상황
③ 그때 일어난 생각
④ 경험된 감정의 정도
⑤ 그에 따른 행동
⑥ 사건의 중요도

(2) 쉽게 화를 내는 사람들의 특정적 사고 형태에 대해 이야기해 보고 내담자의 사고 형태와 신념을 분석해 본다. 쉽게 화를 내는 사람은 다음과 같은 언어적 특성을 보인다.

① … 해야만 한다.

② 감히 … 하다니

③ 나한테 이럴 수가

(3) 분노를 유발하는 인지적 왜곡을 수정하기 위해 인지적 재구성법을 적용해 본다. 내담자와 반복적으로 분노를 일으키는 사건과 관련된 생각이 합당한 것인지, 다른 해석이 가능한지 등을 논의해 본다.

(4) 자신의 인생에서 상처가 되고 분노로 이끌었던 경험에 대해 나열하도록 한다.

(5) 과거의 외상과 연결된 분노와 상처에 대해 공감해 주고 명료화해 준다.

(6) 분노를 내보내는 한 과정으로써 분노의 대상을 용서하도록 돕는다.

(7) 분노감이 발생할 때 행동을 인식하도록 돕고, 분노감을 표현할 수 있는 파괴적이지 않은 대안적 행동방식을 탐색한다.

(8) 자기주장훈련을 통해 자신의 감정을 적절히 표현할 수 있도록 돕는다.

(9) 분노 피하는 방법을 내담자에게 가르친다.

① **생각 중단하기** : '그만!', 혹은 이와 비슷한 '주문' 같은 것을 통해 부정적인 생각을 멈추도록 한다.

② **타임아웃 사용하기** : 감정이 심하게 격해져서 어떤 식으로도 조절이 안 될 때는 타임아웃을 갖는 것이 좋다. 타임아웃은 개입된 양자가 더 이상의 상황을 유발하지 않기 위해 잠시 시간을 가질 필요성을 인식하고 있다는 점이다. 준비가 되어 있다면 다시 문제상황에 대해 이야기해 보는 것이 필요하다.

③ **관심 바꾸기** : 계속 주목하고 있음으로써 자신의 분노가 더 상승하는 경우도 많다. 분노를 일으키는 문제가 교정 불가능한 경우이거나 교정이 꼭 필요한 것이 아니라면 다른 대상으로 관심을 바꾸는 것이 분노감을 줄이는 데 도움이 된다.

(10) 과거에 자신이 분노를 표현했던 방식이 자신과 가까운 사람들에게 미친 부정적인 영향을 탐색한다.

(11) 다른 사람과의 대화에서 너무 빨리 판단하지 말고 끝까지 상대방의 이야기를 듣는 연습을 하게 한다.

(12) 분노를 자주 경험하는 사람들은 상대방의 입장에서 이해하는 것이 서투르므로 이를 연습하도록 한다.

6 주의력결핍 과잉행동장애(ADHD)

1) 증상의 특성

- 한 곳에 주의를 유지하기 어렵다.
- 쉽게 싫증을 내고 지루해한다.
- 자기 행동을 조절하거나 억제하기 어렵다.
- 과잉 활동을 보이며 몸을 가만히 두지 못한다.
- 규칙과 지시를 따르기 어렵다.
- 행동이나 기분 변화가 심해서 이를 예측할 수 없다.
- 부주의한 행동을 자주 보인다.
  - 세부 사항에 주의를 기울이지 못하거나 학업 등의 활동에서 실수를 자주 저지른다.
  - 일을 하거나 놀이를 할 때 지속적으로 주의를 집중할 수 없다.
  - 다른 사람이 말을 할 때 경청하지 않는다.
  - 자기가 해야 할 일을 제대로 수행하지 못한다.
  - 약속을 잘 잊고 물건을 자주 잃어버린다.
  - 외부 자극에 의해 쉽게 산만해진다.

이러한 행동을 보이는 아동은 몸을 한시도 가만히 있지 못하고 하는 일에 집중하지 못하며 충동적으로 행동하는 경우가 많다. 특정기간 동안 주의력결핍, 과잉활동성, 충동성 중 하나 이상의 특징을 지속적으로 나타내는 경우를 '주의력결핍과잉행동장애(ADHD; Attention Deficit Hyperactivity Disorder)'라고 한다. 주의력이 결핍된 아동은 타인의 말에 귀를 기울이지 않고, 어느 한 가지 일에 열중하는 것을 힘들어한다. 어떤 일을 하다가도 몇 분 이내에 곧잘 싫증을 낸다. 과잉활동적인 아동은 안절부절못하고 과도하게 신체를 움직이며 한시도 가만히 있지를 못한다. 충동적인 아동은 생각 없이 행동하기도 하고 자기 순서를 기다리지 못한다. 또 질문에 대한 답을 생각해 보기도 전에 불쑥 말해버린다.

ADHD의 징후는 유아기부터 나타날지라도 ADHD로 진단되는 것은 보통 초등학교 시기이다. 공식적인 학교 교육이 시작됨으로써 학업적·사회적 요구가 증가하고 행동통제에 대해 보다 엄격한 기준을 적용하게 되기 때문이다.

일반적으로 ADHD 아동들은 수업시간에 독립적인 작업이나 앉아서 하는 작업을 잘 하지 못하고 대체로 친구가 없으며 교우관계 측정도에서도 친구들이 가장 싫어하는 유형으로 나타났다. 또한 이들 아동의 부모들은 양육 스트레스를 더 많이 경험하는 것으로 보인다(Fischer, 1990). Bernier와 Siegel(1994)의 연구에서 역시 교우관계가 원만하지 못하고 가족 간의 갈등이 심한 경우 자녀가 ADHD일 가능성이 큰 것으로 나타났다. 이때 약물치료가 단기적으로는 도움이 될 수 있을지 모르나 장기적으로 큰 치료효과를 보지 못하는 것으로 나타났다(Weiss, 1989). ADHD의 원인은 아직 잘 알려져 있지 않으나 유전적 요인과 환경적 요인이 모두 영향을 미치는 것으로 보이며 약물치료와 더불어 적절한 학업적·사회적 행동을 강화해 주는 중재 프로그램이 가장 효과적인 방법인 것으로 밝혀졌다(Barkley, 1990). 현재 이에 대한 정확한 진단과 치료에 보다 많은 연구가 요구되어지고 있다.

2) 정보처리이론

정보처리이론은 아동이 외부세계로부터 들어오는 정보를 기억과정을 통해 저장하고, 시간의 흐름에 따라 저장된 정보를 전환하며, 또한 정보를 효율적으로 인출하는 정보처리의 과정을 연구대상으로 한다.

정보처리이론은 인간의 인지를 다음 세 가지 체계로 개념화한다.

① 외부세계로부터의 정보는 시각, 청각, 미각, 후각과 같은 우리의 감각기관을 통해 인지체계에 투입된다.

② 우리의 뇌는 감각기관에 투입된 정보를 다양한 방법으로 저장하고 전환한다. 정보를 부호화하고, 저장하고, 인출하는 과정이 포함된다.

③ 우리의 행동으로 나타나는 산출 부분이다.

정보처리모델에서는 단기기억과 장기기억으로 기억을 구분한다. 단기기억은 소량의 정보만 기억할 수 있으며 약 30초가 지나면 단기기억 내의 정보는 잊혀지든지 아니면 장기기억으로 넘어가게 된다. 장기기억은 새로운 정보를 저장하는 용량이 거의 무제한적이다. 그러나 문제는 정보를 인출할 때 발생한다. 저장된 정보를 필요할 때 꺼내는 과정을 인출이라고 하는데 정보를 어디에 저장해 두었는지 그 위치를 잊어버려 제대로 찾지 못하는 일이 발생한다.

아동이 성장함에 따라 정보를 보다 효율적으로 처리할 수 있는 인지변화가 일어난다. 아동이 좀 더 많은 정보를 습득함에 따라 지식기반이 확장된다. 지식기반의 확장은 새로운 학습을 용이하게 한다. 가장 중요한 발달적 변화는 정보를 통제하고 분석하는 통제과정(control process)이다. 통제과정은 컴퓨터와 인간의 정보처리 과정이 구별되는 부분으로써 어떤 정보에 주의를 기울이고, 저장과 인출과정에서 어떤 책략을 사용할 것인지 등을 결정하는 과정이다. 예컨대 전화번호를 기억하기 위해 그 번호를 외우거나 기타 책략을 사용하는데, 이것이 '통제과정'이다. 통제과정은 지식기반으로부터 특정정보를 인출하려고 할 때도 사용된다. 아동이 성숙함에 따라 통제과정이 점차 발달하여 문제해결을 효율적으로 하게 된다.

CHAPTER 04

부모-자녀관계 코칭 프로그램

아래 부모-자녀관계 향상 프로그램은 Dr. Michael Popkin의 『부모코칭 프로그램 적극적인 부모역할 Now!』(2007)의 부모 코칭 프로그램이다. 이 프로그램의 특징은 부모가 반응적으로 자녀를 대하기보다는 가정에서 적극적인 지도자의 역할을 담당한다는 점이다. 이를 통해 부모의 권위가 존중되고 자녀를 인격적으로 존중해 주면서 의사소통하는 기술을 익히는 것이다.

부모-자녀관계 코칭 프로그램은 아래 기술을 증진시켜 준다.

- 부모가 돈독한 부모-자녀관계를 수립하도록 도와준다.

지나치게 전제적이거나 자유방임적인 부모역할의 유형은 반항적인 아이로 키우는 결과를 낳는다. 그리하여 자녀가 부모의 뜻과 반대되는 활동을 하게 만든다. 부모는 자녀가 위험스런 행동을 하지 않도록 영향력을 행사해야 된다. 그러려면 긍정적인 부모-자녀관계를 만들어 자녀가 위험에 봉착했을 때 자녀가 긍정적인 선택을 하도록 자녀를 도와줄 수 있어야 한다.

- 부모가 자녀에게 용기, 자아존중감, 책임감, 협동심과 같은 기본적인 품성을 심어주도록 한다. 이는 아이들에게 '절제'를 가르쳐 준다.

긍정적인 자질을 가진 아이들은 폭력, 약물, 무절제한 성과 폭력에 연루될 확률이 아주 낮다는 것이 연구되었다. 인생에서 성공하기 위하여 열심히 공부하고, 책임감 있는 선택을 하고, 어른과 협력하고, 또래와 사이좋게 지낼 수 있는 능력은 '절제할 줄 아는' 아이들의 핵심적 품성이다. 또한 의사결정 능력과 의사소통 능력을 배우는 것은 자녀가 위험한 상황을 헤쳐나갈 수 있도록 도와준다.

- 부모가 자녀에게 위험한 요소를 알아차리고 자녀에게 건전한 선택을 하도록 기술을 가르쳐 준다.

1 적극적인 부모

- 목표

- 첫째 : 적극적인 부모역할에 대해 이해하고, 전제적인 부모와 자유방임적인 부모의 방식이 어떻게 다른지를 설명한다.
- 둘째 : 부모역할에서 선택권의 사용법을 실행할 수 있도록 한다.
- 셋째 : 관계형성의 기술을 이해하고 상호존중, 가족화목활동을 적용시킨다.

- 실행하기

- 나는 어떤 사람인가?
- 나의 역할은?
- You는 누구입니까?
- 적극적인 부모역할이란?

1) 자녀의 성공을 위해 필요한 부모역할

부모역할은 우리의 자녀가 살고 있는 사회 안에서 생존하고 번영하도록 자녀를 보호하고 준비시켜 주는 것이다.

'번영'이란 인생을 그럭저럭 살아간다는 뜻이 아니라 인생에서 가장 많은 것을 거둔다는 것을 뜻한다.

예〉 고급기술, 민주성, 다양성

2) 품성과 성공

고급기술과 다양성이 있는 민주사회에서 우리 자녀가 생존하고 번영하려면 어떤 인격적인 특성과 기술이 필요한지 살펴보자.

[표 4-1] 품성과 성공

독재적 사회	민주적 사회		무법적 사회
• 두려운	• 용기	• 학습의 욕구	• 의지가 강한
• 맹종하는	• 책임감	• 문제해결의 기술	• 폭력적인
• 자유의지가 없는	• 협동심	• 의사결정의 기술	• 자기 중심적인
• 타인에게 무관심한	• 높은 자존감	• 의사소통의 기술	• 타인에게 무관심한
• 자존감이 낮은	• 상호존경		

출처: Popkin(2007).

[표 4-2] 현대 민주사회에서 보이는 위험 요소 줄이기

부모가 위험요소를 줄일 수 있는 것
. 당신 자녀와 강한 결속력을 갖기
. 자녀에게 인격적인 자질과 유능성을 길러 주기
. 위험요소에 대하여 설득력 있게 말해 주기
. 좋지 못한 영향력을 여과해 주고 제거하기

출처: Popkin(2007).

(1) 우리가 자녀와 강한 결속력을 갖게 될 때 우리는 자녀의 의사결정과 가치관에 긍정적인 영향력을 행사할 수 있다.
(2) 우리가 부모역할의 기술을 잘 사용해서 자녀에게 인격적인 자질(책임감, 협동심, 용기, 자존감)과 성공하는 데 필요한 유능성(문제해결 능력과 의사소통의 능력)을 길러준다.
(3) 위험요소에 대하여 설득적으로 이야기해 주는 능력을 길러야 한다.

부모가 가장 많은 영향력을 행사할 수 있는 영역은 '가정영역'이다. 그렇지만 개인영역, 학교영역, 또래영역 등에서도 예방적인 요소를 개발시켜 줄 수 있다.

3) 부모역할의 유형

자녀가 민주사회에서 생존하고 번영하는 데 필요한 품성과 유능성을 개발하고 훈육하고 지지해 주는 부모역할의 유형은 아래와 같다.

[표 4-3] 부모역할의 유형

	독재자	심부름꾼	적극적인 부모
누가 규칙을 정하는가?	부모	자녀	부모와 자녀
왜?	부모의 말이므로	자녀가 그렇게 밀했으니까	상황이 그것을 요구하므로
규칙이 어떻게 시행되고 있는가?	보상과 처벌을 통해	시행되지 않는다	• 자연적 결과와 논리적 결과를 통해 • '나'-전달법을 통해 • 문제해결을 통해 • 격려를 통해

출처: Popkin(2007).

4) 상호존경

민주주의란 항상 내가 원하는 대로 살 수 있는 것은 아니다. 내가 원하는 것을 항상 말할 수 있다는 뜻이다.

부모는 자기 가정에서 지도자임과 동시에 우두머리지만 자녀가 가정생활에 참여하는 것을 격려하는 사람이다.

- '상호존경'의 개념이 중요한 이유

(1) 우리 아이들이 부모를 존경하지 않으면 아이들은 부모가 설정해 준 한계 안에서 생활하지 않을 가능성이 높다. 그렇게 되면 자녀를 훈육하기가 훨씬 힘들다.

(2) 부모가 아이를 존중해 주지 않고 또 자녀에게 부모를 존경하라고 요구하지 않으면, 우리 자녀는 타인을 존경하는 법을 배우지 못한다.

(3) 점점 다양해지는 사회 안에서 아이들이 타인을 존경하는 것을 배우는 일이 더욱더 중요하다.

(4) 평등의 개념으로 설립된 사회 안에서는 어린이와 같은 사람을 포함하여 모든 사람들이 존경받기를 기대한다.

부모가 자녀에게서 존경을 받으려면 자녀가 존경을 해 주기를 기대함과 동시에 부모도 자녀에게 존경을 보여 주는 것이 최선의 길이다. 그런데 심부름꾼형의 부모역할에 익숙해지면, 자녀가 부모에게 함부로 말하게 내버려 두기 쉽다. 또 전제형의 부모역할에 익숙해지면 부모는 자녀에게 함부로 말하기 쉽다.

5) 참여하기 : 선택권의 사용

선택권은 아주 중요한 점이다. 부모가 선택이라는 관점에서 사고하기 시작하면, 자녀들과의 힘겨루기에서 벗어나 문제해결의 과정으로 들어갈 수 있다. 부모와 자녀 모두에게 받아들여질 수 있는 대안을 발견하는 것은 다툼에서 벗어나는 하나의 길이다. 또한 자녀들이 의사결정을 잘 내릴 수 있는 사람으로 성장하도록 준비시켜 주는 일이다.

부모가 확장되어 가는 한계 안에서 자녀에게 자유를 주는 것이다. 우선 확고한 한계 안에서 단순한 선택권을 행사하도록 허용하고 자녀가 커짐에 따라 자유의 양을 점차 늘려 준다.

선택권 주기는 가령 옷 입는 것, 먹는 것, 공부하는 것, 노는 것 등이다.

6) 보살핌을 제공하는 자로서 부모 자신 보살피기

자기 보살핌은 부모 자신을 보살피는 것이다. 우리가 바쁘게 살다 보면 부모 자신을 보살피는 일을 미루는데, 자신을 정기적으로 보살피지 않으면 좋은 부모가 되기 힘들다.

하루가 끝날 때 자신이 텅 빈 물병 같다고 느끼지 않는가? 그것은 부모와 자녀 모두에게 좋지 않다. 부모는 피곤하고 지치면 쉽게 짜증이 나고 화를 내게 된다. 그러므로 자신에게 매일 에너지의 물병에 얼마 만큼의 에너지가 남아 있는지를 주의 깊게 관찰하고, 자신의 기분을 새로이 전환시켜 주는 일을 함으로써 물병에 에너지를 다시 채워 놓는 것이 중요하다.

[표 4-4] 자기 보살핌

너무 많이	적당히	너무 적게
• 자녀의 요구를 무시함 • 자녀를 위험스런 상황에 방치함 • 부모-자녀 간의 유대가 약화됨	• (각자 적어 보세요) • • • •	• 인내심이 곧 사라짐 • 화를 내게 됨 • 자녀와 같이 놀아 줄 마음이 생기지 않음 • 짜증스럽고 피곤함

출처: Popkin(2007).

자기 보살핌에 적당한 양은 자신의 상태와 그날 하는 일의 종류와 자신의 아이 상태에 따라 달라진다. 자기 보살핌을 하여 자신의 기분을 상쾌하게 해 주는 방법으로는 신체건강, 마음의 평화, 사교생활, 신변정리, 시간관리의 영역 등 다양한 유형이 있다.

- 과제활동

– 자신의 자녀에게 선택권 주기
– 스스로를 보살피는 방법 찾기
– '재미있게 시간 보내기'를 주제로 가족회의 하기
– 자녀가 단시간 내에 변화하기를 기대하지 말기 : 자녀에게 어떤 문제행동이 나타나게 되기까지에는 수년의 세월이 걸렸다는 것을 부모는 망각하기 쉽다. 그러므로 아이에게도 어느 정도 긍정적인 변화가 나타나려면 시간이 필요하다.

2 협동심 구하기

- 목표

– 첫째 : 문제해결의 기술을 가르쳐 주고 품성을 길러 줄 때 문제점이 안고 있는 유익성을 이해한다.
– 둘째 : 가족의 문제가 발생할 때 누가 문제를 소유하는가를 결정하는 법을 배운다.
– 셋째 : 혼합메시지와 의사소통의 걸림돌을 찾아내는 방법을 배운다.
– 넷째 : 적극적인 의사소통을 사용함으로써 자녀가 문제를 해결해 나가는 것을 지지해 주는 것을 배운다.

1) 문제점

진실을 말하자면 모든 가정에는 문제가 있다. 그 문제를 어떻게 해결하느냐만 다를 뿐이다.

[표 4-5] 문제점 해결 과정

성공하는 가정	가정의 문제를 적극적으로 다루고 그 문제에서 배운다.
성공하지 못하는 가정	가정의 문제를 약화시키고 거리를 둬 발전하는 방법을 배우지 못한다.

출처: Popkin(2007).

- 가정의 다양한 문제점은 우리에게 다음 내용을 가르쳐 준다.

– 문제해결 능력
– 창의성
– 책임감, 용기와 같은 품성
– 의사소통 능력
– 공감
– 부분 바윗돌이 있으니까 그걸 딛고 산에 올라갈 수 있는 것이다.

2) 누가 문제를 소유하는가

부모가 가정에서 안고 있는 문제를 효과적으로 풀어나가는 것을 배우면 부모의 자녀가 민주사회에서 생존하고 번영하는 데 필요한 인격과 실력을 갖추도록 도와줄 것이다.

자녀가 자기 소지품의 문제로 형제간이나 친구와 싸우는 것과 같은 문제에 대해서 책임을 안고 있을 때는 부모는 자녀가 문제를 해결하도록 지지해 주는 역할을 해야 한다. 그리고 부모 쪽에서 자녀의 역할을 대신 담당해 주지 않도록 조심해야 한다. 그런데 경우에 따라서 문제는 부모와 자녀가 공유할 수 있다. 그때는 부모 쪽에서 훈육하고 지지도 해 주는 일을 해야 한다.

[표 4-6] 누가 문제를 소유하는가

• 문제행동이 누구에게 직접적으로 영향을 주는가? • 누구의 욕구 또는 목적이 방해받고 있는가? • 그 문제는 건강, 안전, 가족규칙 또는 가치관에 관련된 것인가? • 그 문제가 자녀의 나이와 성숙 정도에 알맞은가?

출처: Popkin(2007).

3) 협동심과 의사소통

(1) 협동심 정의

협동심의 정의는 두 명 이상의 사람들이 공동의 목표를 달성하기 위하여 상호지지적인 방식으로 함께 일하는 것이다.

- 왜 협동심이 다양하고 고도의 기술 중심적인 민주사회에서 생존하고 번성하는 데 필수적으로 필요한가?

– 우리 사회는 팀워크에 의존하여 이루어져 있어 사람들은 협력을 해야 한다.

– 21세기의 일터는 다양하므로 자녀가 여러 종류의 사람과 더불어 사이좋게 일하는 것을 배우는 것이 필수적이다. 협동심으로 인도하는 길은 '좋은 대화로 닦인 길'이라고도 말할 수 있다.

– 가정의 조화를 위하여 가족의 협력이 필요하다.

협동심
두 명 이상의 사람들이 공동의 목표를 달성하기 위하여 상호지지적인 방식으로 함께 일하는 것 독재자는 협동심을 **강요한다** 심부름꾼은 협동심이 있기를 **바란다** 적극적인 부모는 협동심을 **얻어 낸다**

출처: Popkin(2007).

(2) 협동심과 문제 다루기

협동심

두 명 이상의 사람들이 공동의 목표를 달성하기 위하여
상호지지적인 방식으로 함께 일하는 것

독재자는 협동심을 **강요한다**
심부름꾼은 협동심이 있기를 **바란다**
적극적인 부모는 협동심을 **얻어 낸다**

⇙ ⇘

상호존중 참여

출처: Popkin(2007).

문제해결의 모형

⇙ 누가 문제를 소유하는가? ⇘

부모 → 훈육을 한다
라틴어: '훈육'=교육

자녀 → 지지해 준다
원조한다. 힘을 북돋아 준다. 밀고 나간다.
⇓
의사소통의 걸림돌을 피한다.
⇓
적극적인 의사소통으로 함께 문제를 해결한다.

출처: Popkin(2007).

4) 의사소통의 걸림돌

자녀의 어조와 신체언어와 말의 내용을 듣고 나서 우리 자녀가 문제를 가지고 있다는 느낌이 들면 우리는 자녀에게 지지를 보내고 싶은 마음이 일어난다. 그러나 우리가 어떤 방식으로 지지를 해 주느냐에 따라서 아이들이 마음 문을 열기보다는 닫아 버리고 실제로 아이와의 대화가 차단되기도 한다.

[표 4-7] 의사소통의 걸림돌

대화를 중단시키는 말이나 음조 또는 신체 언어		
명령하기	회유하기	빈정대기
충고하기	심문하기	해결사 노릇하기
도덕적 판단하기	판단하기	
관심 돌리기	심리분석하기	

출처: Popkin(2007).

5) 적극적인 의사소통

[표 4-8] 적극적 의사소통

단계	내용
1단계	적극적으로 경청하기
2단계	감정에 귀를 기울이기
3단계	감정과 이야기 내용을 연결하기
4단계	대안을 찾아보고 그 결과를 평가하기
5단계	추후 지도하기

출처: Popkin(2007).

[표 4-9] 감정 반응하기

감정	반응
1. 당황스런	몹시 당황스러웠겠구나.
2. 속이 상한	정말 속이 상하지?
3. 화가 난	너는 그 애한테 정말 화가 난 것 같구나.
4. 슬픈	정말 슬펐겠지?
5. 지루한	너 심심해하는 것 같구나.
6. 자랑스러운	넌 네 자신에 대해서 정말 자랑스러워하는 것 같다.
7. 겁이 난	그래 무섭고 겁이 났겠지?

출처: Popkin(2007).

자녀가 아주 사소한 문제를 가지고 힘들어 할 때 부모가 지지를 보내 주면, 자녀가 큰 문제를 가지고 고민하게 될 때 부모에게 터놓고 이야기하여 부모의 조언을 더 잘 받아들인다.

6) 가족모임 : 취침 전 일과

자녀들이 가정생활과 관련된 문제를 결정하는데 참여하게 해 주면, 자녀가 장차 민주적인 사회에서 잘 살아나가도록 준비시켜 주는 것이 되고, 또 자녀와의 힘겨루기도 예방된다.

가족모임 때 자녀가 느끼는 감정을 경청해 주고 반응하도록 명심하라는 것이다. 자녀의 생각과 감정을 진정으로 받아들여 준다는 느낌이 전달되도록 해야 한다. 그리고 가족모임을 부모가 정한 '규칙'을 오직 '시달'하는 시간으로 이용하지 않도록 유의해야 한다. 가족모임에서는 자녀가 일상적으로 실천해야 할 일과에 대해서 부모가 약간의 융통성을 발휘함으로써 '한계 안에서의 자유'를 실천하는 시간으로 잘 활용해야 한다.

3 책임감과 훈육

- 목표

- 첫째 : '생각하기-느끼기-행동하기 회로' 안에서 사고, 감정, 행동 간의 관계를 이해한다.
- 둘째 : 현대사회에서 책임감의 중요성을 이해한다.
- 셋째 : 보상과 처벌이 종종 역효과를 내는 이유를 이해한다.
- 넷째 : 정중한 요청, '나'-전달법, 단호하게 지시하기, 논리적 결과와 적극적인 문제해결의 훈육법을 사용할 수 있게 된다.

1) 책임감

책임감이란 자기가 선택한 것에 대한 결과를 담당한다는 뜻이다. 우리에게 일어난 일은 대개가 우리가 선택한 행동의 산물이라는 것을 받아들일 때, 우리는 책임감도 수용하게 된다.

아이들이 선택한 행동의 결과에 대한 책임감을 수용하면 자녀가 성장하여 약물, 알코올, 성 등과 같은 문제로 유혹을 받을 경우에도 현명한 행동을 선택하는 법을 배우게 된다.

아이들이 어떤 결과를 타인이나 환경의 탓으로 돌리거나 변명하면 미래에 보다 더 현명한 선택을 하는 법을 배우지 못한다.

- 책임감을 회피하는 이유

– 잘못해서 비난받을까 봐 두려워서

– 무시당할까 봐 두려워서

– 처벌받을까 봐 두려워서 : 훈육은 처벌과 같지 않다.

'훈육'이라는 말은 라틴어의 '가르치다'에서 비롯되었다. 그리고 아이들을 가르치는 데는 여러 가지의 긍정적인 방법이 있었다. 처벌은 훈육의 한 방법이기는 하지만 자녀에게 상처를 주거나 고통을 주는 방식의 부정적인 방법이다.

2) 처벌과 보상에 따른 문제

처벌을 다른 각도에서 보면, 처벌은 그릇된 행동과 논리적으로 연관되어 있지 않다는 것이다.

- 처벌의 예

- 그릇된 행동과 관련이 없는 자녀의 특권을 빼앗아 버리기
- 그릇된 행동과 관련이 없는 자녀의 소유물을 빼앗아 버리기
- 그릇된 행동과 관련이 없는 규칙을 제시하기
- 꾸짖기
- 애정을 철회하기

특히 가혹한 처벌은 현대의 민주사회에서 책임감을 가르쳐 주는 데 좋은 방법은 아니다.

보상은 자녀에게 일종의 권리가 되는 것이다. 보상을 하면 상을 받은 사람은 미래에도 자기가 똑같은 행동을 할 때 그와 똑같은 상을 받게 되기를 기대한다.

3) 생각하기-느끼기-행동하기 회로

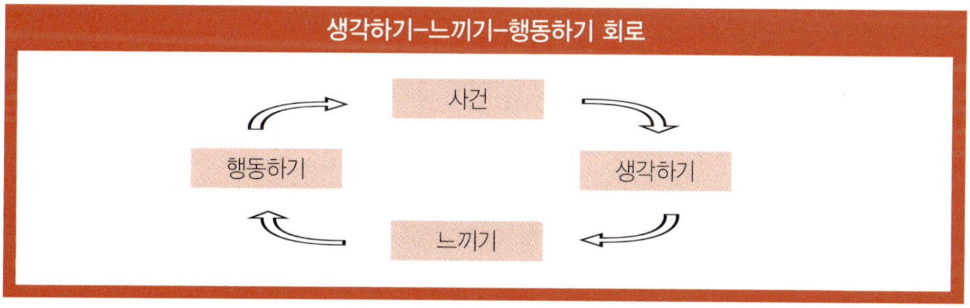

출처: Popkin(2007).

긍정적인 행동을 하면 대개 긍정적인 피드백과 성공을 가져다 준다. 긍정적인 피드백과 성공은 또한 자기존중감과 용기를 증가시켜 주고 이에 힘입어 더욱 긍정적인 행동이 증가한다. 그리하여 성공회로를 만들어 가게 된다.

생각하기–느끼기–행동하기 회로

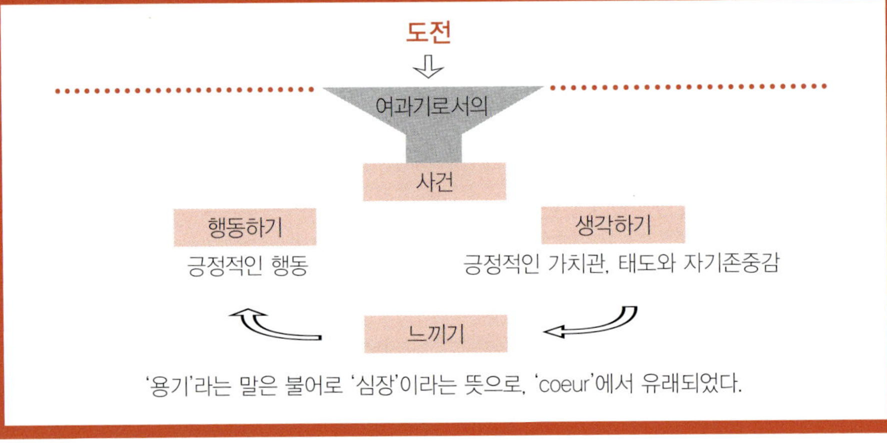

출처: Popkin(2007).

4) 자녀가 그릇된 행동을 하는 이유

자녀가 그릇된 행동을 하는 이유

1. 긍정적인 사고의 결핍
   - 부정적인 가치관과 신념
   - 좋지 못한 품성
   - 낮은 자기존중감

2. 용기의 결핍
   - 낙심

3. 지식의 결핍
   - 상황이 요구하는 것을 알지 못함

출처: Popkin(2007).

자녀가 그릇된 행동을 하는 또 다른 이유는 부모가 무엇을 기대하는지에 대하여 알지 못하기 때문이다. 이런 종류의 문제는 어떤 상황이 벌어지기 전에 부모가 시간을 내서 자녀가 지켜야 할 행동 규칙과 부모가 자녀에게 원하는 행동이 무엇인지를 충분히 이야기해 주면 예방할 수 있다.

- 이러한 그릇된 행동을 어떻게 막아 낼 수 있을까?

우리 자녀에게 어느 선까지가 한계점이라는 것을 보여 주면 자녀들은 그 한계점 안에서 어느 정도의 자유가 허용되는가에 대한 윤곽을 파악한다. 이것은 문제를 예방해 주는 매우 강력한 방법이다.

5) 효과적인 훈육

자녀들은 정중하게 대해 주면 부모에게 반항하거나 보복할 가능성이 작아진다. 그리고 자녀들의 생각과 감정에 대해 말할 수 있는 기회를 주고, 또 부모가 제시하는 훈육은 타당성이 있으며 그릇된 행동에 따르는 정당한 결과라고 느끼게 하면, 아이들은 자기가 취한 행동에 대해서 부모가 부과하는 논리적인 결과를 통해 어떤 교훈을 터득할 가능성이 커진다.

문제해결의 모형

⇙ 누가 문제를 소유하는가? ⇘

부모 ⇓ 훈육을 하거나 다른 방법으로 직접 개입한다

자녀 ⇓ 지지해 준다

효과적인 훈육의 기초
- 존경
- 논리성
- 참여
- 절제된 힘

⇓

정중한 요청, '나'-전달법, 단호하게 환기시켜 주기

⇓

논리적 결과

출처: Popkin(2007).

6) 정중한 요청, '나'-전달법, 단호하게 지시하기

부모는 자녀지도를 효율적으로 하기 위해서 꼭 필요한 만큼의 힘을 절제하여 사용하는 것이 좋다. 그래서 맨 처음에는 가장 부드러운 방법을 사용하고 이어서 점점 강하게 주장을 펼쳐 나가야 한다.

[표 4-10] 훈육의 세 가지 기본적 방법

1	정중한 요청
2	'나'-전달법 • 네가 ~하는 것이 내게 문제가 되는구나. • 왜냐하면 ~때문이야. • 나는 네가 ~하기를 바란다. • 그렇게 해 주겠니? 언제 하겠니?
3	단호하게 지시하기

출처: Popkin(2007).

7) 논리적 결과

부모가 강압적으로 제재를 가하는 말을 하는 것만으로는 아이들의 행동을 변화하도록 아이들을 동기화시키는 데 충분하지 못한 경우가 종종 있다. 부모가 말한 것을 자녀가 실제로 체험하는 경험을 하도록 해야 한다. 체벌은 역효과가 있기 때문에 체벌 대신에 소위 '논리적 결과'라고 하는 방법이 있는데 그것이 훨씬 더 효과가 크다.

적극적인 부모역할의 유형은 독재자 유형이나 심부름꾼의 유형과는 달리, 자녀에게 주어진 한계 안에서 자유를 허용해 주는 것이다.

논리적 결과란, 자녀가 선택한 행동에 뒤따르는 '결과'이다. 자녀가 체험하는 결과는 자신의 그릇된 행동과 '논리적'으로 연관되어 있기 때문이다.

즉, 양자택일과 조건부의 선택이다. 양자택일은 자녀가 어떤 행동을 하지 못하게 조처하는 데 아주 좋다. 그런데 자녀가 어떤 행동을 하도록 촉구하고 싶은데 아이가 말을 듣지 않을 때, 예를 들면 목욕을 하라거나 숙제를 하라고 할 때는 어떻게 하지요? 이런 경우에 조건부의 선택권을 주는 것이 효과적이며, 논리적인 결과도 체험시킬 수 있다.

[표 4-11] 논리적 결과

책임감 = 선택 + 결과
• 자녀가 주어진 한계 상황 안에서 행동하도록 영향력을 행사하기 위해서 어른들이 적용하는 훈육 방법으로서, 자녀의 그릇된 행동과 논리적으로 연관되어 있다.
• 양자택일의 선택 → 종이에다 그림을 그려라. 그게 싫거든 벽에 그린 다음에는 그 그림을 말끔하게 닦아 내야 한다.
• 조건부의 선택 → 네가 목욕을 하고 나면, 내가 동화책을 읽어 주겠다.

출처: Popkin(2007).

조건부의 선택을 허용하는 것은 "먼저 일하고 나중에 놀아라."라는 삶의 철학을 지키도록 명령하는 것이다.

[표 4-12] 논리적 결과를 부과하는 요령

1	자녀에게 의견을 물어보기
2	자녀에게 선택권을 주기
3	자녀에게 부과하는 논리적 결과에는 반드시 논리성이 들어 있어야 한다.
4	자녀가 실천할 수 있는 선택권만 주기
5	단호하고 조용한 어조로 말하기
6	일단 자녀에게 선택권을 주고 나서는 그 결과를 실행하기
7	자녀가 부모를 시험해 본다는 사실을 유념하기
8	논리적 결과를 경험시킨 다음에 다시 한 번 기회를 주기

출처: Popkin(2007).

부모가 논리적인 결과를 부과하는 데 가장 큰 애로점은 막상 자녀에게 훈육해야 할 상황이 벌어질 때 적당한 아이디어를 생각해 내기가 어렵다는 것이다. 그러므로 미리 논리적인 결과를 많이 생각해 보고 많이 적용해 봐야 그만큼 쉬워진다.

8) 가족모임 : 문제예방을 위한 대화

[표 4-13] 문제예방

문제를 예방하기
• 자녀와 긍정적인 관계를 수립하기 • 품성과 긍정적인 가치관을 심어 주기 • 문제가 발생하기 전에 미리 말해 주기
문제예방을 위한 대화
1. 잠재적인 문제점과 위험요소를 찾아본다. 2. 생각과 감정을 나눈다. 3. 행동에 대한 지침을 만들어 둔다. 4. 필요한 경우는 그릇된 행동을 한 다음에 부과되는 논리적 결과와 지침을 준수했을 때 주어지는 인센티브에 대하여 자녀에게 말해 준다. 5. 자녀가 지침을 준수했는지 알아본다.

출처: Popkin(2007).

보상은 자녀의 행동을 변화시키기 위해서 아이를 매수하려고 과외로 제공하는 어떤 것이다. 인센티브는 일련의 사건들을 정규적으로 배열하고 논리적으로 연결시키는 것이다. 예를 들면, 슈퍼마켓에서 착한 행동을 하는 데 따른 인센티브는 식구들이 함께 먹을 수 있는 후식이나 간식거리를 아이가 더 살 수 있도록 고르라고 허용하는 것이다. 그리고 교회 예배에 얌전하게 출석한 것에 대한 인센티브로 예배 후에는 아이들이 좋아하는 식당에 데리고 가서 점심을 먹게 하는 것이다.

4 자녀의 그릇된 행동을 이해하고 교정해 주기

- 목표

- 첫째 : 자녀의 삶에서 일어나는 사건을 생각과 감정과 행동과 연관지어 그 관계를 이해한다.
- 둘째 : 자녀의 네 가지 행동목적을 이해하고 그 목적을 긍정적인 방식과 부정적인 방식으로 해결하는 것을 이해한다.
- 셋째 : 자녀의 그릇된 행동을 부추기는 것을 피하고 그 행동을 긍정적인 행동으로 교정하는 실제적인 방법들을 배운다.
- 넷째 : 부모-자녀 간의 힘겨루기 구조와 힘겨루기를 줄이는 법을 이해한다.

1) 부모-자녀 간의 회로

자녀의 회로를 이쪽에 놓고 부모의 회로를 그 옆에 놓아서 부모-자녀 간의 회로를 만들었다. '사건'의 단계를 생략했다. 자녀의 행동하기가 상대방에게는 사건이 되기 때문이다.

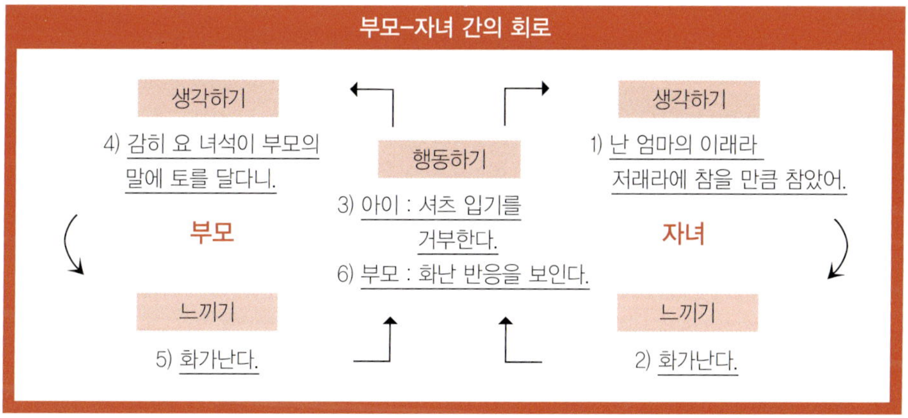

출처: Popkin(2007).

이 모양은 끝없이 반복되는 무한대의 상징과 같다. 자녀와 악순환을 하고 있다거나 힘겨루기 중이라면 더욱더 그렇게 느껴진다. 요점은 그것이 끝없이 돌고 돈다는 것이다. 왜냐하면 부모와 자녀는 항상 서로의 생각, 감정, 행동에 영향을 줄 것이기 때문이다.

2) 행동의 네 가지 목적

허용형이나 독재자형의 부모는 훈육을 할 때 자주 문제를 더 악화시킨다. 그러나 적극적인 부모역할은 문제를 더 좋아지도록 돕는 훈육 기술을 사용한다.

하지만 훈육을 해도 장기적으로는 그릇된 행동을 악화시킬 수 있고 또 훈육이 부족해도 그릇된 행동이 더 지속되는 이유가 있다. 이것은 인간 행동을 이해하는 데 핵심적인 개념과 관련이 있다.

우리가 자녀의 행동을 이해하려면 자녀가 보이는 현재 행동은 과거에 발생한 어떤 원인에 따라 일어나기보다는 미래에 자녀가 성취하고 싶은 어떤 목적에 따라 더욱 동기화된다는 것을 이해할 필요가 있다.

[표 4-14] 행동의 네 가지 목적

자녀의 행동목적	부정적인 접근방식	부모가 어떻게 부추기는가?	교정해 주기
접촉/소속감	부당한 관심 끌기	관심을 보여 준다.	정중한 요청과 논리적 결과를 제공한다.
힘	반항	맞서 싸운다.	선택권과 논리적 결과를 제공한다.
보호	앙갚음	아이에게 상처를 준다.	동등하게 대한다. 가족모임을 통해 중재한다.
물러서기	회피	포기한다.	문제해결을 위한 적극적인 의사소통의 기법을 사용한다. 격려한다.

출처: Popkin(2007).

3) 분노 다루기

태초부터 인간에게 분노란 두드러진 감정이었다. 가족과 학교와 공동체에서 일어나는 폭력이 증가함에 따라 분노를 조절하는 법을 배우는 것은 성공적인 사회생활을 영위하기 위해서 점점 더 중요해지고 있다.

(1) 분노를 긍정적으로 사용하기

부모는 모두 때때로 화를 낸다. 자녀와 힘겨루기에 휘말려 있을 때는 더 그러하다. 분노가 항상 나쁜 것은 아니다. 분노는 좌절에 대한 자연스런 반응이다. 분노는 좌절을 일으키는 사건 또는 행동에 대해 우리가 뭔가를 하도록 동기화시키기 위해서 사용된다. 긍정적으로 분노를 사용하는 법을 배우는 것은 중요하다.

① 부모가 할 수 있은 것은 분노를 일으키는 상황을 변화시키기 위해서 어떤 행동을 하는 것이다. 자녀의 행동을 긍정적인 행동으로 바꾸어 주기 위하여 '나'-전달법과 논리적인 결과를 부과한다.

② 부모 자신이 달성하려는 목적에 대해서 다시 질문해 보는 것이다. 심각한 손해를 입지 않는 한도 내에서 처음 세운 이상과 목적의 수준을 다소 줄여 나갈 수 있다.

③ 부모와 자녀가 모두 함께 중요시하는 것에 대한 관념을 바꿀 수 있다. 모두가 중요하다고 생각되고 또 휴식이 되며 재미있는 다른 활동을 찾아낸다.

(2) 자녀가 분노를 긍정적으로 사용하도록 돕기

심리학자 Deikurs는, 실제로 사람들은 이성을 잃고 분노하는 것이 아니라 이성을 사용하여 분노하는 것이다. 자신의 네 가지 목적을 얻기 위해서, 특히 힘의 목적을 얻기 위해서 분노를 이용한다.

[표 4-15] 분노 다루기

부모 자신의 분노를 긍정적으로 사용하는 방법
• 그 상황을 변화시키기 위해서 행동하기 • 목적의 중요성을 감소시키기 • 목적하는 것을 바꾸기
자녀의 분노를 긍정적으로 사용하도록 돕기
• 자녀에게 좋은 본보기가 되기 • 자녀가 더욱 효과적으로 분노를 표현하도록 대화로써 지도하기 • 힘겨루기에서 벗어나기 • '느슨한 대결(FLAC)'의 방법을 사용하기

출처: Popkin(2007).

① 부모는 분노를 표현할 때 자녀에게 좋은 역할 모델이 되도록 최선을 다한다. 부모가 불같이 화내는 것을 자녀가 본다면 자녀도 부모의 본을 따를 것이다.

② 자녀가 좀 더 적절한 방법으로 분노를 표현하도록 도와주어야 한다. 어떤 부모는 자녀에게 꼬집을 수 있는 인형을 주거나 베개를 주고 때리도록 한다.

③ 힘겨루기에서 벗어나야 한다. 특히 자녀가 떼쓰는 경우에 효과적이다. 부모가 그 장면에서 물러나 있음으로써 폭풍권에서 벗어나는 것이다. 그리고 자녀들의 그릇된 행동에 보상을 주는 것을 피해야 한다.

④ 느슨한 대결의 방법을 사용한다. 느낌을 알아차리고, 아이들에게 한계점을 상기시키고, 대안을 제시하며, 필요하다면 논리적인 결과를 적용한다.

4) 가족모임 : 적극적으로 문제를 해결하기

- 1단계 : '나'-전달법을 사용해서 문제를 규명한다.
- 2단계 : 생각과 감정을 나눈다.
- 3단계 : 가능한 해결책들과 지침들을 브레인스토밍 한다.
- 4단계 : 필요한 경우는 논리적 결과를 적용한 해결책을 선택한다.
- 5단계 : 동의한 사항이 잘 지켜졌는지 확인하기 위해서 알아본다. 그리고 필요하면 논리적인 결과를 적용한다.

5 용기, 품성, 자기존중감 길러 주기

- 목표

- 첫째 : 논리적 결과를 부과하기를 계속 실천한다.
- 둘째 : 용기와 기타 품성 내지 인격적 특성과 자기존중감 간의 관계를 이해한다.
- 셋째 : 부모가 자녀를 낙심시키는 방법을 인식한다.
- 넷째 : 격려하는 방법을 배운다.

1) 용기, 품성, 자기존중감 길러주기

- 품성 – 어느 개인의 가치관, 신념, 태도, 행동과 개인적 특성의 총체.
  – 그릇된 일을 할 수도 있는 상황이 주어졌을 때 기어코 옳은 일을 하려고 하는 용기.
- 용기 – 불어로 '심장'을 의미하며, 'cœur'에서 유래함.
  – 이미 알고 있는 목적을 달성하기 위하여 어느 정도는 예상하고 있는 위험을 감수하려는 확신감.
  – 공감해 주기 + 격려하기 → 용기

- 자기존중감 – 자신의 가치에 대한 판단과 그러한 판단과 관련된 감정.

자기존중감은 우리 스스로에 대하여 가지는 견해이다. 높은 자기존중감이란, 우리가 스스로에 대하여 아주 좋게 생각하고 있다는 의미이다. 낮은 자기존중감은 자신을 별 볼일 없다고 생각한다는 의미이다.

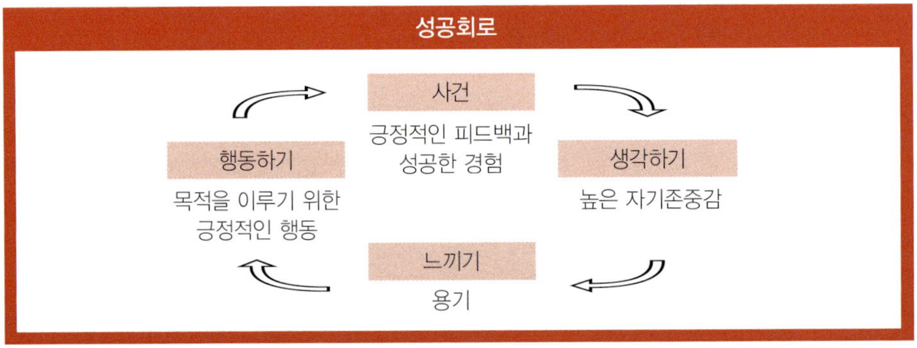

출처: Popkin(2007).

자기존중감이란 우리 자신에 대해서 어떻게 생각하는가와 관련되기 때문에 회로 속에서 '생각하기'의 영역에 속한다. 자기존중감이 높으면 합리적인 수준의 위험은 감수할 수 있는 용기를 갖게 된다. 이러한 용기나 '마음'은 자신감에 대한 느낌이므로 '느끼기'의 영역에 관련된다.

자기존중감과 용기가 높은 아이들은 대개 긍정적인 행동을 통해서 그들의 행동목적을 추구하려고 한다. 또 긍정적인 피드백과 성공과 기타 긍정적인 사건을 불러오고, 그것은 또한 자기존중감과 용기를 더욱 증가시켜 주어서 결국은 성공회로로 인도한다.

낮은 자기존중감은 낙담의 감정을 유발하고, 그릇된 행동과 부정적인 피드백과 실패로 이어지게 만들어 준다. 이 과정이 이어지면 실패회로가 만들어진다.

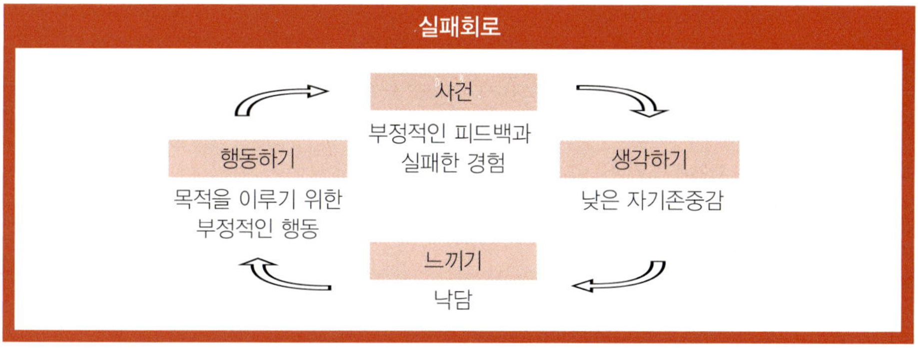

출처: Popkin(2007).

자녀를 성공회로로 인도하려면 가능한 한 언제든지 사건, 생각, 감정, 행동의 모든 영역을 다 다루어 주어야 한다.

2) 격려의 힘

(1) '기 꺾기'에서 '기 살리기'로

[표 4-16] 기 꺾기와 기 살리기의 효과

기 꺾기	기 살리기
과잉보호와 응석받아 주기	독립심 자극하기
실수 지적하기	장점 구축해 주기
기대하지 않기	신뢰 보여 주기
과잉기대하기(완벽주의)	자녀의 가치 인정해 주기

출처: Popkin(2007).

• 과잉보호 대 독립심 자극하기

문제와 씨름하고 인생 속의 바윗돌에 부딪히면서 자녀들은 '감정근육'을 강화시킨다. 어려움에 처한 자녀를 우리가 너무 쉽게 구출해 주면 자녀들이 살아남는 데 필요한 감정근육을 발달시킬 기회를 주지 않은 것이다.

자녀를 과잉보호하고 응석받이로 키우면, 자녀의 날개에 힘을 실어 주는 기회를 빼앗는 것이다.

• 신뢰 보여 주기

'신뢰 보여주기'라는 뜻은, 우리가 기대하는 대로 자기 성취적인 예언이 실현된다는 뜻이다.

신뢰 보여 주기
자녀는 우리가 기대하는 수준에 맞추어서 잘 해내거나 잘 못 해낸다. – Michael Popkin • 자녀에게 책임감을 부여한다. • 자녀의 의견을 물어본다. • 부모가 끼어들어 개입하고 싶은 충동을 물리친다. • 자녀에게 성공과 긍정적인 행동을 기대한다.

출처: Popkin(2007).

PART 03
아동생활지도

CHAPTER 01

생활습관의 문제

1 정돈을 잘 안 하는 아이

1) 특징 및 관점

정돈을 잘하지 못하는 아이는 여러 유형으로 구분할 수 있다. 우선 야무진 데가 없고 의무를 다하지 않으려는 특성이 있으며 특히 정돈하는 것에 무심한 경우가 많다. 이는 멍청히 다른 것에 정신이 팔려 자기가 할 일을 잊어버리는 유형으로써 그중에는 친구들 모두가 정돈을 못한다고 비난하는 것을 알아차리는 아이도 있지만 대부분은 눈치채지 못한다.

다음으로는 지저분한 것에 대해 신경을 쓰면서도 치우지 않으려는 유형이다. 이는 제멋대로여서 지저분한 것이 '자기 일이 아니다.', '누군가가 치울 것이다.'라고 생각하는 유형이다.

또 다른 유형은 교사나 친구가 보고 말하면 지저분한 것을 치우지만 아무도 말하는 사람이 없으면 치우지 않는 유형이다. 심하면 당번 등에게 맡겨서 치워 달라는 유형도 있다. 이러한 유형은 지저분하다는 단순한 문제뿐 아니라 갖가지 원인에서 유래하는 여러 문제를 갖고 있다. 이러한 증상을 자세히 관찰해 보면 원인을 추측하는 것은 용이한 편이므로 아이들의 문제행동을 상세히 관찰할 필요가 있다. 말하자면 그것에 대한 원인을 찾아 그에 맞는 해결 방법을 유추해 내자는 것이다. 가령 정돈을 잘 하지 않는 아이는 느리고 다른 일에서도 멍청한 경우가 많다. 이런 경우 간혹 지능이나 사회성 발달이 뒤쳐지는 경우가 있는데 이때 만약 자기 마음에 드는 부분은 생기 있게 처리한다면 이는 가정에서의 훈련부족이라고 예측할 수 있다. 행동이 제멋대로인 경우에도 마찬가지로 그 특징이 다른 면에서도 나타나는 일이 많고 그 정도가 심하면 가족관계의 문제이거나 혹은 부모가 아이를 다루는 방법에 문제가 있음을 예상할 수 있다.

2) 지도방법

다른 아이들이 부지런히 움직일 때 꾸물거리고 정돈을 하지 않는 아이는 누가 보아도 보기 싫은 존재이지만 그것을 입에 올려 싫은 소리를 하면 다른 아이들이 그 아이를 낮게 평가할 우려가 있다. 혹시 멍청히 있거나 제멋대로 놀면서 정돈하지 않을 때는 다른 아이들이 눈치채지 않도록 다가가서 작은 소리로 '자, 너는 무엇을 하면 좋겠니?'라고 말을 걸면서 어깨를 두드려 주는 것이 좋다. 또 결과가 나타나지 않을 때도 야단치거나 독촉하면 오히려 의욕을 잃고 정돈하지 않을 우려가 있다. 이와 함께 아이들에게 각각 적당한 일을 맡긴 후 아이가 정돈을 하면 칭찬을 해 주는 방법도 좋다. 이런 경우에 맡기는 일은 본인이 감당할 수 있을 정도여야 하며 자신감을 갖도록 해 주어야 한다. 가령 당번일 때는 "○○가 이것을 했어요."라고 다른 아이들에게 아이가 정돈한 것을 소개해 준다.

잘못을 알아차리지 못하는 아이나 제멋대로인 아이에게 공통적인 점은 가정에서 아이에게 일을 시키지 않는다는 것이다. 도시의 가정에서는 적당하게 아이가 할 수 있는 일이 많지 않을뿐더러 어머니가 지나치게 자녀를 돌보아 준 결과이기도 하다. 그러므로 아이에게 역할을 주어 일하는 기쁨을 체험하도록 하는 방법이 효과적이다. 잔소리만 해서는 별 효과가 없으며 칭찬해 주고 인정해 주며 때로는 함께 정리해 주면서 아이의 의욕을 불러일으키도록 한다(김재은, 2005).

2 자주성이 없는 아이

1) 특징 및 관점

자주성이 없는 아이들의 대표적 행태로는 선생님 곁에 붙어 서서 '선생님이 해 주세요.'라고 말하거나 작업을 시키면 자기가 하지 않고 친구에게 해 달라고 하는 것이다. 결과적으로는 아무것도 하지 않고 상대방이 말하는 것을 기다릴 뿐 판단하거나 자신의 의지로 어떤 일을 처리할 수 없는 경우이다. 이렇게 적극성이 없는 것은 대부분 주변의 어른들이 지나치게 보살펴 준 것이 원인인 경우가 많다. 따라서 '자주성이 없는 아이'는 가족의 수가 많은 집의 아이, 일해 주는 사람이 많은 가정의 아이, 할머니가 있는 집의 아이, 집안의 막내 등에게서 발견되는 유형이다.

반면 핵가족에서는 어머니가 지나치게 간섭하는 경우 부모가 아이에게 계속해서 주의를 주기 때문에 오히려 의뢰심이 생기는 경우도 있다. 주의할 점은 아이들이 소극적인 자세를 보일 때 아이의 몸이 약한 것은 아닌지 혹은 지능이 떨어지는 것은 아닌지에 대해서도 고려해 보아야 한다는 것이다.

이에 비해 보기에는 자주성이 없어 보이고 친구가 하는 것을 그저 보고만 있는 것처럼 보이지만 실제로는 친구들이 하는 것을 진단하고 관찰해서 자신의 것으로 만드는 아이도 있다. 이것은 유치원 입학 무렵에 많이 관찰되는데 이는 주로 집에만 있던 아이가 본연의 어른스러운 성격을 드러내기 때문이라고 할 수 있다.

자기의 일을 하지 않는 아이들 중에도 여러 유형이 있다. 야단맞지 않으면 하지 않는 아이, 친구들에게 시키는 아이, 매일 반복되는 간단한 일에도 어찌어찌하라는 지시가 없으면 하지 않는 아이, 멍청히 정신을 차리지 않는 아이, 하면 할 수 있는데도 불구하고 귀찮다는 식으로 어른을 따라서만 하려는 아이, 보고 있던 친구가 당연히 도와주겠지 하는 의존적인 아이, 해야 할 일은 하지 않고 다른 일에 열중하고 있는 아이 등이 모두 자주성이 없는 아이의 유형들이다.

이런 문제의 원인은 가정에서 부모가 아이들을 과보호하여 모든 일을 대신 해 주기 때문에 아이가 자기 주변을 정돈할 능력이 없게 되고 결국 자주성을 잃게 되는 것이다. 이런 가정의 아이는 자기 힘으로 하지 않으면 안 된다는 의식도 없고 다른 사람에게 이끌린다는 감정도 없으며 지극히 당연한 것처럼 도움을 받는다.

한편 같은 과보호의 상황에서도 부모가 입이 닳도록 간섭하거나 강제적으로 시키는 경우 아이는 기술적으로는 할 수 있는 능력을 가지고 있지만 시키지 않으면 하지 않는다. 이런 유형의 부모는 자기 아이가 자신의 일을 스스로 한다고 생각하고 있어서 유치원이나 학교에서의 자녀행동에 대한 보고를 믿지 않는다.

다른 일에 집중해 자신이 할 일을 하지 않는 유형의 아이들은 정신이 산만한 경우와 열중병이 있는 경우로 구분할 수 있는데 이에 대해서는 다른 항을 참조해 주기 바란다.

2) 지도방법

의뢰심이 강한 아이는 단계를 밟아 서서히 자립심을 몸에 붙게 해 주는 것이 좋다. 작은 목표를 주고 그것을 완성하면 칭찬해 주면서 '자신이 해 보니까 기쁘지요?'라고 음미하게 하도록 유도한다. 이런 경우의 목표는 아주 작을수록 좋다. 아침에 모두에게 큰소리로 '차렷!'하고 구령을 붙여보게 하는 것만으로도 눈에 띄게 자주성이 발달하는 아이도 있다. 실내화를 가지런히 놓게 한다든지 교사의 식기를 가지런히 놓게 하는 등의 목표도 좋을 것이다. 이런 아이가 '잘하는 것'을 관찰하여 다른 아이에게 봉사하도록 유도하는 것도 좋은 방법이다. 더불어 친구로서 그 아이 이상으로 의뢰심이 강한 아이나 굼뜬 아이를 붙여 주어서 도움을 주지 않으면 안 된다는 것을 일깨워 주는 방법이나 어린 아이들 속에서 형님 같은 역할을 해 보게 하는 것도 좋다.

그 밖에 적극성을 키워 주기 위한 훈련으로는 '아이디어 놀이'를 들 수 있다. '이럴 때는 어떻게 할까요?'라는 질문을 차례로 해서 여러 가지를 생각하게 한다. 그러고는 답하는 것을 묵묵히 들은 후 '아, 그게 좋겠네요.'라고 칭찬을 해서 의욕을 갖게 돕는 것이다. 또 '자, 이번에는 네 차례다.'라고 어깨를 두드려 주거나 함께 해 보는 것도 좋다. 무엇보다 자신이 하는 일에서 재미를 경험하게 하도록 해 주는 것이 중요하다. 가령 모두가 행진할 때 호각을 불게 한다든지 또는 사이좋은 친구를 만들어 준다든지 하는 것도 좋은 방법이다. 물론 집에서도 혼자서 할 수 있는 것은 스스로 하도록 시키는 것이 좋다. 가령 수건걸이를 손이 닿는 곳에 달아 놓고 '수건을 걸어 봐요.'라든지 '벗은 양말을 넣는 작은 옷상자를 가져다 줄래?' 등의 작은 일을 시킬 수 있으며 이는 목욕이나 이 닦기 같은 다른 일에도 응용할 수 있다. 또 의뢰심이 강한 아이 중에는 자신감이 없는 아이가 많으므로 작은 것에서부터 조금씩 자신감을 갖도록 배려해 주는 노력이 필요하다(현정환, 2005).

위와 같은 아이의 유형은 가정의 지도가 원인이 되는 경우가 많기 때문에 지도의 중심을 가정에 두고 유치원이나 학교가 서로 협력하는 것이 효과적이다. 그리고 부모는 자기 아이의 문제나 그 해결 방법을 유치원에서 다른 아이와 비교하면서 이해하는 것이 좋다. 그러나 주의할 점은 아이에게 자기는 다른 아이들과 다르다는 우월감 혹은 그 반대로 자기는 할 수 없다는 열등감을 갖게 하지 말아야 한다는 것이다. 이를 위해서 가능한 한 교사는 거들어 주지 말고 다른 아이와 함께 하도록 격려하고 해냈을 때 인정해 주는 것이 필요하다. 가정에서의 과보호적인 교육을 개선하는 것이 우선 문제이지만 일방적으로 부모를 비난하고 아이를 나쁘게 버릇 들였다고 말하는 것은 역효과를 내며 부모의 호소를 들어주고 함께 생각하려는 자세가 중요하다.

이와 같은 문제를 가진 아이의 부모 역시 부모 자신에게도 문제가 있는 경우가 많다. 또 대리·보상심리로 아이를 끔찍이 돌보는 경우도 많음을 자각하고 자신의 생활을 개선하려는 노력이 필요하다. 이때 문제가 있어도 안달하지 말고 아이의 상태에 맞추어 착실하게 개선해 나갈 수 있도록 한다. 특히 좋은 본을 보여주는 것, 재미있게 반복연습을 시키는 것, 서두르지 말 것, 도와주지 말 것, 조금만 나아져도 칭찬해 줄 것, 실패해도 나무라지 말 것 등의 행동지침을 지키도록 한다.

3 손발을 잘 씻지 않는 아이

1) 특징 및 관점

일반적으로 유아기는 왕성한 호기심과 활동력으로 흙장난이나 물놀이 등의 놀이에 흥미를 갖는 시기이므로 쉽게 더럽혀지는 것이 보통이다. 그러나 다른 아이들에 비해서 특히 지저분한 아이는 친구들에게 혐오감을 주고 어른들에게도 주의를 받게 된다. 이렇게 되면 더러워도 태평스럽다는 문제가 단순히 위생 측면의 문제로만 취급되어서는 안 될 것이다. 이에 '손발을 씻지 않는 더러운 아이'가 문제가 될 수 있다. 지저분한 아이도 여러 가지 유형으로 구분할 수 있는데 자신이 더럽다는 것을 모르는 아이, 더럽다는 것은 알면서도 태평스럽게 씻지 않는 아이 등이 해당된다.

식사, 수면, 배설 등 생리적 훈련과 함께 청결습관은 아이들에게 인식시키기 어려운 요소를 갖고 있다. 왜냐하면 어린아이들에게는 청결에 대한 특별한 욕구가 없고 깨끗하다고 해서 기분이 좋다는 자각도 없기 때문이다. 가정에서 청결함으로 인해 기분이 좋다는 체험이나 청결 때문에 칭찬받은 경험이 없다면 더러워지는 것에 별로 신경을 쓰지 않는다. 또 입으로만 잔소리를 할 뿐 청결히 하는 방법을 스스로 알도록 훈련시키지 않은 부모의 아이들도 마찬가지이다.

무엇보다 문제가 되는 유형은 마음속의 나쁜 감정이나 불만을 더럽히는 것으로써 해소시키려는 경우이다. 특히 이런 경우에 아이들은 지저분한 놀이에 더 흥미를 보이며 다른 사람의 관심을 끌기 위해 일부러 자신을 더럽히기도 한다. 이런 아이는 마음속에 찬바람이 불고 있는 아이이므로 따뜻한 애정이 필요한 경우가 많다.

2) 지도방법

아이의 얼굴을 볼 때마다 '아이 더러워, 또 더럽혔구나.' 등의 부정적 표현을 하는 것은 금물이며 손이나 얼굴 씻을 기회, 옷을 몸에 잘 맞게 제대로 입을 기회를 확실히 제시해 줄 필요가 있다. 무엇보다 유치원이나 학교생활은 다른 아이들과 집단생활을 하기 때문에 집단 단위로 지시할 수 있고 다른 아이들에게 옷을 맵시 있게 잘 입은 모습을 보일 수 있으므로 가정에서의 부족한 예의를 보충해서 교육할 수 있다.

이때는 깨끗이 하면 어떤 점이 좋을지를 아이에게 인식시켜 줄 필요가 있는데 이것을 어른이 칭찬해 줄 뿐 아니라 거울에 비추어 보게 함으로써 깨끗해진 결과를 아이 스스로가 확인하고 이해하도록 지도해야 한다. 또 깨끗이 하는 순서나 방법에 대해서도 어른이 손수 본을 보여 가르쳐 줄 필요가 있다. 또 아이가 귀찮아 하지 않고 스스로 할 수 있도록 손쉽게 닿을 수 있는 세면대, 아이가 이용하기 편한 거울의 위치 등 시설을 보완해 주고 입고 벗기에 좋은 의복을 준비해 둘 필요도 있다. 그리고 작은 일이라도 그 행동에 대한 인정과 칭찬을 겸한 조언이 필요하다. 특히 불만의 표현으로 자신을 더럽게 만드는 아이나 관심을 끌기 위해 지저분하게 만드는 아이는 각각의 항목을 참고로 하여 근본적인 대책을 마련하지 않으면 안 된다.

4 융통성이 없는 아이

1) 특징 및 관점

주도면밀한 아이를 말한다. 무엇을 하는 데 있어 지나치게 규칙적이어서 부모나 교사가 가르쳐 준 대로만 생활하는 유형이다. 융통성이 없고 임기응변에 능하지 못하며 돌발적인 사태에 직면할 때 침착성을 잃고 매우 혼란스러워 하거나 흥분해서 주위 사람들을 놀라게 한다.

이런 아이는 일반적으로 어른들에게 평판이 좋아 '좋은 아이'라는 이름표가 붙어 본인도 그 기대에 부응하기 위해 무리를 하는 경향이 있다. 특히 소지품이나 주변 정리정돈에 있어서 매우 꼼꼼해서 적당히 하는 법이 없다. 따라서 매사에 시간이 많이 걸리므로 친구를 사귄다거나 아이다운 생활이 희생되는 경향이 있다. 그러므로 교사는 이런 아이의 친구 관계에 주의를 기울여 주어야 한다. 왜냐하면 본인도 친구 관계에 신경을 쓸 시간이 없을 뿐 아니라 친구들도 그를 선생의 조수처럼 생각해서 멀리하기 때문이다. 그러나 본인은 자신이 좋은 아이라는 자부심을 갖고 있으므로 오히려 단정치 못한 아이나 더러운 아이 또는 잘 꾸미지 않은 아이를 비판적으로 대하는 경향을 보일 수 있다. 자연히 아이다운 활기 있는 생활이나 활동, 유머러스한 장난과는 거리가 멀고 '좋은 아이이긴 하지만 지나치게 성실해서 재미가 없다.'는 평가를 받게 된다. 결국 '인간미 결핍'이 이런 유형의 아이에게는 최대 문제점이 될 수도 있다.

2) 지도방법

참을성이 강하고 시키는 대로 정확히 행동하므로 도와주지 않아도 목표에 이르지만 역시 지나친 기대는 부과하지 말아야 한다. 자신이 기대를 받고 있다고 아이가 느끼면 점점 이런 경향이 강해질 우려가 있기 때문이다. 또 반 전체에 협동과제를 줄 때 이런 유형의 아이는 완벽주의적 성향 때문에 과제수행에 시간이 많이 걸린다. 따라서 교사는 열심히 하는 것도 좋지만 빨리 할 때에 칭찬해 주는 것이 좋다. 그러나 깔끔하게 잘한 것을 지나치게 칭찬하지는 말아야 한다. 점점 완벽성향이 강해지기 때문이다.

이런 유형은 실패에 대해 매우 낙담하는 유형이므로 모든 사람들이 다 실패할 수 있다는 것을 이야기해서 위로해 줄 필요도 있다. 이렇게 함으로써 친구들과 공감을 나눌 수 있고 친구들과의 놀이 속에서 즐거움을 맛보도록 유도하는 것이 바람직하다. 특히 이런 유형의 아이들은 난폭한 아이나 활발한 아이에 대하여 비판적인 성향을 띠므로 그런 아이들이 지닌 장점을 화제로 꺼내서 친밀감을 갖게 하는 것도 좋다.

부모들 중에는 아동 연령의 일반적인 상태를 모르고 무턱대고 어른의 기준에서 판단하는 경향이 있는데 이런 유형의 부모에게는 다른 아이들의 상태를 이야기해 주거나 견학을 시켜주는 것이 바람직하다. 또 이런 유형의 아이는 너무 신중해서 급한 사태에 부딪히면 안절부절못한다. 따라서 부모가 함께 행동해서 임기응변을 가르쳐 주도록 해야 한다. 또 이런 아이들은 어른처럼 취급되어 어리광부리거나 응석을 부리는 일도 적으므로 연령에 맞추어 귀여워해 줄 필요가 있다.

부모는 다른 사람들이 자신의 아이에 대해 칭찬해 주면 아이에 대해 너무 큰 기대감을 갖게 되므로 이런 유형의 아이를 둔 부모에게는 아이의 자연스런 성장이 무엇보다 중요하다는 것을 설명해 주어야 한다.

5 편식을 하는 아이

1) 특징 및 관점

'편식을 하는 아이'는 좋아하는 것만 먹으려 하고 싫어해 가리는 음식이 많은 아이를 말한다.

아이의 편식은 이유(離乳)기 이후에 나타나기 시작하여 3세~5세 무렵에 가장 심하게 나타난다. 이 시기는 먹는 것뿐 아니라 다른 것에도 좋고 싫음의 감정이 심한 시기이다. 유아에게 다소 좋고 싫음의 감정은 일반적이며 오히려 싫은 게 없다는 것이 이상한 것이다. 다만 야채는 싫어도 과일은 잘 먹는다든지, 육류는 싫어도 생선은 잘 먹는다면 편식으로 문제시할 필요가 없다. 문제시되는 것은 좋아서 먹는 것이 양파뿐이라는 등의 극단적인 경우를 말하기 때문이다.

미국의 한 소아과 병원에서 조사한 바에 의하면 입원 중에 있는 아이들은 부족하여 보충하지 않으면 안 되는 음식물에 대해 강한 욕구를 갖고 있는 반면 부족하지 않은 영양소의 음식물에 대해서는 거부한다고 한다. 이것을 보면 편식이라고 생각되는 아이도 잘 조사해야 한다는 것을 알 수 있다.

우리나라에서는 일상 식탁에 오르는 음식만도 200종 이상이 있다고 하므로 몇 가지 종류의 음식을 먹지 않는다고 해서 편식이라고 할 수는 없다. 적어도 편식으로 문제가 되는 것은 식품군에 따라 신체의 조절이 영향받을 가능성이 있는 경우를 말한다.

한편 편식은 아이의 자기중심적 행동이나 부모의 귀여움을 독차지하고자 하는 것과 관계가 깊다. 예컨대 대개 편식하는 아이의 부모들은 아이가 싫다면 어떻게든 대용 식품을 주거나 간식을 많이 주는 등 식생활에 절도가 없는 경우가 많다. 또 편식을 하는 아이는 의뢰심이 강하고 내성적이며 제멋대로이고 신경질적이라는 공통적인 문제가 있다. 동시에 편식하는 아이의 부모도 편식 경향이 있다든지 음식물에 대해 신경질적인 경우가 많으며 '싫다.', '맛이 없다.' 등을 입 밖으로 내어 말함으로써 아이가 음식에 대해 편향된 인식을 갖게 되는 경우가 흔하다. 그래서 편식한다고 보이는 아이에 대해서는 가정에서의 양육법이나 부모의 식생활 등을 함께 생각해 볼 필요가 있으며 극단적인 경우 소아 영양 전문가나 소아과 의사에게 상담할 필요가 있다.

2) 지도방법

편식하는 아이의 부모는 식사에 대해 지나치게 신경을 쓰는데 이러한 태도는 아이를 더욱 편식으로 이끄는 경우가 많다. 아이에게 스스로 먹을 수 있다는 자신감을 심어주고 유치원이나 학교 및 집단생활 속에서 스스로 먹는 연습을 할 수 있도록 유도해야 한다. 다만 유치원이나 학교에서도 식사에 대해 중압감을 주거나 남기지 않도록 잔소리하면 부정적 강화가 이루어져 편식을 더 하는 경우가 있음을 유의해야 한다. 예를 들어 다른 것에서 어리광을 부리며 제멋대로인 아이에게 식사에 대해 엄격히 지도하는 것은 저항력이 없는 아이에게 강한 압박감을 주게 되어 오히려 역효과를 낳는다. 기분 좋게 다른 아이들과 함께 식사를 하는 경험만으로도 충분히 치료효과가 있다.

가정에서는 식탁이 너무 영양학적인 것만 고려되어 있지는 않은지, 부모 자신이 편식을 하지는 않는지 등에 대한 반성이 필요하다. 또 식탁에 음식을 차려 놓아도 먹지 않으려고 하면 깨끗이 치워 버리는 것이 좋다. 그리고 요리를 하느라고 부모가 세심하게 신경을 쓴다는 것을 아이에게 알리는 일은 별로 효과가 없으며 그 배후에는 부모의 과보호적인 태도나 귀찮은 간섭, 무절제한 애정 등이 원인인 경우가 많으므로 이에 대한 부모의 인식변화가 요구된다고 하겠다.

6 식사 중에 산만한 아이

1) 특징 및 관점

이런 유형의 아이들은 식사가 내키지 않고 식사 중에 매우 산만하며 음식물을 흘리면서 먹거나 노는 일에 정신이 팔려 식사를 중단하는 일이 잦다. 자신이 식사를 하는 일에 흥미를 갖기 시작하는 생후 1년 6개월~2년 사이에 걸쳐 음식물이나 식기를 장난감으로 갖고 노는 경우는 흔히 있는 일이며 4세~5세 무렵에는 식사 이외의 것에 정신이 팔려 식사를 소홀히 하는 경향이 나타나기도 한다.

대체적으로 어린이집이나 유치원에 입학하는 연령의 아이들에게 식사는 그리 흥미로운 행위가 아니며 어쩔 땐 귀찮은 것일 수도 있다. 요즘의 아이들은 공복감을 심하게 느끼지 않으며 새로운 음식물에 손대지 않으려는 경향도 있다. 즉 만복상태에서 식사에 대해 관심을 갖기란 어렵다는 것이다. 그중에서도 3세 정도의 아이는 식사하는 기술이 미흡하여, 4세 가량의 아이는 식사에 집중하지 않기 때문에 음식물을 잘 흘린다. 또 5세 정도의 아이는 느리게 먹는 경향이 있고, 6세의 아이는 식사를 귀찮아하기도 하는 등 유아들에게 있어 식사를 제대로 하는 시기는 그리 많지 않다. 더구나 가정에서 식사 습관에 결함이 있다면 문제가 더욱 악화될 수도 있다. 따라서 놀면서 식사를 하는 상태를 극히 일상적인 것이라고 생각하는 부모의 태도가 매우 중요하다.

2) 지도방법

놀면서 먹는 아이들을 지도하는 데 있어서 인식해야 할 것은 신경질적으로 급히 고치려 하면 오히려 그 습관이 악화되기 쉽다는 것이다. 이런 문제는 시간이 흐르면 자연히 고쳐지는 것이므로 믿고 희망을 가져야 한다. 주의를 많이 주어서 아이를 위축시켜서는 안 되며 놀면서 먹는다고 해도 그 상태나 원인에는 다소의 차이가 있을 수 있으므로 그에 따라 다르게 대처해야 한다.

우선 놀이나 다른 일에 정신이 팔려 식사에 집중하지 못하는 아이들에게는 옆에서 본인만 들리는 소리로 '식사 끝내고 그것을 해요.'라고 말해 주는 것이 좋다. 또 식욕이 없기 때문에 노는 쪽에 관심을 갖는 아이에게는 함께 식사를 해 줌으로써 아이가 식사에 관심을 갖도록 유도하는 것이 좋다. 두 경우 모두 직접적인 질책은 아이의 식욕을 잃게 하므로 주의해야 한다.

부모 중에는 자기의 기분에 따라 자꾸 반복해서 주의를 주는 경우가 많으므로 이러한 태도 역시 분석하고 반성해 보아야 한다. 놀면서도 식사가 즐겁다면 야단맞으면서 싫은 식사를 하는 것보다 아이에게 좋다는 것을 부모도 이해할 필요가 있다. 식탁의 즐거움을 연출해서 아이가 즐겁게 식사하도록 궁리하는 것도 좋은 방법일 수 있다.

7 식사를 오랫동안 하는 아이

1) 특징 및 관점

이 유형의 아이들은 꾸물거리며 장시간 식사를 하는 아이들로서 3세 아이는 서투르게, 4세 아이는 산만하게, 5세 아이는 침착하게, 6세 아이는 시끄럽게 식사를 하지만 모두 시간이 걸린다는 공통점이 있다. 주의를 주어도 효과는 한두 번에 그친다. 그러나 주의할 것은 아이들은 부모나 교사로부터 주의를 받으면 오히려 습관이 강화되어 식사시간이 더 오래 걸리는 경우가 많다는 것이다.

유아들은 식사에 대한 개념이 없다. 시간의 흐름을 파악하지 못하여 빠르다거나 늦다는 점을 인식하지 못한다. 일반적으로 시간의 경과에 대해 자각할 수 있는 시기는 초등학교부터라고 한다.

식사를 오랫동안 하는 아이들의 원인이 되는 요인으로는 억지로 먹이려는 부모로 인해 많은 음식을 주어서 아이가 보기만 해도 중압감을 느껴 식욕이 없어지는 경우가 대표적이다. 이런 부류의 부모는 계속 귀찮게 주의를 주기 때문에 아이들로 하여금 만성식욕부진을 앓게 한다. 또 다른 원인은 생활 전체가 침체되어 있거나 운동 부족으로 공복감의 경험이 없는 유형의 아이들이다.

2) 지도방법

이러한 아이들을 다루는 방법 중 금해야 할 점은 귀찮게 주의를 주어 아이를 위축시킨다든지, 지나치게 나무라서 아이에게 나쁜 짓을 하고 있다는 죄책감을 준다든지, 다른 아이와 비교해 열등감을 주는 것 등이다. 유아들의 이런 행동은 유아기의 일시적인 문제라고 생각하는 것이 좋다. 마치 그대로 놔두면 아이의 이런 버릇이 평생 계속될 것처럼 착각하기 쉬운데 꾸물거리며 식사하는 습관을 계속 지니는 사람은 별로 없다. 꾸물거릴 때 유치원 등에서 다루는 방법으로는 독촉하거나 야단치지 말고 식사 후의 것에 기대를 갖도록 '식사가 끝나면 다시 이것을 하자.', '친구인 ~가 기다리고 있어요. 혼자서는 할 수 없으니까요.'라는 식의 조언이 좋다. 또 다른 아이와 보조를 맞추어 행동하는 습관을 다른 일에서도 강조하여 모두가 함께라는 기분을 갖게 하는 것이 바람직하다.

또 꾸물거리는 아이 중에는 식사량이 많다거나 처음부터 식욕을 잃은 경우가 많은데 이런 경우는 오히려 식사를 그만두게 하는 편이 아이의 부담을 덜어 주는 방법이 된다. 그리고 활동적인 놀이를 하여 공복감을 맛보게 하면 다음 식사는 즐겁게 된다.

가정에서 생각해야 할 것은 생활이 즐겁고 활기가 있는가, 활발한 놀이로 적당히 피곤한가, 생활이 규칙적인가, 음식물을 많이 먹도록 강요하지는 않는가, 식사 중의 분위기는 어떤가, 형제 관계는 어떤가 등을 살펴보고 이에 따라 적절한 방법이 강구되어야 할 것이다.

8 소유개념이 희박한 아이

1) 특징 및 관점

이런 유형의 아이들은 준비물을 잘 잊어버리고 계속해서 물건을 찾는다. 예컨대 유치원에 올 때는 꼭 무언가를 잊고 온다든지, 돌아간 후에 보면 무언가를 잊고 간다든지, 흘리고 다니는 것이 많은 아이들을 말한다. 심하면 '이것, 네 것이지?'하고 물어도 생각해 내지 못하거나 '크레파스를 꺼내세요.'라고 말하면 여기저기 찾기에 바쁘다. 즉, 소유관념이 희박한 특징을 나타낸다.

잊는 것이 많아 때로는 멍청해 보이지만 자기가 좋아하는 것에는 열중할 수 있다면 그리 걱정할 일은 아니다. 이 시기의 아이들은 어느 하나에 깊이 열중할 수 있어도 여기저기에 정신을 분배하는 일에는 미흡한 것이 일반적이다. 그리고 이런 경향은 대개 초등학교 중간 학년까지 계속된다. 대체적으로 소유관념이 없는 아이는 가정에서 주로 챙겨주고 주변을 정돈해 주는 경우가 많으므로 실수를 하더라도 스스로 해결할 수 있도록 기회를 제공해 주는 것이 중요하다.

2) 지도방법

잊어버린 일이나 물건을 챙겨 주는 어른의 배려가 아이의 책임감을 희박하게 만드는 것은 유치원에서나 가정에서나 매한가지이다. 특히 잘 잊어버리는 특정 아이에 대해 잔소리를 하는 것은 좋지 않다. 감수성이 예민한 아이는 상처받게 되는 반면 돋보이려는 경향이 강한 아이에게는 즐거움이 되기 때문이다. 특히 건망증이 심한 아이들에게는 훈련이 필요하다. 예컨대 구두는 일정한 곳에 놓아두면 잃어버리지 않을 뿐 아니라 필요할 때 곧 신을 수 있다는 일련의 습관을 하나의 흐름으로써 이해시키고 습관이 되도록 지도하는 것이다. 이런 경우 주의할 것은 세세한 주의를 하는 것보다 '돌아갈 준비는 전부 되었니?', '식사 전에 할 일은 다 했지?' 등 아이에게 생각할 기회를 주면서 집단생활에서 역할을 정해 전원의 생활을 책임질 기회를 주는 것도 좋다. 이렇게 해서 집단 속에서 어떻게 주의해야 하는지 이해시켜 가는 것이 바람직하다.

건망증이 심한 아이의 부모는 '이렇게 해서는 부끄러워.'라고 다른 사람의 눈을 의식하고 지나치게 돌보아 주기 때문에 실패하는 경우가 많다. 이 연령기에는 이런 것이 큰 문제가 아님을 인식하고 잔소리나 도와주는 것을 그만두는 것이 효과적이다. 또 아이에게 말할 때는 잘 이해시키는 것 외에 잊지 않도록 하는 기술을 구체적으로 가르쳐 주는 것이 좋다. 또한 아이가 물건을 잃어버려 곤란해 하거나 후회하게 하는 경험을 갖도록 하는 것도 중요하며, 아이 스스로 서두르지 말고 자신의 문제를 잘 생각하도록 지도하는 것이 중요하다.

9 불쾌감을 주는 아이

1) 특징 및 관점

난폭하고 일부러 남들이 싫어하는 일만 하는 아이를 일컫는다. 이는 TV나 잡지 등의 영향이라고 볼 수도 있는데 일부러 여자 아이의 치마를 들치거나 개구리나 벌레 등을 싫어하는 친구의 등속에 넣는 행동, 혹은 유리잔을 깨거나 이상한 소리를 내고는 교사가 싫어서 귀를 막는 것을 보며 즐거워하는 행동 등이 대표적이다. 이러한 아이들은 주변 사람들을 곤란하게 하고 눈치를 보며 남이 싫어하는 일들을 한다.

이처럼 행동이 거칠고 사람들이 싫어하는 행동을 하는 아이는 자신을 다른 사람에게 보이고 싶은 것이다. 이런 아이는 자신의 힘 이상의 것을 보이고 상대를 누름으로써 우월감을 나타내고자 하는 심리를 가지고 있다. 자기 마음을 직선적으로 표현하지 않고 내면의 마음과 반대로 상대를 곤란하게 하거나 놀라게 하여 상대의 관심을 집중시켜 만족감을 맛보려는 것이다. 그러나 잘못된 우월감, 잘못된 자기만족은 좀처럼 아이들 사이에서 인정받기 어렵다는 것을 지도해야 한다.

성인 사회의 예의범절에 비추어 보면 유아들은 대단히 예의범절이 나쁘다고 말할 수 있을 것이다. 때로는 아이에게도 그 나름의 생활기술이나 행동 양식이 있지만 일반적인 수준에 미치지 못하는 경우가 많다. 예의범절의 근본은 휴머니즘이라고 하는 것처럼 이것은 형식상의 문제가 아니라 마음의 문제이다. 무엇보다 아이들의 타인에 대한 마음 씀씀이나 사고방식을 잘 살펴보아야 한다. 특히 유아는 자기중심적인 경향이 강하므로 높은 기대를 갖지 않으며 보살피는 것이 중요하다.

2) 지도방법

사람들이 싫어하는 행동을 하는 아이의 본심은 인정받고 싶고, 사랑받고 싶어 하는 마음이다. 이런 경우 '나쁜 행동을 했으니….'라고 체벌을 가하면 안 된다. 야단맞을 때에는 곧 그만두더라도 어른들이 없는 장소에서는 약자를 괴롭히는 경우가 많으므로 직접적인 체벌은 근본적인 해결이라고 할 수 없다.

가장 좋은 방법은 따뜻한 마음으로 아이들을 대하는 것이다. 아이에게 따뜻한 마음을 갖는 관계가 아이의 마음을 흔들리게 한다. 아이가 잘할 수 있는 것들을 해보도록 기회를 주는 게 바람직하다. 그로 인해 인정받고 있다는 자부심에서 아이는 정서적으로 안정되어 남이 싫어하는 짓을 하는 태도가 서서히 사라지게 된다. 요컨대 아이에 대한 따뜻한 마음, 공평한 대접이 필요하다는 것이다. 아이의 기분을 중시하고 장점을 인정하며 칭찬해 줌으로써 아이의 우월감을 기능적인 방법으로 성장하게 유도하는 것이 중요하다.

유치원 아동이 나쁜 행동이나 난폭한 동작을 보일 때, 교사는 다른 아이들에게 들릴 수 있는 큰 소리로 그 아이에게 주의를 주는 일이 많다. 그렇게 하면 아이는 교사에 대해 반감을 갖거나 증오심을 느껴 오히려 거친 행동을 하기 쉽다. 또 다른 아이들도 그 아이에 대해 나쁜 인상을 갖게 할 수 있다. 그 결과 주위 아이들이 그에게 호의를 보이지 않으므로 점점 증오심이 커져 거친 행동을 하는 악순환이 일어난다. 이렇게 하기보다는 오히려 아동의 좋은 점을 인정해 줌으로써 좋은 아이가 되려는 의욕을 일으켜 주는 게 좋다. 행실이 나빠서 주변의 아이에게 상처를 입혔을 때에는 일대일로 상대의 마음을 잘 설명해 주고 상대의 입장에 서서 바꾸어 생각하도록 지도하는 것이 필요하다. '너에게 누군가가 이렇게 했다면 네 기분이 어떻겠니?'라는 식으로 말해 준다. 나아가 간접적인 방법으로는 아이가 풍부한 감성을 발달시킬 수 있도록 음악을 비롯한 기타의 정서 교육을 제공해 주는 것도 중요하다. 그중에서도 아이가 교사에게 매력을 느끼도록 모범을 보이고 아이에게 목표와 모범을 보여 주는 것이 효과적이다. 아이는 교사가 가르치지 않아도 교사가 하는 것, 추구하는 방향에 민감하기 때문이다.

일반적으로 행실이 나쁘다는 평을 듣는 아이의 가정은 황폐한 가정이 많다. 소위 아이 행실의 모체는 가정이기 때문이다. 부모가 아이를 다루는 법이 조잡하고 거칠거나 형제간에 편애가 있어서 마음을 둘 곳이 없는 경우에 아이들은 난폭해진다. 직접적인 예절만이 아니라 부모의 애정, 가정의 전체적인 분위기, 부모의 절도 있는 생각이나 태도 등이 아이의 예의범절을 길러준다는 점을 유념해야 한다. 그중에서도 부모 자신의 마음속에 번뇌를 갖고 있기 때문에 아이에게 소홀히 대하는 경우에는 심리치료상담 등 적극적인 치료와 해결방안을 모색해야 한다. 이러한 부모의 변화는 그대로 아이에게 전이되어 부모가 변한 만큼 아이가 변하는 것을 느낄 수 있을 것이다.

10 소변을 가리지 못하는 아이

1) 특징 및 관점

소변이 찰 때까지 참다가 오줌을 싸는 아이를 말한다. 소변을 가리지 못하는 문제는 배설 훈련이 잘 되지 않는 초기 경우에는 적고 배설이 자립화되었다고 생각하는 3세~5세 즈음에 일어나는 경우가 많다. 놀이를 하거나 무엇에 너무 열중해서 화장실에 가지 않는 경우 자주 발생한다. 아이 자신도 이런 일은 생각하지 못했으므로 자신도 놀라 충격을 받는 경우가 있으며 유치원에서는 다른 아이들의 눈도 있고 실패한 후에 다른 아이들의 웃음거리가 되거나 화제에 오르는 경우도 있다.

이러한 경우는 배설습관이 미숙하기도 하지만 할 수 없어서가 아니라 부주의에서 오는 실패라는 점을 고려해야 한다. 교사는 아동이 부주의로 인해 '소변 가리기'에 실패를 할수록 열중하는 놀이가 있다는 점에 오히려 기뻐해야 할지도 모른다. 왜냐하면 이런 종류의 실패는 일시적인 것이지만 어떤 일에 몰두할 수 있는가의 여부는 생애에 걸친 문제이기 때문이다.

일반적으로 유아는 한 가지에 열중하면 다른 것에 주의하지 않는 경향이 있는데 이러한 시기에 적절하게 대처하지 못한다면 생각하지 못한 방향의 문제가 일어날 수도 있다. 가령 조롱당하거나 비난당하면 기가 약한 아이는 그 후 매우 긴장해서 자주 화장실에 가는 '요의빈발(尿意頻發)'이라는 문제로 발전할 수도 있다.

2) 지도방법

유치원에서의 교사는 아이의 놀이를 관찰하면서 아이가 요의를 느끼면서도 놀던 것을 중단하지 못하는 모습이 보이면 급히 옆에 가서 어깨를 두드려 주거나 작은 소리로 '화장실에 가요.'라고 지시해 주어야 한다. 놀이에 정신이 계속 팔려 있으면 '빨리 갔다 와서 또 해요.'라고 기대를 갖게 하는 것이 좋다. 이런 경우 다른 아이한테 들리지 않도록 작은 소리로 말하는 것이 좋으며 아이에게 압박감을 주지 않도록 주의해야 한다. 운 나쁘게 실수하는 경우에는 소리를 지르지 말고 즉시 아이를 별실로 데리고 가서 하의를 갈아입히고 안심시키면서 괜찮다고 말해 주어야 한다.

더러워진 하의를 집에 가져가게 할 경우 다른 아이들의 눈에 띄지 않도록 잘 싸서 가져가도록 신경을 써 줄 필요가 있다. 부모도 이런 일에 아이를 나무라지 말고 이것은 일시적인 문제이지 본질적인 것은 아니라는 것을 이해해 주고 안심시켜 주어야 한다. 또한 아이가 빨리 그 일을 잊도록 가정에서 반복해서 말하지 말아야 하며 가정에서도 같은 일이 발생하면 조그만 소리로 주의를 주어 아이의 자존심을 상하게 하지 않도록 고려할 필요가 있다.

CHAPTER 02

도덕성의 문제

1 고자질을 잘하는 아이

1) 특징 및 관점

친구의 잘못을 곧 어른들에게 일러바치는 아이이다. 즉, 아이들이 모여서 노는 공원이나 유치원에서 친구가 하는 것을 물끄러미 보다가 조금이라도 실수하거나 이상한 행동을 하면 곧 부모나 교사에게 일러바치는 아이들이 이에 해당한다. 예컨대 '선생님, ~는 친구를 때렸어요. 나는 하지 않았어요.', '엄마, ~는 공부 안 해요.'라는 등 무언가 일이 있을 때마다 먼저 달려와서 자기가 본 것을 일러바치는 것이 그 예이다. 대개는 자기와 관계가 없는 것을 일러바치는데 왜 그렇게 다른 사람의 일에 신경을 쓰며 일러바치는 것일까? 이런 아이의 경우를 잘 살펴보면 친구들과 사이좋게 놀지 못하며 무엇이든지 선악의 판단을 엄격히 받는 아이, 가정에서 지나치게 엄격하게 교육을 받아서 무기력하게 지내는 아이 등 언제나 불만족한 마음을 갖고 있는 아이가 많다. 직접 친구와 함께 놀지는 않지만 마음속으로는 같이 놀고 싶고 친구가 하는 놀이에 참가하고 싶어한다. 그러나 잘 끼지 못하여 모두가 노는 것에 심술이 나서 교사나 부모에게 고자질하게 되는 것이다. 가정에서는 평소에 부모로부터 '옷을 더럽히지 마라.', '싸움을 하니까 밖에 나가지 말아라.' 등 잔소리나 간섭을 받기 때문에 더러운 것이 신경이 쓰여서 놀 수가 없는 경우가 많다. 자신이 금지당하고 있는 것을 친구들은 자유롭게 하는 것이 샘이 나서 자신은 좋은 아이이고 친구들은 나쁜 아이라고 결정짓고 친구들의 일을 어른들에게 일러바쳐서 만족해하는 것이다.

2) 지도방법

아이가 유치원에서 교사에게 고자질할 때 교사가 그 아이의 말에 동조해 준다면 '아, 나는 역시 좋은 아이이고 다른 애들은 나빠.'라고 교사에게 인정받는 것으로 교사가 자신의 고자질을 좋아한다고 생각한다. 따라서 그 후에도 틈만 나면 비슷한 고자질을 반복하게 되며 점차 그 빈도가 늘어나게 되어 나중에는 그것으로 만족하지 못하는 지경에 이르기도 한다. 그러므로 교사는 이런 경우 우선 그 아이의 고자질하는 기분을 충분히 이해해 주어야 한다. 일반적으로 고자질하는 아이는 좀처럼 다른 사람의 친절이나 상냥한 마음을 받아들이기 어려워할 수도 있으므로 보통 때 그 아이의 능력이나 장점을 인정해 주는 것이 필요하며 다른 사람을 험담하는 것을 들어도 교사가 조금도 기뻐하는 표정을 보이지 말아야 한다. 예를 들어 다른 아이들이 흙놀이를 한다고 일러바치면 아이에게 동조하지 말고 '그래? 그 애들은 흙놀이가 재미있나 보구나.'라고 덤덤히 받아들이는 태도가 필요하다. 그러나 그럼에도 불구하고 아이에 따라서는 자신이 열심히 일러바치는데도 선생님이 상대해 주지 않는 데 대해 불만을 품을 수도 있다. 이때는 '흙놀이는 좀 더러워지기는 해도 재미있는 놀이야. 너도 한번 흙놀이를 해 보렴. 더러워진 손은 씻으면 되니까.' 등의 말로 흙놀이를 선악으로 판단하지 말고 흙놀이는 어떻게 하는가, 해 보면 어떨까 등으로 확대해서 새로운 상상을 일으키도록 지도할 필요가 있다. 무엇보다 이런 경우 그 아이가 불안하게 느끼는 더러움에 대한 기분도 고려해야 한다는 것이다. 또 아이가 학급의 아이들과 함께 놀고 싶어 하는 것, 모두가 하는 일에 질투를 나타내는 것 등을 포착하여 적극적으로 중개해서 직접 해보도록 유인하는 대화를 해야 한다.

고자질을 하는 아이의 어머니는 평소 아이에 대해서 '다른 사람을 험담해서는 안 돼요.'라고 말하면서도 어머니 자신이 다른 사람의 험담을 하면서 지내지는 않는지 확실히 반성해 봐야 한다. 다른 사람의 험담을 한다든지 소문을 이야기하는 것이 가장 즐거운 일이라면 곤란하다. 아이가 어머니에게 남의 험담을 할 때 '남의 험담을 하면 나쁜 애예요.'라고 말하지 말고 가볍게 넘기는 것이 좋다. 자신은 신이 나서 어머니에게 고자질했는데도 불구하고 어머니가 그리 기뻐하지 않으면 아이는 고자질하는 것이 즐겁지 않고 의미 없는 일임을 깨닫게 되기 때문이다.

2 도벽이 있는 아이

1) 특징 및 관점

자기 것과 남의 것을 구별하지 못하는 아이이다. 유아의 경우 도벽이 문제가 되는 것은 그 행위보다 오히려 동기라고 볼 수 있다. 아이의 입장에서 보면 도벽은 대개 다음 네 가지 경우로 나뉜다.

(1) 자신이 것과 남의 것을 구분하지 못하는 경우

이것은 엄밀히는 '도벽'이라고 말할 수 없지만 부모의 눈으로 보면 도벽의 시작이 아닌가 하는 걱정을 하게 된다. 눈앞에서 욕심이 나는 것을 손에 넣는다는 마음뿐이므로 아이는 죄의식을 느끼지 못한다. 극히 유아적인 아이나 정서적 발달이 늦은 아이에게서 보이는 특징이다. 자폐아가 상점에서 돌아갈 때 손에 물건이 들려 있다거나 다른 사람의 간식도 아무렇지 않게 먹어 치우는 행동 등이 이런 유형의 전형적인 예이다.

(2) 나쁜 행동이라고 생각하지 않는 경우

이러한 행동은 3세~4세 아이에게서 특히 잘 나타나는데 도벽이라는 의식 또는 대단히 나쁘다는 생각은 하지 못하고 갖고 싶은 물건을 숨겨서 갖고 오는 경우가 해당된다. 예컨대 탁자 위에 놓여 있는 돈을 가져다가 아이스크림을 사먹기도 하고 친구의 집에서 장난감 자동차를 가지고 돌아오기도 한다.

(3) 친구 관계에서 일어나는 경우

친구와 놀지만 대등하게 노는 친구가 아닌 경우 그와 놀기 위해 강한 아이나 연상의 아이에게 집에서 금품을 가져다주는 아이도 있다.

(4) 정서적으로 불안정한 아이의 경우

집이나 유치원에서 충분히 사랑받거나 인정받는다는 만족감을 맛보지 못한 아이는 그 불만족스러운 기분을 만족시키기 위해 도둑질하는 경우가 있다. 이 경우 자신이 갖고 싶어서 하는 도둑질이 아니므로 오히려 아버지의 시계나 어머니의 반지 등 고가품을 훔치는 일이 많다.

도벽의 원인을 대략 위의 네 가지로 나누어 보았는데 이 중 어느 것에 해당되는지 검토해 보아야 한다. 도벽이라는 행위만을 보지 말고 '왜 다른 사람의 것을 가지려고 할까?', '무엇을 생각하고 느끼며 생활하는가?', '주변 사람과의 관계는 어떠한가?' 등과 같이 아이의 입장에 서서 아이의 기분을 이해하도록 해야 한다. 이처럼 아이를 이해하는 과정 속에서만이 바람직한 교육방법도 강구할 수 있다.

2) 지도방법

도둑질이라는 문제가 일어날 때 무엇보다 어려운 것은 '정말로 이 아이가 도둑질을 했을까.'라는 정확한 판단이다. 도둑질이라는 개념에서 어른은 반사적으로 '큰일이다.'라고 생각해 즉시 문제를 해결하려고 한다. 이는 친구와 놀지 않거나 말을 듣지 않는 것과는 다른 문제이며 어른들의 반응이 과민해지기 때문에 아이에게 주는 영향 또한 크다. 이런 문제는 신중히 판단하도록 세심히 주의할 필요가 있으며 안이한 관점을 갖고 속단하거나 원아 모두를 조사해서 결정한다는 태도를 가져서는 안 된다. 아이를 처벌하거나 야단쳐서는 안 되며 아이의 성장을 방해하는 원인을 제거한다는 입장에 서서 문제를 해결해야 한다. 경우에 따라서는 벌을 주기보다 아이를 신뢰해 주는 편이 보다 효율적인 치료방법일 수 있다. 아무래도 의심이 갈 때는 시간을 들여 관찰해야 하며 성급한 결론을 가지고 증거를 찾는 방법보다는 공정한 입장에서 이해해 가는 것이 필요하다.

도벽이라는 것이 확실해질 때는 즉시 대처해야 하지만 이 경우에도 '다른 사람의 것을 가지고 가서는 안 된다.'는 것을 아이에게 잘 이해시키고 갖고 싶을 때 참는 힘을 기르도록 교육해야 한다.

자타의 구별이 명확하지 않아 상대의 것을 가져가는 경우는 잘 알아듣게 설명해 줄 필요가 있다. 아무리 해도 알아듣지 못하면 지능이 낮거나 정서장애아가 아닌지 의심해 볼 필요가 있다. 친구나 부모와의 관계에 문제가 있는 경우에는 도둑질을 일으키는 원인을 제거해 주려는 노력을 거듭하는 중에 문제가 해결되기도 한다. 무엇보다 아이의 관점을 이해하려는 마음을 가져야 한다. 도둑질이라는 행위에 대해 부모가 냉정히 그 원인을 찾고 그것을 제거하려는 노력을 해 나간다면 도벽은 없어지겠지만 경우에 따라서는 부모가 같이 신뢰할 수 있는 상담기관을 이용하는 것도 유익한 방법이다.

3 물건을 함부로 취급하는 아이

1) 특징 및 관점

물건을 아낄 줄 모르거나 공공물을 거칠게 다루는 아이이다. 예를 들어 유치원에서 도화지에 그림을 조금 그리다 내버리고 다시 새로운 종이를 몇 번이나 달라는 아이, 자기가 갖고 놀던 자동차가 싫증 나면 거칠게 내던지는 아이, 그림책을 보다가 싫증 나면 책상 위에 던져 놓고 태연하게 그 위를 걷는 아이 등 유치원의 물건을 소중히 여기지 않는 아이가 그 예이다. 그러나 대개는 이런 아이들도 자신의 물건은 아끼고 소중히 다룰 줄 안다. 자신의 것에는 다른 아이의 것 이상으로 집착이 강하고 절대로 다른 사람에게 빌려 주지도 않을 뿐 아니라 자기가 쓰는 것조차 아까워하는 경우도 있다.

물건을 소중히 여기지 않는 아이의 유형에는 자신의 것은 소중히 여기지만 공공의 물건은 소중히 여기지 않는 아이와 모든 물건을 소중히 여기지 않는 아이가 있다. 모든 물건을 소중히 여기지 않는 아이는 아이가 좋다고 하는 것은 무엇이고 사 주는 부모의 과보호로 인해 물건을 거칠게 다루고 망가뜨리거나 갖기 싫다는 마음을 가지게 하는 경우가 많다. 즉, 생활 습관 중에 물건에 대한 예절이 없는 것이다. 한편 자기 것은 아끼면서 유치원의 것, 다른 사람의 것은 아끼지 않는 아이는 자기만의 생활을 확실히 지키고 싶고 다른 사람들로부터 침해당하기 싫어하는 마음이 자리하고 있다. 유치원에서 교사나 특정 친구의 관심과 애정을 얻기 위해 일부러 물건을 망가뜨리거나 조잡하게 행동하는 경우도 있으며 누군가의 흉내를 내는 경우도 있다.

2) 지도방법

물건을 소중하게 여기도록 하는 교육은 유아 때부터 연령에 맞도록 진행시켜야 한다. 물건을 소중히 여기지 않는 아이는 금전에 대해서도 낭비하는 경향이 있어 장래 여러 가지 문제를 일으키기 쉽다. 유치원의 물건을 소중히 여기지 않는 아이는 사회성이 낮다고도 말할 수 있다. 집단 속에서 놀이나 운동에 충분히 만족하지 못하기 때문에 불안해하고 물건을 난폭하게 다루거나 망가뜨리는 것이다. 또 교사나 친구관계에서 정서적 안정을 얻지 못하기 때문에 성격이 비뚤어져 물건을 못 쓰게 하기도 한다. 이 같은 경우에 교사는 아이가 마음껏 놀이나 운동에 집중할 수 있도록 배려해 주어야 한다. 특히 인간관계 속에서 그 아이의 정서적 안정을 방해하는 장애요인을 하나하나 풀어나갈 필요가 있다. 교사에 대해 어리광을 부리고 싶어 하지만 교사의 옆에 다른 아이가 가까이 있어서 좀처럼 접근할 수 없는 경우가 없도록 배려해 주어야 한다. 또 교사는 평소에 학급 학생 전원에 대해 하나하나 마음속으로 파악하고 칭찬해 주어야 한다. 아이들에게 유치원의 것은 모두의 것, 모두가 사용하는 것이라는 마음이 들도록 가르쳐야 한다. 때로는 물건을 소중하게 여기지 않는 아이에게 장난감 관리나 정리정돈을 맡기는 것도 좋은 방법이다. 아이가 정신적으로 안정이 되어서 유치원의 것을 자기 것처럼 다루게 될 것이기 때문이다.

부모는 아이가 갖고 싶어 하는 것을 무조건 사주지는 않는지 반성하도록 한다. 어머니 자신이 물건을 쉽게 버리거나 금전의 낭비가 심하면 아이도 점점 물건을 소중하게 여기지 않게 되기 때문이다. 일례로 집 안에서는 휴지를 꼭 휴지통에 버리는 어머니도 외출해서는 태평하게 아무 데나 휴지를 버리는 경우가 있다. 또 집에서 물건을 다루는 방법·예절 등을 잔소리하며 금지하는 사항이 많은데 집 밖에서는 남을 전혀 배려하지 않고 행동하는 부모도 있다. 이 경우 집 안에서 이것저것 잔소리를 많이 하는 것도 공공의 것을 거칠게 다루게 하는 원인이 될 수 있으므로 아이의 기분을 잘 이해해야 한다. 무엇보다 자기의 집에서 소중한 것이라면 공공의 것도 소중하다는 마음을 길러 주도록 부모가 먼저 노력해야 한다.

4 거짓말을 하는 아이

1) 특징 및 관점

공상과 현실 구별이 잘 안 되는 아이들이 거짓말을 잘한다. 아이들 거짓말의 대부분은 공상과 현실 구별이 확실하지 않은 가운데 정말이 아닌 것을 정말인 것처럼 표현하면서 시작된다. '어제 아빠와 동물원에 갔다.', '아기가 태어났다.' 등 있지도 않은 얘기를 하거나 싸움하는 상대에게 '우리 집에는 차가 다섯 대나 있다.'라고 말하기도 한다. 이것은 상대를 이기고 싶은 강한 욕구에 이끌려 마치 현실에서 일어난 것처럼 착각을 일으켜 하는 행동이다. 일반적으로 이러한 현상은 3~4세에 많이 발생하는데 엄밀히 말하면 이는 거짓말은 아니다. 그러나 아이도 알고 있는 거짓말을 만드는 경우가 있다. 그것은 고통스러운 것을 피하기 위한 거짓말이다. 장난감이 없는데도 '장난감이 많아.'라고 말하거나 자신이 부서뜨리고도 '내가 하지 않았어.'라고 말하는 경우가 해당된다. 또 다른 거짓말은 마음을 만족시키는 수단으로써의 거짓말이다. 예컨대 동생에게 몰두해 있는 어머니에게 '오줌 마려워.'라고 말하는 아이가 자주 발견되는데 이러한 행동은 사랑받고 있다는 느낌을 갖지 못하는 아이가 사람을 곤란하게 하기 위해 거짓말을 하는 것이라고 할 수 있다.

이 경우 우선 신경을 써야 할 것은 그것이 진짜 거짓말인가를 파악하는 것이다. 위의 예는 아이가 거짓말을 하려고 작정한 것이 아니라 아이의 성장 과정에서 발생하는 문제이므로 성장하면서 없어질 수도 있다. 그러므로 부모나 교사는 아이들의 거짓말 속에서 아이의 욕구가 무엇인지를 파악, 이해하려는 노력이 필요하다.

이때 아이가 싫은 것을 피하기 위해 하는 거짓말, 다른 것을 보충하기 위해 하는 거짓말 등에는 주의를 기울여야 한다. 이를 위해 아이가 우선 어떤 상황에서 거짓말을 하는가 잘 파악해야 한다. 어느 때, 누구에 대해, 어떤 내용의 표현을 하는지를 잘 관찰해야 한다. 표면에 나타난 거짓말보다 아이의 진짜 마음을 이해하여야 하며 어떤 목적을 달성하기 위한 거짓말이면 이에 대한 대처가 필요하다.

2) 지도방법

가장 좋은 방법은 걱정하지 않아도 되는 거짓말이라면 문제시하지 않는 것이다. 아이의 기분을 함께 맛보고 유머 감각을 가지고 접하는 것이 바람직하다. 왜냐하면 아이들은 부모나 교사로부터 야단을 맞음으로써 불필요한 죄책감을 갖게 되는 경우가 많기 때문이다. 중요한 것은 '거짓말은 좋은 것이 아니다.'라는 인식을 일깨워 주어야 한다는 것이다. 거짓말이 용납되면 거짓말이 살아가는 방식 내지는 수단이 될 수 있다. 책임감을 갖도록 해야 하며 인간 사이의 신뢰감에 대해 잘 알아듣도록 가르쳐야 한다. 유의할 점은 잔소리하지 말고 다른 사람의 눈에 띄지 않게 처리해야 한다는 것이다. 아이가 남들과 경쟁할 때 규칙을 무시한다든지, 하고도 하지 않았다고 발뺌을 할 때 올바른 행동을 제시, 지도해야 한다.

마음을 만족시키기 위한 수단으로써 하는 거짓말은 표면적인 것에 집착하지 말고 그 아이가 진정 무엇을 바라고 있는가를 정확히 이해해서 그것을 만족시켜 주도록 하는 것이 바람직하다. 어른들이 보면 아주 거짓말 같이 들려도 아이에게는 필수적인 생활 수단이자 적응 방법인지도 모르기 때문이다.

부모나 교사는 아이가 거짓말을 할 때 초조해하지 말고 냉정하게 아이의 진짜 모습을 파악하여 도와주어야 한다. 경우에 따라서는 부모 자신이 아이에게 거짓말을 하는 경우가 있다. 예를 들면 '다음에는 꼭 하자.'라고 하면서도 그냥 넘어가는 일이 많다. 이 경우 아이들은 대부분 부모의 말을 믿고 기다린다. 아이는 부모가 말에 대한 책임을 지지 않을 경우 거짓말이나 책임 전가, 신뢰감 등에 대해 부정적으로 인식하게 된다. 거짓말하는 것은 신뢰를 배반하는 것이다. 신뢰하는 사람에게 거짓말을 해서는 안 된다.

5 남의 물건을 가져가는 아이

1) 특징 및 관점

어린이집에 있는 장난감, 그림책, 교사가 쓰는 물건들이 탐이 나서 가져가는 아이들이 있다. 이런 아이들의 유형은 크게 물건이 욕심이 나서 가져가는 경우와 어린이집에 있는 물건이라면 무조건 갖고 싶어하는 경우로 나누어 볼 수 있다. 이런 아이들은 대개 부모나 교사가 '저 완구를 갖고 놀면 안 된다.'거나 '옷을 더럽히니까 안 된다.'하는 식으로 아이의 욕구를 누르면 누를수록 다른 사람의 물건을 더 갖고 싶어하는 경향이 있다. 즉, 아이의 행위에 대해 부모가 방임하는 경우 아이는 무엇이든지 자기 것으로 소유하려는 성향이 생겨 물건에 집착하고 물건으로 부모의 애정을 확인, 스스로 만족하고자 한다는 점을 유념해야 한다.

2) 지도방법

욕심이 많아서 물건을 가져가는 아이들의 경우 나쁜 행동이라고 비난하지 말고 '장난감을 집에 가져가면 친구들이 가지고 놀 수 없어서 곤란하지?'하는 식으로 아이가 알아듣기 쉽도록 부드럽게 말해줘야 한다. 아이들의 이런 행동은 유치원에 소속되어 있다는 기분을 나타내고 싶거나 교사에게서 귀여움을 받고 싶어서일 경우가 많다. 이런 경우 교사 및 부모가 세심한 배려로 말을 걸어주면 아이는 곧 기분이 좋아져 물건에 집착하지 않게 된다. 그래도 어린이집의 물건을 가져가는 아이에게는 '오늘만 너에게 빌려 주는 것이니까 집에 가지고 가서 놀고 다른 친구들도 가지고 놀 수 있도록 내일 어린이집에 올 때 가져오자.'라고 약속을 받고 빌려가도록 한다.

가정에서는 아이가 어린이집에서 물건을 가져올 경우 이상한 아이로 취급하지 말고 부드럽게 '다음부터 어린이집의 장남감은 가지고 오지 않는 거야.', '네가 물건을 가져오면 다른 아이들이 가지고 놀 수 없잖니.' 혹은 '이 장난감 갖고 싶었어? 엄마가 사줄까?' 등과 같이 말해 주는 것이 좋다. 아이가 남의 물건에 욕심을 내는 경우는 대개 집에서 아이가 원하는 것을 사 주지 않기 때문이며 아이 역시 자신의 기분이나 행동에 대해 인지하고 있는 경우가 많다. 중요한 것은 아이가 남의 물건을 가져오는 것이 부모나 교사로부터 애정과 관심을 받고 싶어서인지 어떤지 그 마음을 잘 파악하는 것이다.

PART 04
아동상담 사례

CHAPTER 01

놀이치료 사례

1 좌절감과 언어장애 사례

1) 아동 인적사항

- 이름 : 오○○(남)
- 생년월일 : 2010년 5월 19일(만 5세 1개월)
- 접수 면접일 : 2016년 2월 4일
- 상담 기간 : 2016년 3월 12일~11월 12일(총 27회기)
- 인상 및 행동

아동은 언어치료시간 후 놀이치료를 받게 되었다. 머리숱이 많은 편으로 앞머리는 일자모양이었다. 또래에 비해 작은 체구를 가지고 있었으며 옷 정리가 잘 되지 않은 듯 보였다. 웃으며 상담자를 바라보았고 눈맞춤을 하며 대화하였다. 놀이실로 가는 복도에서 창문밖에 보이는 것을 가리키며 '와 저기 밖이 보여요.' 하며 주변 환경에 대한 호기심을 나타내며 입실하였다.

2) 주 호소 내용

아동의 증상을 세계보건기구(WHO)가 분류한 국제질병분류(International Classification of Disease)인 ICD-10 내용을 기준으로 작성한다.

• CM에 의한 주 호소

① 발음이 부정확하다(수용언어 : 4세 4개월, 표현언어 : 4개월).

- 언어발달에 있어 36개월 이후에 언어표현이 시작되었다.

② 또래들에게 폭력을 당해 좌절감을 가지고 있다.

- 3세부터 함께 어린이집을 다니던 친구들에게 5세 때 6개월 정도 폭력을 당하였다.

③ 친구들 및 선생님과 대화를 나눌 때 눈치를 본다.

- 상호작용을 위해 대화를 시도하였으나 거절하며 눈치를 본다.

• 방문 이유

아동은 4살 때 경기도 고양시에 있는 ㅇㅇ아동청소년가족상담센터에서 심리검사를 받아 언어치료와 놀이치료를 병행하면 좋겠다는 상담을 듣고 같은 해 12월부터 기관에 내방하여 현재까지 언어치료를 받고 있다.

3) 양육사

(1) 생육사

결혼시	• 결혼연도 : 2002년 (연령: 부 27세 / 모 23세) • 교제유형 : 연애 / 교제기간: 2년 • 결혼동기 : 믿음직스럽고 성실했으며 능력이 있어 보임
임신시	• 약 복용 : 무 • 질환 : 무 • 입덧 : 무 • 충격 : 유 (6개월에 태아의 콩팥이 이상하다는 소견을 들음) • 심리상태 : 불안, 우울 • 계획된 임신 : 예 • 임신에 대한 반응 : 부(좋았다) / 모(좋았다) • 유산 및 사산 : 무

출생시	• 산모연령 : 29세 • 임신기간 : 37주 • 분만상태 : 순산(유도분만) • 신생아 체중 : 2.9kg • 산소호흡기 사용 : 무 • 인큐베이터 : 유(10일간 황달로 인해 인큐베이터 치료를 받음) • 황달 : 유
수유 및 식사	• 모유 : 3개월 / 우유 : 12개월 • 식습관 : 편식(무) / 식사태도 : 돌아다님
대소변 훈련	• 대변 : 시작 시기(기입 X) / 가린 시기(개월) / 현재( ) • 소변 : 시작 시기(기입 X) / 가린 시기(개월) / 현재( )
수면 및 활동	• 보채기 : 무 • 잠버릇 : 손 빨기 • 활동량 : 보통
병력	• 고열 : 유(41도) / 경기 : 무 • 질환 : 무 • 현재의 건강상태 : 양호

(2) 발달사

신체발달	• 목 가누기 : 기입× • 기기 : 기입× • 걷기 : 19개월 • 숟가락질하기 : 36개월 이후 • 옷 벗기 : 5세 • 옷 입기 : 5세
언어 및 인지발달	• 옹알이 : 보통 • 첫 말 단어: 엄마 • 현재 언어 : 이해는 하지만 발음으로 대화가 어려움 • 인지상태 : 느림

사회 및 정서 발달	• 눈맞춤 : 엄마와만 눈맞춤을 함 • 낯가림 : 적음 • 엄마를 언제 알아보았나 : 기입× • 엄마 없이도 놀았나 : 예 • 좋아하는 놀이 : 로봇놀이 • 좋아하는 장난감 : 또봇, 파워레인저 • 성격 : 잘 운다, 겁 많다, 눈치 본다, 쉽게 상처를 받는다, 경우에 따라 고집이 세다. • 부모와의 관계 – 부 : 무표정일 때는 다가가지 못하고 아빠가 먼저 다가와야 웃는다. – 모 : 무섭지 않고 자기편이라고 생각한다. • 형제와의 관계 – 누나 : 좋을 때도 있고 나쁠 때도 있다. • 또래와의 관계 – 친구들과 어울리는 것을 좋아하지만 느리다는 것을 알고 친구들이 안 끼어 준다.

(3) 교육사

학령 전 교육	• 3세 – 어린이집 • 4세 – 어린이집, 아이챌린지(엄마와 하는 교재) • 5세 – 어린이집, 한글학습지 • 6세 – 어린이집(새로운 어린이집으로 옮김)

(4) 양육상의 특이사항

임신시	• 임신 6개월경 초음파로 CT의 콩팥이 안 좋다고 진단 • CM은 지우려고 했으나 CF가 반대함 • 천안의 병원에서 진료를 정확히 못 하여 서울아산병원에서 진단 • 한 달에 한 번씩 서울아산병원으로 진료를 받고 출산함

0~1세	• 출산 후 CM이 CT를 데리고 20일 정도 서울아산병원에서 진료받으러 다님 CT의 진료로 산후조리를 제대로 하지 못함 • CM은 출산 후 친정에서 한 달 동안 있었지만 양육을 도와줄 수 있는 사람이 없었음 • CF는 주말 부부로 함께 살지 않았음 • CM은 CT가 우는 이유도 몰라서 기저귀도 못 갈아 줌
1~3세	• CF는 주말부부였으나 CT가 4살부터 함께 거주함 • CT는 3살 2학기 때부터 어린이집에 감 처음에는 잘 가다가 잘 안 가려고 해서 30분 동안 동네를 돌아서 등원시킴 말을 하기 시작하면서 선생님한테 혼나서 안 간다고 함 • 4살 때는 어린이집을 잘 다님 • 5살 때는 원하는 것을 들어주지 않으면 울음을 보이고 친구들과 대화에서 눈치 보는 행동이 생김

4) 가계력

3세대 가계도를 그려 아동 문제를 중심으로 한 가족의 성격 성향, 갈등을 기록했다.

(1) 가족사항

관계	성명	연령(만)	학력	직업	종교	월수입
부	○○○	39	고졸	토목회사		350만 원
모	○○○	35	전문대졸	주부		
누나	○○○	11	초등학생			

(2) 가계도

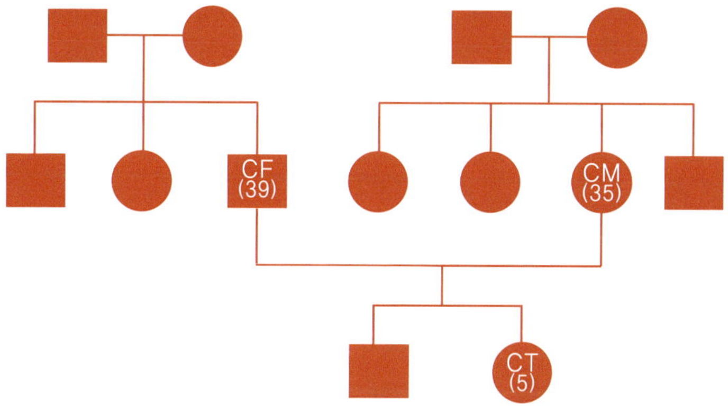

(3) 성격 및 스트레스 대처 유형

	성격 특성	스트레스 대처 유형
부	말과 표정이 많지 않고 무뚝뚝한 성격으로 상황을 고려하지 않고 아무 데서나 면박을 줌	기입X
조부	부와 동일하게 말과 표정이 많지 않고 무뚝뚝한 성격으로 상황을 고려하지 않고 아무 데서나 면박을 줌	기입X
조모	말이 많고 바로바로 얘기함	기입X
부의 형제	큰 형이 유아교육 분야에 종사하고 있어 양육에 대해 잘난 척을 많이 함	기입X
기타	기입X	기입X

	성격 특성	스트레스 대처 유형
모	아빠보다는 말이 많지만 체력적으로 많이 놀아주지 못함	다른 사람과 이야기하며 풀지만 다시 비난하는 이야기로 돌아오는 경우가 있어 혼자 산에 다니기를 함
외조부	말이 없는 편으로 아이들한테도 한두 마디 할까 말까임	기입X
외조모	다정하고 말이 많음	기입X
모의 형제	기입X	기입X
기타	기입X	기입X
– 면접 시 외가 쪽에 대한 내용을 작성하지 않아 접수자가 물어서 기입하였다. 이후 스트레스 대처 유형 및 모의 형제 관련 탐색을 3차례 정도 실시하였으나 모가 답변을 회피하거나 부모님에 대해서는 시골에서 농사지으셔서 바쁘셨다. 상담자가 시골에서 살지 않아서 잘 모를 거다. 모의 형제에 대해서는 밖에 나가서 노는 경우가 많았다. 그냥 그랬다 등의 답변으로 방어적 태도를 보였다.		

5) 심리검사

- 평가 일자 : 2015년 11월 14일
- 평가 연령 : 만 4세 5개월
- 평가 장소 : ○○아동청소년가족상담센터
- 검사 내용 : K-WIPPSI, BGT, HTP, KFD, SCT, Rorschach test, 놀이평가, 모 MMPI, SCT
- 검사 결과

(1) 인지

지능은 IQ 74로 경계선 수준(언어성 지능 80, 동작성 지능 76)에 해당되었다.

상식 문제	이해 문제	산수	어휘	공동성	모양 맞추기	도형	토막 짜기	미로	빠진 곳 찾기
10	7	5	7	8	11	4	6	7	6

내담아는 자신에게 주어진 단편적인 정보를 받아들일 수 있는 습득력은 내재되어 있어 일반상식 수준이 보통의 수준으로 평가되었다. 그러나 이외의 인지적 자원들은 다 빈약한데, 습득한 어휘력의 양이 경계선 수준으로 빈약하였다. 일상생활에서 소통을 할 수 있을 정도의 기능은 유지가 되나, 습득된 어휘력의 양이 부족하여 글과 문장에 대한 이해력은 떨어질 수 있겠다. 또한 대인관계에서 자신의 감정이나 상황을 적절하게 표현할 수 있는 언어적 표현력도 저조할 수 있겠다. 현재 언어적 발달의 지체가 시사되고 있다. 내담아는 경험과 학습을 통해 습득한 정보가 저조한 상태이다. 동작성 지능 영역에서의 수행도 낮은 편인데 현재 단순한 수준에서의 모양 맞추기 기능만 그런대로 유지가 되고 있을 뿐 이외의 기능은 다 떨어져 있다. 특히 간단한 도형을 모사하는 운동협응능력이 지체수준의 기능을 보이고 있는데, 소근육 발달을 자극하는 훈련이나 기회가 부족하였던 것 같다. 주의력 및 사회적인 영역의 전반적 발달이 저조했다. 이는 현재 내담아의 나이가 어려 학습적 훈련이 제대로 이루어지지 않은 것도 영향을 미칠 수 있다. 더욱 우려되는 것은 외부 환경에 존재하는 핵심적인 단서를 알아차리는 사회적 감각이 정신지체 수준 이하라는 것이다.

(2) 정서 및 성향

내담아는 과제를 수행하면서 끊임없이 검사자의 주의나 관심을 끌려고 하는 등 사람들에게 인정과 관심을 받고 싶은 마음이 많은 아이로 생각되었다. 외부 환경과의 끊임없는 상호작용을 통해 교류하고 싶어 하며, 어울리고 싶어하는 등 외향적이고 활동적인 면모도 강해 보였다. 에너지 수준이 높아 자신을 먼저 오픈해서라도 상호작용을 하려는 시도를 할 수 있겠다. 그러나 내담아가 친구들과 교류를 할 수 있는 기본적인 자원인 언어발달에 있어 보유한 어휘력의 양이 적기 때문에 자신의 감정이나 상황을 전달하는 능력이 떨어질 수 있을 것이다.

(3) 내담 아동 모의 심리검사(MMPI, SCT)

L	F	K	Hs	D	Hy	Pd	Mf	Pa	Pt	Sc	Ma	Si
33	47	54	51	62	53	44	49	58	55	47	47	66

중등도의 우울감 및 무기력감을 느끼고 있는 상태(MMPI: 권태–무기력 65T)로, 내담아 모는 타인의 반응이나 평가에 대해서 상처를 받으면서 위축될 소지가 있어 보인다. 또한 경쟁적이고 주도적이기보다는 주변 상황에 자신을 맞추려고 하고, 자신이 처한 현실에 대해서 만족감을 느끼려고 애를 쓰는 등 소박한 면모도 있어 보인다. 스트레스 상황에서도 공격적인 행동보다는 의기소침하고 기가 죽는 모습을 보였을 수 있겠다. 우려가 되는 것은 내담아가 에너지 수준이 높은 편으로 끊임없이 내담아 모의 애정이나 관심을 갈구하는데, 내담아 모 자체가 활력이나 에너지 수준이 높지 않아 계속적으로 피드백을 해주는 데는 한계가 있어 보인다.

6) 상담자가 본 내담 아동의 문제

(1) 아동

① **성격 성향, 품성, 욕구 수준**

- 사람들에게 인정과 관심을 받고 싶은 마음이 많아 끊임없는 상호작용을 통해 교류하고 싶어 하는 외향적이고 활동적인 성향을 가지고 있다.

② **발달**

- 신체적 발달 : 소근육 운동 및 조작 능력의 발달이 저조하다.
- 정신·성격·정서적 발달 : 폭력경험 및 양육자와의 애착 문제로 인한 정서적 위축감을 가지고 있다.
  - 영아기에 양육자의 산후 우울로 인해 정서적 자극을 받지 못하였다.
  - 또래관계에서 폭력 및 상호작용에 대한 거절의 경험을 가지고 있다.
- 인지적 발달 : 또래에 비해 저조하다.

③ **지능** : 유아 지능검사 결과 IQ 74로 경계선 수준(언어성 지능 80, 동작성 지능 76)이다.

④ **장애** : 진단 내용은 없었다.

⑤ **체격** : 또래에 비해 작고 마른 편이다.

⑥ **병력 및 수술** : 태내기 콩팥 이상, 중이염이 있었다.

⑦ **유전적인 부분** : 이상이 없었다.

(2) 양육 환경

① **부모 양육태도** : CF와 4세경부터 함께 지내게 되었다. CF는 CT에게 '피곤하니 엄마한테 가라.'는 이야기를 자주 하였으며 타인을 면박 주고, 무시하는 행동을 자주 보여줘 CT는 CF를 무서워한다. CM은 CT가 태내기에서부터 약하다고 생각되어 CT에게 CM의 관점에서 필요하다고 생각되어지는 양육을 하고 있다. 예를 들어 말을 많이 하면 목이 마를 거라며 물 먹이기, 치료 중

간에 배고플 거라며 간식 먹이기, 친구들이 CT의 말을 알아듣지 못하면 대신 이야기하기, CT가 친구들과 놀 때 싸우면 친구 엄마가 싫어하므로 친구 사이에서 데려오기 등이다.

② **초기 모자관계** : 영아기에 양육자의 산후 우울로 인해 정서적 자극을 받지 못하였다.

③ **아동 관리** : CM이 주 양육자이며 양호하다.

(3) 부모

① **성격 성향**

- 부 : 말과 표정이 많지 않고 무뚝뚝한 성격이다.
- 모 : 내성적이고 수줍어하는 성격이다.

② **부부 갈등 수준** : 부부 갈등은 없으나 CM이 CF의 눈치를 보며 생활한다.

③ **부모의 병적 인지** : 이상이 없었다.

④ **부모의 질병** : CM이 정기적인 위경련이 있다.

7) 상담 계획, 전략, 목표

(1) 아동대상

① 상담자와의 수용적인 분위기를 통하여 타인과 상호작용의 안정감을 느끼도록 한다.

② 상담자와 아동의 관심 놀이도구를 활용하여 전반적 발달을 촉진하도록 한다.

③ 상담자의 긍정적 지지를 통해 자유로운 정서표현을 하도록 하여 자존감을 높이도록 한다.

(2) 부모대상

① 아동의 감정을 수용하고 공감하여 안정감 있는 애착을 형성할 수 있도록 한다.

② 아동이 표현하는 내용을 충분히 듣도록 한다.

③ 아동과 또래와의 관계에 관심을 갖고 지지해 주도록 한다.

8) 놀이치료 상담과정

• 초기

1회기 (2016. 3. 8)

놀이순서 : [상담실 관찰]–[구조화]–[창밖 관찰]–[공룡놀이]–[축구게임]–[자동차, 주차장놀이]–[대형 자동차놀이]–[자동차놀이]–[파워레인저]–[공룡놀이]–[공룡, 군인 악당놀이]–[시간구조화]–[파워레인저]–[자동차놀이]–[텐트]–[자동차 주차놀이]

[상담실 관찰] 입실 후 상담실 여기저기를 돌아다니며 살폈다.

[창밖 관찰] 상담실 창문으로 바깥의 차들, 시소, 강을 보고 선생님을 불러 바깥의 모습을 이야기했다.

[공룡놀이] 가장 먼저 꺼낸 장난감이 공룡이었다. 선반의 공룡을 모두 바닥으로 꺼내서 특이하게 생긴 공룡들을 관찰했다.

[축구게임] 축구게임을 꺼내 공룡들이 모여 있는 곳 곁에 두고 공룡에 축구장도 있다고 이야기했다. 손잡이가 아니라 직접 인형을 잡아서 3~4번 정도 앞뒤로 왔다 갔다 했다.

[자동차, 주차장놀이] 원목으로 된 2층 주차장놀이를 꺼냈다. CT의 집은 10층이라고 이야기하고 거기보다 더 높은 데가 옥상이라고 이야기했다. 문이 달려 있으나 열지 못하고 아무도 여는 사람도 없는 옥상이라고 했다.

[대형 자동차놀이] 버스 4대를 꺼내어 축구게임의 손잡이 사이에 세워놓았다.

[자동차, 주차장놀이] 작은 원목자동차를 1층에서 2층으로 이동하며 아파트 옥상에도 올라갈 수 있다고 이야기했다. 자동차가 올라가는 중 떨어져서 공룡들이 모여 있는 곳에 가게 되었으나 공룡은 자동차를 안 먹는다고 이야기했다. 바닥에서 1층으로 올라가는 도로가 빠져 있어 어떻게 올라갈지 고민하다가 1층에서 2층으로 올라가는 도로를 빼서 바닥에서 1층으로 올라가게 하며 자동차를 아무 데나 씽씽 달릴 수 있다고 이야기했다.

[파워레인저] 파워레인저 5개를 축구게임 옆에 앉혀 놓고 의자라고 이야기했다.

[공룡놀이] 작은 공룡을 모두 주차장 꼭대기에 올려놓으며 애기들은 모두 옷장에서 보호해야 한다고 주차장 꼭대기에 올려놓았다. 작은 자동차를 1층에다가 주차시키고 대형버스도 가져다가 주차했다.

[공룡, 군인 악당놀이] 작은 군인 장난감을 내려놓고 악당이라고 하며 공룡이 악당을 죽이는 놀이를 했다. 중간에 자동차가 지나갔지만 공룡들이 악당을 먹을 것이라고 이야기했다.

[파워레인저] 파워레인저로 공룡들을 해치워 버리려고 공룡 주변에 갔으나 파워레인저는 혼자는 힘이 없고 다 같이 있어야 힘이 있다고 자리에 앉혔다.

[자동차놀이] 주차장 꼭대기에 있던 공룡 한 마리를 자동차에 싣고 공룡무리로 이동시켰다. 이동하는 길을 바다라고 이야기하며 바다에 빠지면 안 된다고 했다.

[텐트] 졸리다며 텐트 안에 들어갔다. 공룡을 보고 '얘들아 다음에 또 만나.' 하면서 인사를 하고 들어갔다가 바로 아침이 됐다고 하며 나왔다가 다시 들어갔다가 나왔다.

[대형 버스놀이] 버스가 주차장으로 올라가려고 움직인다고 하며 어디 가는지 궁금하지 않느냐고 물어보고 어디다 주차하는지 버스와 자동차들은 알고 있다고 했다.

2회기 (2016. 3. 19)

놀이 순서 : [장난감 탐색]-[소리 나는 총]-[공룡]-[공룡, 코끼리]-[공룡, 동물, 종이블록]-[두더지게임]-[낚시게임, 텐트]

[장난감 탐색] 장난감을 탐색했다.

[소리 나는 총] 불이 들어오는 총을 만지고 쏴본 후 내려놓았다.

[공룡] 공룡을 모두 바닥에 내려놓은 뒤 공룡의 생김새에 따라 가족으로 분류하여 배치했다.

[공룡, 코끼리] 공룡이 놓여져 있는 위 칸에서 코끼리를 꺼내어 공룡으로 분류하다가 코끼리라고 다시 명명하고 뿔이 있는 공룡과 함께 분류했다.

[공룡, 동물, 종이블록] 공룡들만 가족으로 분류하다가 코끼리 칸에 있던 기린을 내려 공룡들과 함께 분류 후 종렬 블록을 가져다가 위에 일렬로 공룡들을 올려놓았다. 후에 모든 동물들을 내려 공룡들과 함께 종이블록을 더 가져다가 각각 3팀으로 나누어 달리기 시합을 했다. 처음에는 뚱뚱하고 힘이 센 공룡들 달리기 시합을 하여 마음에 드는 뿔이 있고 단단한 공룡을 일등이라고 했다. 두 번째는 다양한 공룡들을 세워 달리기를 한 후 날개가 달린 공룡을 일등으로 들어오게 했다. 공룡들이 쓰러지는 것을 계속 세워 놓았으며 처음에는 가족이라고 했던 공룡들을 나중에는 팀으로 분류하여 대결을 하도록 했다.

[두더지게임] 두더지 게임을 처음에는 혼자 하다가 선생님과 같이하자 고하여 총 23번의 두더지게임을 했다.

[낚시게임, 텐트] 낚시게임을 발견하고 두 명 이나 혼자서 할 수 있는 게임이라고 이야기하며 혼자 하겠다고 텐트 안으로 게임을 가지고 들어갔다. 텐트 안에서 게임방법에 대해 물어보고 혼자 게임을 했으며 하는 중간에 선생님이 있는지 확인하는 듯한 부름이 있었다. 퇴실 시까지 텐트 안에서 게임을 하고 게임을 정리하는 것까지 하였으며 다음 시간에 와서 게임을 더 많이 할 것이라고 이야기했다.

3회기 (2016. 3. 26)

놀이 순서 : [낚시게임]-[텐트]-[축구게임]

[낚시게임] 상담실 입실 후 선생님과 같이하고 싶다고 하며 낚시게임을 바로 선택했다. 얘기하는 곳에서 장난감을 봤다고 이야기하며 거기에는 낚싯대가 하나밖에 없다고 이야기했다.

[텐트] 낚시게임 중 텐트로 장소를 옮겨 아동은 텐트 안에서 상담자는 텐트 밖에서 낚시게임을 함께 했다.

[축구게임] 함께 하고 싶은 게임이 있다며 두더지를 한번 탐색한 후 축구게임을 선택하여 함께하자고 했다. 놀이 방법에 대해 상담자가 알려주기도 하며 치료시간의 대부분을 축구게임을 했다. 게임 초기에는 상담자가 방법을 알려주는 형태로 진행되다가 게임 후반으로 갈수록 아동이 적극적으로 공차기를 시도했다. 공이 피규어에서 떨어져 있을 때는 상담자에게 도와달라고 요청했다. 축구게임 중에 아동이 어린이집을 옮겼으며 아동이 여섯 살이라고 이야기했다.

4회기 (2016. 4. 02)

놀이 순서 : [축구게임]-[종이블록]

[축구게임] 축구게임을 선택하여 상담자와 함께 하자고 이야기했다.

[종이블록] 게임 중간에 종이블록을 경기장 중간에 배치했다.

[축구게임] 세워져 있는 종이블록을 피규어로 쓰러뜨렸다. 블록을 상이라고 지칭하며 피규어를 앞뒤로 움직여 블록에 부딪혀 피규어가 부러졌다. 부러진 피규어는 병원이라고 이야기하며 선반 위에 올려놓았다. 6개의 피규어를 부러뜨렸다.

5회기 (2016. 4. 09)

놀이 순서 : [축구게임]–[종이블록]–[축구게임]–[파워레인저, 동물손가락인형, 스케이트보드, 뽀로로, 쓰레기통, 나무유아침대, 나무유모차, 나무파라솔]–[스케이트보드]–[쓰레기통]–[유아침대]–[나무유모차]–[뽀로로]–[나무파라솔]–[나무가구세트]–[나무자전거]–[텐트]–[할리갈리]

[축구게임] 지난 회기에 고장 난 축구게임을 고쳐 놨는지 확인하며 축구게임을 하겠다고 이야기했다. 게임을 하면서 중간에 규칙을 변경했다.

[종이블록] 축구게임에서 이긴 팀에게 상을 주겠다고 블록을 축구장으로 옮겨 놓고 축구장 안에 블록을 높이 쌓아 놓고 축구게임 피규어로 블록을 쓰러뜨렸다.

[축구게임] 종이블록을 가운데 두고 계속 축구게임을 진행하여 선수피규어가 빠져 빼고 게임을 진행하자고 했다. 고장 난 피규어는 자신이 집에 가고 나서 피규어를 고쳐 놓으라고 이야기했다.

[파워레인저, 동물손가락인형, 스케이트보드, 뽀로로, 쓰레기통, 나무유아침대, 나무유모차, 나무파라솔] 축구장 근처에 옮겨 놓으며 축구를 보고 있다고 했다.

[스케이트보드] 축구게임을 하던 중 장난감을 탐색하다 작은 나무스케이트보드를 발견하여 스케이트를 타다 넘어지면 다친다고 이야기했다. 스케이트보드를 축구장 주변에 놓았다.

[쓰레기통] 아파트에서 사용하는 형태의 쓰레기통을 가져와 다친 선수들이 가는 병원이라고 이야기하며 선수들을 넣었다.

[나무유아침대] 쓰레기통에 넣었던 선수를 꺼내어 침대에 모두 눕혀 축구장 근처에 놓았다.

[나무유모차] 아기가 어디 갔는지 물어보다가 뽀로로 유모차라고 이야기하고 뽀로로를 앉혔다.

[쓰레기통] 쓰레기통이라고 이야기하고 탈 수도 있다고 했다.

[나무파라솔] 파라솔을 뽀로로 유모차 앞에 놓고 지켜주는 것이라고 했다.

[나무가구세트] 뽀로로 집이라고 하고 강아지 집을 놓고 그 안에 강아지를 반쯤 보이게 넣어 놓고 고양이를 옆에 놓았다. 가운데를 둥글게 비워 두고 집의 가구를 배치한 뒤 밥 먹기, 자전거 타기, 스케이트 타기 등의 활동을 표현했다.

[나무자전거] 자전거에 앉을 수 있는 피규어를 찾아보라고 상담자에게 이야기하며 원래 앉아 있던 친구를 찾아보라고 하고 피규어를 찾자 또 찾아보라고 이야기했다.

[텐트] 상담자에게 자전거에 앉을 수 있는 피규어를 계속 찾으라고 하고 텐트 안으로 들어가 아기 소리를 냈다. 상담자가 아기 소리에 대해 반응하자 계속 소리를 내고 텐트 밖으로 얼굴을 내밀고 아기 소리를 냈다. 상담자가 아기가 있는지 묻자 자신이라고 이야기하며 상담자가 다시 반응할 때까지 계속 아기 소리를 냈다.

[할리갈리] 5분 사인 후 할리갈리게임을 하자고 제안했다. 카드를 배분하는 사이 종을 언제 치는지 질문하여 카드를 한 장씩 내고 종을 치도록 했다. 게임을 진행하며 규칙을 변경하여 똑같은 과일그림 카드를 내고 종을 치기로 규칙을 변경했다. 상담자가 과일그림 카드가 없다고 하자 같이 하자고 했다.

6회기 (2016. 4. 16)

놀이 순서 : [칼]–[총]–[비눗방울]–[점토세트]–[커피포트, 젠가]–[축구게임]–[햄버거 가게놀이]–[청소]–[텐트]–[햄버거 가게놀이]

[칼] 상담실에 입실하기 전 들어가기 싫다고 하다가 입실하여 칼을 꺼내 상담자 얼굴 앞에서 휘두르고, 상담자에게도 칼을 주고 휘두르라고 하다가 상담자의 칼을 다시 가져갔다.

[총] 칼을 들고 총을 찾아 상담자에게 총을 쐈다. 상담자에게도 총을 주긴 하지만 소리가 나지 않는 고장 난 총을 줬다.

[비눗방울] 장난감 선반을 둘러보다가 비눗방울을 발견하여 입으로 부는 쪽을 비눗방울 통에 넣으려고 하여 상담자가 방법을 알려 줬다. 3번 정도 비눗방울을 불고 내려놓았다.

[점토세트] 점토세트를 열었으나 점토가 없어 가위를 꺼내어 상담자의 손가락을 자를 듯이 눌렀다.
[커피포트, 젠가] 포트 안에 젠가를 채워 넣고 끓는 소리 버튼을 눌렀다.
[축구게임] 상담자와 축구게임을 하면서 포트의 끓는 소리가 계속 나게 눌렀다. 게임하는 중 아동이 그만하자고 하여 중단했다.
[햄버거 가게놀이] 장난감 그림에서 보이는 음식을 바구니에서 꺼내어 먹는 시늉을 하고 상담자에게도 먹으라고 만들어 주다가 직접적으로 판매하는 놀이를 했다.
[청소] 상담자에게 텐트에 들어가 있으라고 하고 청소기로 상담실을 청소했다.
[텐트] 매주 아동이 텐트 안에 들어가 있다가 본 회기에서는 상담자에게 텐트 안에 들어가 있다가 아동이 부르면 나오도록 했다.
[햄버거 가게놀이] 상담자에게 돈을 주고 원하는 음식을 사도록 하고 상담자에게 앉을 의자를 내어주고 기다리도록 했다. 아동이 음식을 만들어 상담자가 기다리는 곳까지 갖다 줬다.

• 중기 Ⅰ

7회기 (2016. 4. 23)

놀이 순서 : [동물손인형]-[텐트]-[동물손인형]-[두더지게임]-[쓰레기차]-[작은 자동차]-[텐트]-[쓰레기차, 작은 자동차]

[동물손인형] 새로운 게임이 무엇이 있는지 물어보자 상담자가 동물손인형에 손을 넣어 "어떤 장난감이 있을까?"라고 이야기를 하자 아동이 상담자의 동물손인형을 만지고 손을 넣어 보며 동물의 이름을 이야기했다.
[텐트] 상담자에게 텐트 안으로 들어가라고 하고 텐트 밖에서 호랑이 소리를 내며 상담실을 뛰어다니며 상담자에게 소리에 대해 맞추도록 했다. 아동이 텐트 안에 들어가고 상담자가 동물손인형을 텐트 안에 넣으면 아동이 동물을 때리는 놀이를

하고자 하여 상담자가 제안 설정을 하였으나 아동이 제안 설정에 대해 수용하지 않고 계속 하고자 하여 다시 제안을 설정하자 놀이를 하지 않았다.

[두더지게임] 동물을 놓고 상담자에게 두더지 게임을 하자고 하여 아동과 상담자가 한 번씩 단계를 정하여 게임을 진행했다.

[쓰레기차] 쓰레기차를 꺼내 뒤쪽 두껑을 열어 보았다.

[작은 자동차] 작은 자동차를 꺼내 쓰레기차 안에 넣고 쓰레기차를 이동했다.

[쓰레기차] 상담자에게 눈을 가리라고 하고 쓰레기차 안에 작은 자동차를 넣고 무엇이 들었는지 맞춰보라고 했다.

[텐트] 상담자에게 텐트 안에 들어가 있으라고 했다.

[쓰레기차, 작은차] 쓰레기차에 작은 차들을 잔뜩 넣어 텐트 앞에 놓고 크리스마스 선물이라고 이야기했다.

8회기 (2016. 4. 30)

놀이 순서 : [할리갈리]–[숫자 맞추기]–[축구게임]–[종이블록]–[자동차 경주]–[주차장]

[할리갈리] 카드를 바닥에 내려놓고 먼저 가지고 가는 만큼 카드를 소유하게 하였으나 상담자가 카드가 적어 게임을 진행할 수 없다고 했다. 아동의 집에 스머프게임이 있다고 이야기했다.

[숫자 맞추기] 상담자가 눈을 감고 종이에 아동이 쓴 숫자를 상담자가 맞추도록 놀이가 진행됐다. 상담자가 숫자를 모르겠다고 하자 아동이 상담자의 얼굴에 매우 근접하게 접근하여 작은 소리로 숫자를 알려주고 상담자가 숫자를 맞췄다. 10단위의 숫자를 보고 10단위로 읽사 1난위로 아동이 답변했다. 100단위의 숫자 역시 1단위로 아동이 답변했다.

[축구게임] 축구게임을 했다.

[종이블록] 공이 골대 안으로 들어가자 종이블록을 가져다가 가운데 쌓아 놓고 피

규어로 블록을 쓰러뜨렸다. 피규어가 빠지자 더 이상 게임을 진행하지 않았다.
[자동차 경주] 작은 자동차로 경주를 한다고 하며 두 대를 가져왔다. 아동과 상담자가 함께 경주하고자 하여 경주한 뒤 2대의 자동차를 더 가져와 자동차를 선택했다. 상담자가 아동과 다른 자동차를 선택하자 자신과 같은 자동차를 선택해야 한다고 했다. 바닥에 깔려 있는 종이블록을 다리이며 자동차가 바다를 지나간다고 이야기했다.
[주차장] 주차장을 오르락내리락하며 상담자에게 따라오라고 했다.

9회기 (2016. 5. 07)

놀이 순서 : [축구게임]-[종이블록]-[두더지게임]-[자동차]-[공룡, 동물]-[비행기]-[군인자동차]-[군인]

[축구게임] 지난 시간에 손상된 피규어가 수리되어 있는지 확인한 후 게임을 선택했다. 상담자에게 공을 고르도록 했다. 골대에 공이 들어가자 상을 준다고 했다.
[종이블록] 공이 골인되자 종이블록을 가져와 축구장 안에 상이라고 세워 놓았다.
[축구게임] 세워진 블록 사이에 선수를 블록에 부딪치며 공을 차려고 하다 선수가 부러졌다. 선수가 부러지자 낚시게임에서 주사를 맞고 두더지게임의 망치로 선수를 한 번 치고 음악을 틀어 놓고 쉬고 있다고 했다.
[두더지게임] 두더지를 이기기 위해 상담자와 힘을 합쳤다. 게임 레벨을 정할 때도 상담자에게 기회를 주고 진행했다.
[자동차] 작은 자동차를 일렬로 세우고 자동차 경주를 하겠다고 하며 상담자에게도 자동차를 고르도록 했다. 문쪽으로 서서 자동차 경주를 시작했다. 아동이 경주를 이겼다.
[공룡, 동물] 자동차 경주 중 공룡과 동물을 꺼내어 미로라고 이야기하며 자동차가 미로를 지나가도록 했다.
[날개공룡] 경주차를 날개 공룡으로 바꾸고 날 수 있고 어디든 갈 수 있어 최고라

고 표현했다. 상담자는 자동차로 경주를 하도록 하고 아동은 공룡을 들고 상담실 이곳저곳을 뛰어다녔다.

[비행기] 날 수 있다고 하여 경주차가 있는 곳에 함께 배치했다.

[비행기, 날개공룡] 동시에 아동이 장난감을 움직이며 경주를 했다. 비행기, 날개공룡 한 번씩 이기도록 했다.

[군인자동차, 군인] 군인자동차에 군인을 싣고 자동차를 움직였다.

10회기 (2016. 5. 21)

놀이 순서 : [축구게임]–[종이블록]–[자동차]–[화장실 대변]–[공룡, 동물]

[축구게임] 축구공이 장난감 중에 없어 축구공을 찾았으나 없어 다른 구슬로 축구공을 대신했다. 공이 골대에 들어가자 상을 주겠다고 종이블록을 가져왔다.

[종이블록] 축구게임 옆에 블록을 높이 쌓고 축구장 안에는 블록을 넣지 않았다. 축구게임을 하며 블록을 옆으로 길에 늘어놓으며 길이라고 표현했다.

[자동차] 길게 늘어선 블록 위에서 자동차 경주를 했다. 경주 중 상담자가 앞서가려고 하면 길의 모양을 변경하여 차가 지나가지 못하도록 하였으며 아동이 지나갈 경우 아동의 차는 능력을 가지고 있어 길을 건널 수 있었다.

[화장실 대변] 볼일을 마치고 시간이 가고 있다며 상담실로 뛰어갔다.

[공룡, 동물] 공룡과 동물을 바닥에 모두 내려놓고 싸움을 했다. 흰색 곰이 모든 동물을 이겼다. 이는 아동의 CM이 주중에 북극으로 가라고 했다고 이야기하며 북극은 추운데 어쩌냐며 걱정스럽게 이야기했다.

11회기 (2016. 5. 31)

놀이 순서 : [인형집]-[플레이모빌]-[보물상자]-[성]-[경찰차, 배]

[인형집] 상담실이 바뀌어 놀이상담실을 탐색하며 바닥에 놓여져 있는 인형집을 발견하고 사람을 찾았다.
[플레이모빌] 가족들을 이야기하며 아빠, 엄마, 누나, 아동, 아기 2명을 골랐으며 공주를 보고 좋아했다. 왕자와 공주를 선택했다.
[인형집] 아기는 침대에 눕혀 놓았으며 남자는 3층, 여자는 2층에 살도록 했다. 가족 중 누나라고 하며 남자 피규어를 골랐다.
[보물상자] 도둑이 훔쳐가지 못하도록 3층에 올려놓았다.
[성] 왕자, 공주 피규어를 성 제일 위 칸에 따로 떨어뜨려서 올려놓았다.
[경찰차, 배] 집의 꼭대기 지붕 위에 올려놓았다.
[배] 가족들이 배를 타고 놀러 가는데 2대로 나누어 타고 갔다. 아동과 아빠가 노를 젓는 배를 운전하고 엄마와 누나는 같이 타고만 있다. 아동과 아빠가 노를 하나씩 가지고 대결을 했다. 아동이 이겼다.

12회기 (2016. 6. 11)

놀이 순서 : [총]-[비행기]-[군인]-[군대 자동차]-[주차장]

[총] 상담자를 향해 총을 쏴 상담자가 쓰러졌다. 아동이 이야기할 때까지 쓰러져있었다.
[비행기] 상담실을 날아다니다 상담자 가슴을 향해 날아와 쏘는 행동을 했다.
[군인, 군대 자동차] 군인을 선택하여 군대 자동차에 태우고 상담자에게도 군인을 선택하도록 했다. 계속해서 상담자의 팀과 대결을 하여 아동의 팀이 이길 수 있도록 아동이 상담자 팀이 총에 맞았다고 이야기했다.

[주차장] 군인을 태운 자동차가 주차장을 기지로 삼아 올라가도록 했다. 상담자의 자동차도 올라갈 수 있도록 길을 만들어 줬다. 모든 군인이 올라가고 주차장 꼭대기에는 군인이 있고 그 아래층에 차가 서 있도록 하였으며 상담자의 군인은 차가 있는 층에 있도록 했다.

13회기 (2016. 6. 25)

놀이 순서 : [군인]–[군대 자동차]–[원목가구세트]–[주차장]–[쓰레기차]–[공룡, 호랑이]

[군인] 아동의 가족 수만큼 군인 피규어를 선택하고 상담자에게도 가족 수만큼 선택하도록 했다.
[군대 자동차] 자동차에 군인을 싣고 움직였다.
[원목가구세트] 장난감을 발견하고 바닥에 반원모양으로 놀잇감을 배치했다. 강아지집, 강아지, 고양이는 반원의 직선면 중간에 위치시켰다. 군인들이 출입문과 파라솔 쪽에 위치하며 경계를 서고 있고, 나머지 군인은 주차장에 올라가서 내려다보고 있었다.
[주차장] 모든 군인 및 자동차를 주차장 위로 올려놓고 상담자의 군인은 나중에 엘리베이터로 올려 줬다.
[쓰레기차] 아동과 상담자의 군인을 모두 지붕 위에 올려놓고 공룡 및 호랑이의 공격을 이겨 내야 한다고 말했다. 친구라고 하며 군인 피규어 3개를 지붕에 더 올려 놓았으며 상담자에게도 올려놓으라고 했다.
[공룡, 호랑이] 긴 목을 가진 공룡과 호랑이가 쓰레기차 주변에 서 있었으며 군인들을 잡아먹으려고 쓰레기차 위를 올라오거나 목으로 건드렸다.
[쓰레기차] 아동이라고 칭하는 군인 피규어가 핸들을 잡고 쓰레기차를 이동시켰다. 공룡이나 호랑이는 아동을 잡아먹지 못한다고 표현했다.

14회기 (2016. 7. 01)

놀이 순서 : [축구게임]-[블록]-[거울]-[텐트]-[총]-[칼]-[선물]-[텐트]-[선물]-[자동차]-[호랑이]-[공룡]

[축구게임] 지난주에 축구게임 안에 공이 2개 있는 것을 보았으나 공이 1개 있는 것을 보고 실망스러운 얼굴로 공을 찾으러 다녔다. 공을 찾지 못하고 게임을 진행했다.

[블록] 공이 골대 안으로 들어가자 블록 전체를 상담실 가운데로 옮겼다.

[텐트] 축구게임에서 공을 넣으면 선물을 준다고 하며 상담자에게 눈을 감으라고 하고 선물을 텐트에 숨겼다. 상담자가 3번 공을 넣어 3개의 선물을 텐트에 숨겼다.

[거울] 거울에 비치는 자신의 모습을 보면서 활짝 웃으며 '내가 보인다.'고 이야기했다.

[총, 칼] 아동은 총을 가지고 있고 상담자에게는 칼을 주고 싸웠다. 상담자에게 총을 주었으나 작동이 되지 않는 총을 줬다.

[선물] 상담자에게 텐트에서 겉싸개로 둘둘 말아 선물이라고 주며 아직 풀어보지 마라고 표현했다.

[텐트] 상담자에게 눈을 감으라고 하고 텐트 안에 들어가 숨어 있었다. 상담자가 아동을 찾으며 교실을 돌아다니자 상담자에게 총을 쐈다. 상담자가 계속 눈을 감고 있자 3초 후에 눈을 뜨라고 표현했다.

[선물] 선물을 봐도 된다고 하며 풀어봤다. 대포차, 보트 2개가 들어 있었다. 아동에게 무척 고맙고 마음에 쏙 든다고 표현했다.

[자동차] 바닥에 자동차를 일렬로 세우고 자동차 경주를 하자고 했다. 아동과 상담자가 하나씩 자동차를 고르고 경주를 했다. 아동이 이겼다.

[호랑이] 공룡과 호랑이를 자동차 옆에 세우고 아동이 호랑이를 골랐다. 상담자에게는 고르지 못하도록 했다. 호랑이를 고른 아동은 텐트 위를 다니며 자동차는 올라오지 못하지만 호랑이는 올라올 수 있도록 하며 텐트와 이젤 꼭대기를 다녔다.

[공룡] 목이 긴 공룡을 고르고 상담자는 호랑이를 골라 대결을 했다. 전과 마찬가지로 텐트와 이젤 꼭대기를 공룡은 올라갈 수 있으나 호랑이는 못 올라간다고 했다.

15회기 (2016. 7. 09)

놀이 순서 : [작은 은색 총]–[군인 피규어]–[자동차]–[주차장]–[움직이는 군인]–[전투용 비행기]–[총]–[공룡]–[친구, 어린이집 이야기]

[작은 은색 총] 군인 피규어 사이에서 은색 총을 발견했다.

[군인 피규어] 군인 6명을 선택, 상담자는 2명의 피규어를 선택했다.

[자동차] 자동차 2대를 선택, 상담자는 자동차 1대를 선택했다.

[주차장] 군인과 자동차를 주차장으로 올리고 상담자의 피규어는 올라오지 못하도록 했다.

[움직이는 군인] 팔다리가 움직이는 큰 군인 피규어를 선택하여 아빠라고 지칭하며 왕이라고 이야기했다.

[총] 큰 총을 선택하여 상담자의 피규어를 쏴서 죽였다. 죽은 피규어는 공룡들이 있는 칸에 옮겨 놓으며 감옥이라고 했다.

[움직이는 군인] 상담자의 피규어를 죽인 뒤 일어서서 자신의 등 뒤로 집어던졌다. 피규어를 주워 피곤하다며 쉬워야겠다고 이야기하며 주차장에 누웠다.

[전투용 비행기] 아빠 친구라고 하며 상담실을 왔다갔다 날아다녔다.

[군인 피규어] 상담자의 피규어를 죽이고 다시 가져오라고 했다. 피규어를 가지고 오면 공룡이 상담자의 피규어를 모두 죽여 공룡들이 있는 칸을 감옥이라 칭하고 가뒀다.

[공룡] 상담자의 군인 피규어를 꼬리나, 머리로 공격하여 죽였다.

[친구, 어린이집 이야기] 상담자에게 친구가 몇 명이냐고 물어보고 4명이라고 대답하자 숫자를 세는 듯하더니 친구가 선생님보다 많다고 표현했다. 전에 다니던 어린이집에는 친구가 없었는데 예전 어린이집에 가서 친구가 많아졌다며 다른 어린이집에 가면 친구가 더 많을 것이라고 이야기했다.

16회기 (2016. 7. 16)

놀이 순서 : [두더지게임]-[낚시게임]-[축구게임]-[쓰레기차]-[트럭]-[플레이모빌 경찰 2]-[경찰차]

[두더지게임] 입실하자마자 두더지게임을 꺼내어 상담자와 함께 2회 게임을 했다.

[낚시게임] 물고기를 꺼내서 상담자는 빨강, 아동은 초록색을 선택하고 상담자의 칸에 물고기를 먼저 정리해 줬다. 물고기가 잘 잡히지 않자 손으로 자석을 잡아 물고기를 잡았다. 2번째에는 아동의 물고기 3마리, 상담자의 물고기 2마리가 되자 전원을 껐다가 다시 켰다. 상담자가 물고기를 잡자 아동이 자신의 물고기가 적은 줄 알고 전원을 끄려고 하였으나 상담자의 물고기가 아동의 물고기 수와 같음을 확인하고 다시 했다. 아동의 물고기 4마리, 상담자의 물고기 3마리가 되자 전원을 껐다.

[축구게임] 공 2개로 아동은 빨강(노랑 선수)팀, 상담자는 파랑(빨강 선수)팀으로 정했다. 아동은 공이 들어가면 마음대로 점수를 배점하고 상담자가 공을 넣자 골대를 뺐다.

[쓰레기차] 축구장 주변을 돌았다. 상담자에게 공을 차도록 했다. 공이 바깥으로 빠지자 골대와 공을 쓰레기차에 넣었다.

[트럭] 트럭 뒤 트레이를 세워 축구장에 벽을 만들 듯 세워 놓았다.

[플레이모빌] 사람이 없다고 이야기하며 플레이모빌을 찾았다. 경찰을 선택하고 상담자는 여자 의사를 선택했다.

[쓰레기차] 플레이모빌을 쓰레기차 운전석에 앉혔다. 선반에서 모자 쓴 경찰을 찾아 대장이라고 표현했다.

[경찰차] 경찰차를 찾아 플레이모빌을 경찰차로 옮겼다. 모자 쓴 경찰을 운전석에 앉혔다. 상담자에게도 차를 선택하도록 했다. 상담자가 트럭을 선택하자 아니라고 하여 마티즈를 선택했다.

17회기 (2016. 7. 30)

놀이 순서 : [빨간 자석시계]–[주차장]–[군인 피규어]–[축구게임]–[큰 자동차2]–[큰 자동차2]–[배]–[파워레인저]–[공룡]–[동물]–[주차장]–[자동차]–[총]–[텐트]–[축구게임]–[ABC송]

[빨간 자석시계] 입실하자 손에 차고 있던 시계를 풀어 상담자에게 일자로 펴진다고 보여주며 자랑했다. 시계로 지시하며 상담자에게 장난감을 꺼내도록 했다.

[주차장] 시계로 주차장을 가리키며 꺼내라고 하여 상담자가 주차장을 앞쪽으로 꺼내 줬다.

[군인 피규어] 피규어 선반을 가리키며 꺼내라고 이야기하여 상담자가 아동에게 함께 꺼낼 것을 권유하여 아동과 함께 피규어를 꺼냈다. 군인 피규어를 쓸어내리듯이 꺼냈다.

[축구게임] 축구경기를 1회 진행했다.

[큰 자동차2] 쓰레기차, 트럭을 꺼내 바닥에 내려놓았다.

[큰 자동차2] 마티즈, 경찰차를 꺼내 바닥에 내려놓았다.

[배] 배를 꺼내서 바닥에 내려놓았다.

[파워레인저] 주차장 근처에 배치하여 앉혀 놓았다.

[공룡] 시계로 쓸 듯이 바닥에 내려놓았다.

[동물] 시계로 쓸듯이 바닥에 내려놓았다.

[주차장] 작은 자동차를 주차장에 올려놓으며 상담자에게도 주차장으로 올라오라고 했다. 올라가려고 하자 계단을 없애버렸다. 상담자에게 계속 올라오라고 했다.

[총] 상담자에게 총을 쏘자 상담자가 바닥에 쓰러졌다. 상담자의 가슴을 손가락으로 꾹 누르며 '이제 가족이 되었어요.'라고 표현했다.

[텐트] 상담자에게 총을 쏘고 죽어 있는 채로 두고 텐트에 숨었다가 상담자에게 일어나라고 하며 상담자가 아동을 찾아내자 다시 총을 쏘고 일어나라고 하는 것을 3번 반복했다.

[축구게임] 축구경기 중 아동이 계속 이기려고 축구장을 계속 흔들며 공이 굴러갈 수 있도록 하는 행동을 했다.
[ABC송] ABC까지만 부르며 뒤는 흥얼거렸다. 상담자도 함께 흥얼거렸다.

18회기 (2016. 8. 06)

놀이 순서 : [공룡 전체]–[자동차 전체]–[플레이모빌 전체]

[공룡 전체] 아동이 먼저 공룡을 선택하고 상담자에게도 공룡을 선택하도록 했다. 상담자가 선택한 공룡 중 크다고 생각되는 공룡은 아동이 가져갔다.
[자동차 전체] 공룡과 마찬가지고 아동이 선택하고 상담자에게도 선택하도록 했다.
[플레이모빌 전체] 아동과 상담자가 각각 선택했다.
[팀대결] 아동과 상담자의 피규어를 마주 보도록 일렬로 배열하여 대결을 했다. 공룡끼리 싸웠다. 공룡과 자동차가 싸웠다. 플레이모빌 간의 싸움 순으로 이루어졌으며 모든 싸움에서 아동의 피규어가 승리했다. 이긴 팀에서 진 팀의 피규어를 가져갔다.
[5분 사인] 아동이 힘을 내기로 약속하자고 이야기하며 손가락을 걸었다.

19회기 (2016. 8. 13)

놀이 순서 : [축구게임]–[블록]–[군인 피규어]–[두더지게임, 낚시게임]–[팔다리가 움직이는 군인 피규어]–[공룡]–[상어]–[호랑이]

[축구게임] 입실 후 축구게임을 내려 게임을 했다. 선수 1명이 부러지고 1골을 넣고 안 한다고 했다.
[블록] 축구게임 옆에 블록으로 길을 만들고, 상담자에게도 길을 만들도록 하고 상담자가 블록을 놓으면 '아니에여~.'라고 이야기하며 상담자가 '어디에다 놓을까?'라

고 이야기하면 '선생님이 알아서 놓으세요.'라고 반응했다. 길을 모두 완성할 때까지 반복했다. 성처럼 길을 만들었다.
[군인 피규어] 완성된 블록 위에 곳곳에 군인 피규어를 배치했다. 총, 막사 등 모든 소품도 함께 모두 배치하여 성을 지키는 성벽처럼 놓았다.
[두더지게임, 낚시게임] 블록 주변에 배치하여 두더지는 풀밭이고, 낚시게임은 바다라고 표현했다.
[팔다리가 움직이는 군인] 대장이라고 하며 풀밭에서 누워서 쉬었다.
[공룡] 대장과 대결에서 대장이 공룡을 이겼다. 다른 공룡이 나타나 싸우다가 공룡이 이겨 대장이 공룡 편이 됐다. 공룡이 다른 군인 피규어들을 공격했다.
[상어] 공룡이 죽인 군인들을 선반 위로 옮겼다. 상담자에게 상어로 군인을 옮기라고 지시했다.
[호랑이] 5분 사인 후 호랑이가 나타나 대장을 이겼다.
[퇴실] 대장이 모든 피규어를 다 쓰러뜨렸다고 이야기하며 쌓아 놓은 블록을 모두 쓰러뜨렸다. 쓰러진 피규어 위를 아동이 밟아 다칠 위험이 있어 제한했다.

20회기 (2016. 8. 20)

놀이 순서 : [블록]–[군인 피규어]–[주차장]–[나무블록]–[군인 피규어]–[팔다리가 움직이는 군인]–[공룡]–[호랑이]–[칼]–[총]

[블록] 입실 후 거울 앞에 쌓여 있는 블록에 누워 침대가 있었으면 좋겠다고 이야기했다. 블록 2개를 의자 팔걸이처럼 놓고 앉아 '내가 왕이다.'라고 이야기했다. 블록을 앞으로 꺼냈다.
[군인 피규어] 선반의 군인 피규어 및 소품을 꺼내 블록에 배치했다.
[주차장] 주차장을 블록 옆으로 끌어 놓았다.
[나무 블록] 나무블록을 주차장 곳곳에 쌓아 놓았다. 상담자가 성 같아 보인다고 이야기하자 아니라고 하며 계속 나무 블록을 주차장 곳곳에 쌓아 놓았다. 올라가

는 입구 쪽에 반원으로 뚫린 블록을 놓고 열쇠가 있어야 한다고 이야기했다. 모든 블록을 쌓아 놓았다.

[군인 피규어] 상담자에게 피규어를 선택하라고 하여 블록 근처에 오면 총을 쏘거나 자동차로 죽였다.

[팔다리가 움직이는 군인] 블록의 맨 윗자리, 아동이 왕이라고 칭한 자리에 피규어 배치했다.

[공룡, 호랑이] 군인 피규어와 대결. 군인과 공룡, 호랑이가 번갈아 가며 이겼다.

[소변] 화장실까지 뛰어갔다 왔다.

[공룡, 군인] 공룡과 군인이 싸웠다.

[칼] 상담자에게는 여자니까 분홍 칼을 주고, 아동은 파란 칼을 들고 상담자의 칼을 내려쳤다.

[총] 총을 들고 상담자에게 눈을 감으라고 하고 텐트에 숨었다.

[텐트] 텐트에 숨어 상담자에게 눈을 뜨라고 했다. 상담자가 텐트에 숨은 아동을 찾아내자 총을 쏘고 죽였다. 일어나라고 하고 아동을 찾아내면 죽이는 행동을 반복했다.

[5분 사인] 5분 사인 후 예라고 대답하고 시간종료에 맞춰 다시 소변이 마렵다고 급히 나갔다.

21회기 (2016. 8. 27)

- 언어치료가 끝나고 모를 보자마자 졸립다고 이야기하며 입실하지 않으려고 했다.
- 아동의 의견을 물어보니 계속 졸립다고 하며 모에게 집에 가자고 표현했다.
- 25분 동안 아동 곁에서 결정을 기다렸으나 아동이 졸립다고 집에 가고 싶다고 하여 놀이를 진행하지 못했다.
- 모가 계속해서 놀이를 했으면 좋겠다고 아동을 설득하였으나 아동은 졸려서 집에 가고 싶다는 답변만 계속 했다.

• 중기 II

22회기 (2016. 9. 03)

놀이 순서 : [텐트]–[의자]–[햄버거 가게]–[거울]–[의자]–[블록]–[햄버거 가게]–[토스터기]–[젠가]–[비눗방울]–[젖병]–[햄버거, 접시]–[돈, 통장]–[텐트]–[전화기]

[상담실 관찰] 입실 후 상담실을 둘러보며 재미없다고 표현했다.

[텐트] 텐트를 붙잡고 코알라처럼 올라가고 싶다고 표현했다.

[의자] 밟고 올라가 창문 밖을 쳐다봤다.

[햄버거 가게] 장난감에 걸터앉아 음료수 병을 바닥에 떨어뜨렸다.

[거울] 거울 주변을 왔다갔다하며 재미없다고 표현했다. 장난감을 모두 버리고 100개 사오라고 표현했다. 쓰레기통을 가져오라고 하며 쓰레기통으로 가지고 놀겠다고 표현했다. 쓰레기차가 있음을 알렸으나 원하지 않았다.

[의자] 상담실 가운데로 의자를 가지고 와 손가락으로 상담자에게 앉으라고 했다.

[블록] 책상을 찾았으나 원하는 책상이 없어 블록을 옮겨 책상을 만들었다.

[햄버거 가게] 음식을 만들어 상담자에게 배달해 줬다. 상담자에게 돌아보면 머리가 탈 수 있다고 보지 마라고 표현했다.

[토스터기, 포트, 젠가] 토스터기 및 포트 안에 젠가를 넣었다.

[비눗방울] 비눗방울을 포트 옆으로 이동했다.

[젖병] 상담자가 앉아있는 책상에 갖다 놓았다.

[햄버거, 접시] 상담자에게 음식을 갖다 주고 상담자가 먹으려 하자 먹지 마라고 하며 접시에 음식을 담아 가져왔다.

[돈, 통장] 돈이 든 바구니를 상담자에게 주고 음식을 먹고 돈을 내라고 했다. 통장과 수표는 맡겨 주겠다고 하며 바구니에서 골라 가지고 갔다.

[텐트] 음식을 다 먹고 상담자에게 집에 가라고 하여 상담자가 서 있자 텐트가 집이라고 이야기했다.

[전화기] 음식점이 문을 열었는지 전화를 걸어 확인하라고 상담자의 전화기를 갖다 줬다.
[퇴실] 상담을 마치고 퇴실하며 다음 시간에도 책상이랑 의자를 그대로 두라고 이야기했다.

23회기 (2016. 9. 24)

놀이 순서 : [선반의자, 원형의자, 두더지, 축구, 물고기 잡기, 블록]-[햄버거 가게, 마트]-[군인]-[칼, 공룡, 동물, 바다생물]-[블록]-[할리갈리]-[아기, 젖병, 이불]-[음식카트]-[돈바구니]-[텐트]-[젖병]-[할리갈리 종]-[아기]-[트럭]-[비눗방울]-[할리갈리]-[전화기]-[할리갈리]-[축구]

[선반의자, 원형의자, 두더지, 축구, 물고기 잡기, 블록] 거울을 기준 삼아 네모난 형태로 장난감을 배치했다.
[햄버거 가게, 마트] 거울에 가까운 쪽으로 안에 공간을 비우고 서로 마주 보도록 배치했다.
[군인] 상담자에게 군인 피규어를 모두 가져오라고 하며 상담자가 군인을 세워놓으려고 하자 힘드니까 그냥 두라고 표현했다.
[칼, 공룡, 동물, 바다생물] 거울 정면과 일정 공간을 두고 햄버거 가게, 마트 사이에 공간을 채우듯이 배치했다.
[할리갈리] 블록 위에 배치하고 카드를 반 나누어 상담자에게 박스와 나누어 줬다.
[아기, 젖병, 이불] 아기를 데려다 블록 뒤에 보이지 않도록 이불을 깔고 젖병을 옆에 두고 눕혔다. 상담자가 피아노를 건드려 소리가 나자 아이가 시끄러워서 안 된다고 표현했다. 상담자가 다른 악기 소리를 낸 뒤 아동을 보며 아이가 시끄럽겠다고 이야기하자 방에는 소리가 안 들린다고 괜찮다고 했다.
[음식카트] 상담자에게 음식을 고르라고 했다. 아동은 햄버거 세트, 상담자는 채소를 골랐다. 아동은 햄버거 가게, 상담자는 채소 가게라고 표현했다.

[돈바구니] 아동의 햄버거 가게 위에 있던 돈바구니에서 수표를 꺼내어 상담자에게 줬다.

[텐트] 아동이 햄버거 가게를 정리하고 텐트 안에 들어가 자고 일어나 아기에게 우유를 먹이고 다시 텐트에 들어가자고 상담자에게도 자라고 했다.

[할리갈리 종] 할리갈리 종을 울리며 새벽이라고 했다. 상담자가 일어나 햄버거 가게에 가려고 하자 아직 새벽이라 안 된다고 표현했다.

[햄버거 가게] 상담자가 일어나 햄버거를 달라고 이야기하자 만들어서 상담자에게 줬다.

[텐트] 잠을 자러 텐트에 들어갔다.

[할리갈리] 종을 치며 새벽이라고 표현했다.

[햄버거 가게] 상담자가 햄버거 가게로 가려고 하자 아기를 데리고 오라고 하여 아기를 데리고 갔다.

[트럭] 아기 의자라고 하며 상담자의 아기를 트럭 뒤에 앉혔다.

[햄버거] 아기에게 먼저 햄버거를 주고 상담자에게 햄버거를 줬다.

[비눗방울] 상담자에게 비눗방울을 선물로 주려고 하다가 다시 제자리에 갖다 놓았다.

[할리갈리] 카드로 상담자에게 전화했다.

[전화기] 상담자가 아동이 좋아하는 선물을 고르기 위해 전화하도록 했다. 전화 도중 할리갈리 카드로 바꾸라고 표현했다.

[할리갈리] 카드를 아동이 좋아하는 것과 아닌 것으로 분류하여 상담자에게 나누어졌던 카드와 교환하도록 했다.

[축구] 축구를 하고 싶다며 손으로 골을 넣었다.

24회기 (2016. 10. 08)

놀이 순서 : [블록]-[주차장]-[경찰차, 경찰플레이모빌]-[자동차]-[소방차]-[군인]-[경찰]-[군인]-[버스]

[상담실 관찰] 입실 후 징징거리는 목소리로 재미있는 레고가 없다고 이야기하며 여자 레고 말고 남자 레고가 없다고 표현했다. 상담실 벽쪽으로 돌아다녔다. 또 축구가 하고 싶다며 공을 찾았다. 상담자가 탱탱볼을 보여주자 축구공이 아니고 골대도 없다며, 넓은 밖에서 하고 싶다고 이야기하고 창밖을 바라보았다.

[블록] 어린이집 버스라고 표현했다.

[주차장] 블록 옆으로 주차장을 이동하며 상담자에게 원하는 것으로 가져 오라고 표현했다.

[경찰차, 경찰플레이모빌] 경찰차와 경찰 모빌을 선택하여 주차장으로 이동했다. 상담자는 병원차, 간호사 모빌을 선택했다.

[주차장] 바닥이 진흙이라고 이야기하며 주차장을 블록 가까이 옮겼다.

[자동차] 상담자에게 선택하라고 하며 자동차를 선택하여 주차장으로 옮겼다. 상담자는 비행기를 선택했다.

[주차장, 자동차] 자동차를 주차장 위로 올리고 상담자의 차는 못 올라도록 했다.

[소방차] 불이 났다고 하며 소방차를 주차장 근처로 옮겼다. 상담자의 구급차도 이동시켰다.

[군인] 군인이 다쳤다고 말하며 군인 4명을 주차장 근처로 옮겼다. 상담자에게 함께 이송하자고 표현했다.

[경찰] 다친 군인을 이송했다.

[군인] 바닥이 진흙이라 있으면 안 된다며 군인 피규어 4개를 선택하여 주차장 위로 옮겼다.

[버스] 버스 4대를 주차장 가장 밑에 배치하고 상담자가 버스 안에 있다고 표현했다.

25회기 (2016. 10. 15)

놀이 순서 : [주차장]–[플레이모빌]–[경찰차]–[블록]–[군인]–[플레이모빌]–[경찰차]–[쓰레기차]–[경찰플레이모빌]–[햄버거 가게]–[마트]–[원형의자]–[젠가통]–[포트]–[통장]–[돈바구니]–[햄버거 가게]–[돈바구니]–[음식카트]–[야채]–[아기]–[이불]–[아기]–[햄버거]–[포트]–[젠가]–[아기]

[입실] 상담실 입실 전 900분 놀고 싶다고 표현했다.

[주차장] 주차장을 옮길테니 상담자에게는 큰 차로 사람을 가져오라고 했다.

[플레이모빌] 상담자가 옮기지 않은 모든 모빌을 옮겼다. 상담자에게는 큰 경찰차를 가져오라고 표현했다.

[블록] 블록을 중간으로 이동했다.

[군인] 군인을 양손 가득 집어 바닥에 내려놓으며 상담자에게는 나머지 블록을 가져오라고 표현했다. 상담자에게 군인을 세워 놓으라고 표현했다.

[플레이모빌] 바닥이 진흙이라고 하며 모빌을 이동시키며 하나의 모빌을 도둑이라고 표현했다.

[쓰레기차] 도둑 모빌과 작은 경찰차 2대를 쓰레기차에 넣었다. 쓰레기통에 경찰 모빌을 넣고 나쁜 차라고 지칭했다.

[햄버거 가게] 집놀이라고 이야기하며 블록 옆에 배치했다.

[마트] 햄버거 가게 옆에 나란히 배치했다.

[원형의자] 의자를 가져와 상담자에게 앉으라고 표현했다.

[젠가통] 의자로 사용했다.

[포트] 햄버거 가게에 올려놓으며 위치를 4차례 변경했다.

[통장] 지갑이라고 이야기하며 상담자에게도 하나 나누어 줬다.

[돈바구니] 상담자에게 코팅된 종이돈을 주고 아동은 종이돈을 선택하며 수표는 큰돈이라고 표현했다.

[음식카트] 햄버거 재료를 서랍에 넣고 상담자는 야채, 과일을 챙겼다.

[야채] 상담자의 야채 위치에 대해 지정하며 카트에 남은 과일과 야채를 꺼내 줬다.
[아기, 이불] 아기를 데려다 이불에 눕혀 놓았다. 상담자에게 아기가 있냐고 물어 없다고 하자 없어도 된다고 표현했다.
[종료 사인]
[햄버거] 아직 햄버거를 먹지 않았다고 표현했다. 상담자가 정리 시간을 줬다. 상담자에게 같이 먹자고 하며 먹은 햄버거를 쓰레기통에 넣었다.
[포트] 재료를 넣고 끓여야 한다고 나무가 없다고 표현했다.
[젠가] 젠가 2개를 넣고 끓였다. 꺼내서 상담자와 나누어 먹으며 아기에게도 나누어 줬다.
[퇴실] 왜 900분 놀지 않느냐고 표현했다.

26회기 (2016. 10. 22)

놀이 순서 : [주차장]-[주유소]-[플레이모빌]-[비행기]-[경찰차, 소방차, 구급차, 어린이집 버스]-[플레이모빌]-[쓰레기차]-[플레이모빌]-[배]-[버스]-[경찰차]-[블록]-[플레이모빌]-[쓰레기차]-[플레이모빌]-[쓰레기차]-[블록]-[주차장]

[상담실 관찰] 입실 후 상담실을 둘러본 뒤 거울에 자기 얼굴을 보며 눈싸움을 하고 싶다고 표현했다. 블록에 기대어 앉아 아이스크림 뜨는 둥그런 기계가 있어야 하며 달리기를 하려면 교실이 더 넓어야 한다고 했다. 다음 시간에 아이스크림 뜨는 둥그런 기계를 꼭 사놓으라고 했다.
[주차장] 상담실의 중앙으로 이동시키며 바다라고 표현했다.
[주유소] 배라고 표현했다.
[플레이모빌] 처음에는 2개 정도를 선택하고 상담자에게 선택하도록 한 뒤 모든 모빌을 주차장 2층에 배치했다. 도둑이라 칭한 피규어를 3층에 배치했다.
[비행기] 비행기를 주차장 3층으로 이동했다.
[경찰차, 소방차, 구급차, 어린이집버스] 주차장 2층에 배치했다.

[플레이모빌] 엘리베이터가 고장이 나서 고쳐야 한다고 했다. 하루에 고쳐지지 않는다고 이야기하며 다음날 다시 고친다고 표현했다. 상담자는 경찰 모빌을 선택하여 계속 대화했다.

[쓰레기차] 쓰레기통을 열어 집으로 이동시켜 주겠다며 3명의 피규어를 싣고 쓰레기차가 처음 놓여 있던 자리로 이동했다.

[플레이모빌] 엘리베이터를 고치던 모빌이 쓰레기차가 돌아오지 않는 것에 대해서 이야기하고 상담자의 모빌이 쓰레기차 모형에 대해 설명했다.

[근육사람, 배] 근육 사람을 배를 타고 이동하며 찾아보았으나 찾지 못했다고 했다.

[버스] 4대를 주차장 1층에 배치하여 상담자가 안에 타고 있다고 표현했다.

[경찰차] 큰 경찰차에게 없어진 친구들을 찾으라고 요청한다고 표현했다.

[블록] 배라고 표현했다.

[플레이모빌] 블록 배에 4명씩 나누어 타고 친구들을 찾으러 갔다.

[쓰레기차] 친구들을 찾지 못하고 모두 쓰레기차에 갇혔다.

[플레이모빌] 경찰 모빌이 직접 쓰레기차를 운전하여 주차장으로 쓰레기차를 이동시켰으며 모든 모빌을 구출했다.

[쓰레기차] 뒤 화물칸을 열어 안에 있는 장난감을 한 번에 쏟아냈다.

[블록] 바닥에 떨어진 모빌을 블록 배에 실었다.

[주차장] 주차장으로 모든 모빌을 이동시켰다.

27회기 (2016. 10. 29)

놀이 순서 : [주차장]–[플레이모빌]–[소방차]–[구급차]–[주차장]–[경찰차]–[텐트]–[축구게임]

[입실] 상담실의 피규어를 쓰러뜨리고 자동차 피규어는 뒤집어 놓았다.

[주차장] 주차장을 상담실 중간으로 이동시켰다.

[플레이모빌] 경찰사람을 선택했다. 상담자에게도 선택하라고 하며 모든 플레이모

빌을 내리라고 지시했다.

[소방차] 소방차를 주차장으로 이동시켰다.

[구급차] 상담자에게 자동차를 선택하도록 하여 상담자는 구급차를 주차장으로 이동시켰다.

[주차장] 불이 났다고 소방차가 불을 끄다가 소방차가 넘어져 다른 소방차가 도와줘 불을 껐다. 다친 사람들을 상담자가 병원으로 옮겼다.

[경찰차] 다른 사람을 병원으로 이송하기 위해 경찰차에 사람을 태웠으나 길을 잘 몰라 구급차가 경찰차 앞에서 길을 안내해 줬다. 다친 사람들 모두를 병원에서 치료했다.

[텐트] 상담자와 함께 텐트 안으로 들어갔다.

[축구게임] 상담자와 공 2개로 축구게임을 진행했다. 상담자가 넣은 골을 자기 골이라고 이야기하기도 하고 진짜 골대를 연상하여 이야기했다.

2 언어지연 및 지적지연 사례

1) 아동 인적사항

- **이름** : 류○○(남)
- **생년월일** : 2009년 5월 26일(만 5세 6개월)
- **접수 면접일** : 2015년 4월 8일
- **상담 기간** : 2015년 5월 7일~10월 25일(총 27회기)
- **인상 및 행동**

내담 아동은 단정한 옷차림에 또래보다 다소 작아 보이는 체구로, 피부는 하얗고 파마머리에 갈색염색을 한 머리를 하고 있었다. 내담 아동의 엄마와 두 손을 잡고 장난을 하고 있었으며, 상담자가 인사를 하자 내담 아동은 엄마의 한 손은 여전히 잡은 채, 다소 부끄러운 얼굴로 살짝 이를 드러내고 웃었다. 썩은 치아가 많아 보였다.

상담자가 ○○이의 놀이선생님이라고 소개하자, 미소를 지으며 상담자가 내민 손을 잡고 상담실로 향하면서 두 번 정도 뒤를 보고 엄마를 확인하는 모습을 보였다.

상담실로 걸어가면서 즐거운 듯 정충정충 뛰는 듯한 걸음걸이로 걸어갔다. 상담실로 가는 동안 웃는 표정을 지었다. 상담자가 묻는 말에는 미소로 반응했으며, 가는 동안 눈맞춤은 없었다. 내담 아동이 치료받고 있는 언어상담실을 지나자 조금 불안해하는 듯해 보였다. 다른 아동이 들어가는 상담실에 따라 들어가서, 상담자가 ○○이 놀이방은 다른 곳이라고 말하자 조금 머뭇거리면서 다시 나와 상담자와 함께 놀이실로 들어갔다.

2) 내방경위

2년 전(2013년)에 CT가 4살 때 다니던 소아과의 원장님의 권유로 ○○대학교 아동가족상담센터를 알게 되었고, 언어치료와 놀이치료를 6~7개월 하였으나 효과가 없는 것 같아서 그만두었다.

올해(2015년) CT가 6세가 되면서 도솔 국공립유치원에 입학하고, 다른 아이들을 보면서 CM이 CT에 대해 언어지연, 지적장애 등 부정적으로 느꼈던 부분을 받아들이면서 언어치료를 다시 시작해야겠다는 생각을 하게 되었다. 언어치료를 하면서 언어치료 선생님의 권유로 놀이치료를 받게 되었다.

3) 주 호소 내용

- CM에 의한 주 호소

① 말을 하려고 하지 않는다.

  – CT가 원하는 것은 손짓이나 “이이잉” 등의 단순 음성으로만 이야기한다.

② 언어 표현이 안 된다.

- "엄마" 또는 옹알이 수준의 언어만 표현이 가능하다.

③ 자신의 감정을 제어하지 못한다.

- 좋을 땐 너무 좋고, 싫을 땐 너무 싫어한다.
- 활동량이 많고, 충동성을 가지고 있다.

④ CM에게 의존적이다.

- CM에게만 붙어 있고, CT가 원하는 것은 CM이 모두 들어주길 바란다.

• 상담자가 본 내담 아동의 주 호소

① 사회성이 부족하다.

- 놀이의 연계성이 없고, 제한을 따르지 않는다.
- 눈맞춤이 잘 안 된다.

② 신체적, 언어적으로 발달의 지연을 가지고 있다.

- 단순한 음성으로 의사소통을 한다.
- 손으로 물건을 집거나, 몸의 중심을 잘 잡지 못한다.

③ CM과 분리불안을 가지고 있다.

- 내담 아동은 CM과 떨어질 때 불안해하며, 항상 함께 있으려고 한다.

④ 자신의 감정표현과 감정조절에 어려움을 겪고 있다.

- 충동적이고 활동량이 많다.
- 눈치를 본다.
- 자신의 감정을 울음, 누어서 발버둥을 치는 행동, 자신의 가슴을 치는 행동 등으로 표현한다.

4) 양육사

(1) 생육사

결혼시	• 결혼연도 : 2005년(연령 : 부 38세 / 모 31세) • 교제유형 : 연애(1년 6개월) • 결혼동기 : 나이가 결혼할 시기였고, 좋고 편해서 만남(첫 만남 : 등산)
임신시	• 약 복용 및 질환 : 무 • 충격 : 유(7개월–시댁과 불화와 영양상태 안 좋았음, 8개월–태아 맥박 없었음) • 입덧 : 유(1개월) • 계획된 임신 : 아니요 • 임신에 대한 반응 : 부(안 좋았다) / 모(안 좋았다) • 유산 및 사산 : 무
출생시	• 산모연령 : 35세 • 임신기간 : 예정일로부터 15일 전에 출산 • 분만상태 : 제왕절개, 첫째를 출산할 당시에 태아가 크다고 해서 제왕절개 수술을 하고 둘째도 제왕절개를 함. • 신생아 체중 : 2.7kg • 산소호흡기 및 인큐베이터 사용 : 무 • 황달 : 무
수유 및 식사	• 모유 : 1개월 / 우유 : 18개월 / 젖병 뗀 시기 : 19개월 • 식습관(3세 이전) : 편식(무) / 식사태도 : 스스로 먹다가 엄마가 먹여줌 식습관(3세 이후) : 편식(유) / 식사태도 : 엄마가 먹여줌
대소변 훈련	• 시작 시기 : 4세 / 가린 시기 : 1개월 / 밤에 가린 시기 : 5살 • 방법 및 아이 반응 : 어린이집에서 신기하게 바로 가렸으며, 거부반응 없었음
수면 및 활동	• 보채기 및 잠버릇 : 무 • 활동량 : 3세 이전 과다해 밖에 나가는 것을 좋아함 • 기타 : 잘 잠
병력	• 고열, 경기, 질환 : 무 • 영아 : 100일 지나서 대변볼 때 배앓이(영아 산통) • 돌 : 두유 먹고 장염 • 3살 : 폐렴으로 5일 병원 입원, 장염으로 3일 입원 • 감기에 자주 걸림 • 한약은 지금도 연 2회 복용 • 현재의 건강상태 : 양호

(2) 발달사

신체발달	• 목 가누기 : 2개월 • 기기 : 8개월 • 걷기 : 18개월
언어 및 인지발달	• 옹알이 : 거의 안 함 • 첫 말 단어 : "엄마"는 2살부터 시작했으며, "아빠"는 혼내면 안 하고 좋아해 주면 뒤돌아서 "아빠"라고 가끔 함 • 현재 언어 : 표현력(엄마, 옹알이 정도), 이해력("아, 우"로 표현) • 인지상태 : 눈치로 알아맞힌다. • 요즘 : 숫자를 세기도 한다.
사회 및 정서발달	• 눈맞춤 : 가끔 • 낯가림 : 요즘 들어 한다. • 엄마 없이도 놀았나? : 3살 때 어린이집에서 많이 울었다. 엄마나 아빠, 한 명만 옆에 있으면 잘 놀았다. • 좋아하는 놀이 : 기차 • 좋아하는 장난감 : 물고기 • 성격 : 잘 운다. 징징거린다. 말이 없다. • 부모와의 관계 – 부 : 어려워한다. – 모 : 현재 가장 많이 의존한다. 작년까지 CT를 인정하지 않다가 6살 때부터 유치원 다니면서 인정함 • 형제와의 관계 – 형과 CT와는 별로 사이가 좋지 않지만, 요즘은 형이 잘 챙겨 주려고 한다. • 또래와의 관계 – 유치원에서 또래와 놀이를 하지는 않지만, 친구들이 놀이하는 것을 지켜보기도 함.

(3) 교육사

학령 전 교육	• 3, 4, 5세 : 어린이집 • 6세 : 5월부터 장애인 유아체육 시작, 언어치료, 놀이치료 • 좋아하는 활동 및 과목 : 뛰노는 것을 좋아하고 물을 좋아함

(4) 양육상 특이사항

CT의 부모 모두 CT를 임신했을 때부터 원하지 않는 아이였다. CM은 임신 7개월 때 과도한 스트레스와 불균형적인 영양상태였으며, 8개월 때 태아의 맥박이 없다는 의사의 진단을 받기도 했다. CT는 태어날 때 저체중으로 정상 체중에 못 미쳤다.

CM은 CT가 어렸을 때부터 주 양육자였고, CT가 돌 전까지 순하여 뉘어 놓고, 주로 비디오를 보여줬으며, 다른 사람과 눈맞춤은 안됐다. CM은 돌 전까지 CT를 잘 안아주지 않고, CT의 발달에 대해 기억하지 못하는 등 민감하지 못한 양육을 했다고 CM은 보고하였다. CT는 어려서 병치레가 잦았으며 발달에도 지연을 보여 병원에 다니기도 했다.

CF는 양육에 비협조적이고, 지금까지 CT의 언어지연에 부정적인 반응을 보이고 있다. CT는 3살 때 형과 다니던 어린이집을 그만두고, 4살 때 형이 다녔던 어린이집을 다니다가 1년 후에 그만두었다. 5살이 되면서 ㅇㅇ대학교 부설 어린이집으로 옮겼고 발달이 늦다고 해서 4살 반에서 활동하였으나, 어린이집에서 그만두라고 하여 작년 7월에 그만두게 되었다. 그리고 현재 6살에 ㅇㅇ국공립 유치원에 다니고 있다. 6살이 되면서 숫자를 세거나, 옷 입기나 스스로 하는 일이 가능해졌다고 보고되었다. 4살 때 놀이치료와 언어치료를 6개월간 받았다가 치료적 효과가 없는 것 같아 그만두었고, 5살에 지적장애 3급 판정을 받았다. 6살이 된 해의 4월부터 언어치료를 시작하였다.

5) 가족사항

관 계	성 명	연 령	학 력	직 업	종 교	월수입
부	○○○	48	대졸	자영업	불교	
모	△△△	41	고졸	주 부	불교	
형	◇◇◇	7	유치원			

(1) 가계도

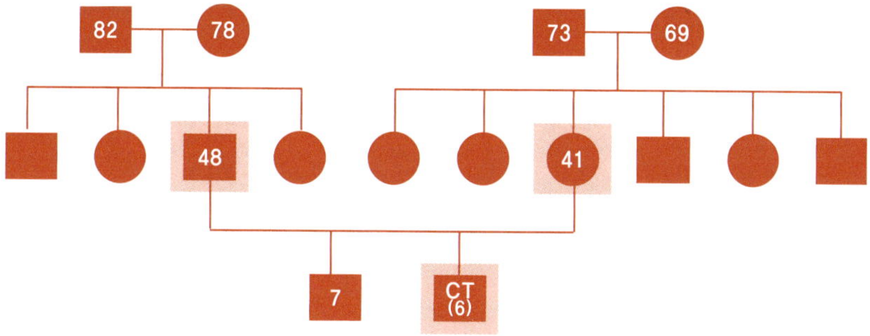

(2) 성격 및 스트레스 대처 유형

	성격 특성	스트레스 대처 유형
부	자기 중심적이고, 예민하다.	운동
조부	무능하고 우유부단하지만 착하고 좋은 시아버지다.	술, 놀기
조모	어머님이 경제력이 있어 생계를 책임진다. 예민한 성격으로 자식들이 안 좋아한다. 큰아들을 좋아한다.	말을 막함
부의 형제	가족이 편이 나눠져 명절도 따로 보낸다. (누나–누나 남편), (형–여동생)	
모	직선적이고 정이 많다. 성격이 급하다.	쇼핑
외조부	성격이 급하고 말이 없다. 자녀에게 잘한다. 가끔 화나면 무서우며 항상 무언가를 하고 있다.	
외조모	따뜻하고 여우 같다. 베푸는 것을 좋아한다. 자식보다 남을 챙기며 가끔 정이 떨어지는 행동을 한다.	
모의 형제	CM은 언니 둘과 사이가 별로 안 좋고, 동생들과 사이가 좋다.	

6) 사례 개념화

내담 아동은 태내기 때부터 CT의 부모 모두 원하지 않는 아이였으며, CM은 임신 중 CT의 친가와의 갈등과 영양 불균형 상태로 CT를 태내기 때부터 불안감을 갖게 했다. 태아기 8개월에 심장이 뛰지 않는다는 주치의의 진단을 받아 CT의 뇌 발달이나 신체적 발달에 부정적 영향을 주었을 것으로 보인다.

CM은 CT의 출생 후 양육에 비협조적인 CF와의 불화로 양육 스트레스를 받게 되고, CM의 우울적 성향은 CT를 양육하면서 비디오를 보여주거나 안아주지 않는 등의 행동으로 나타나 전반적인 발달에 부정적 영향을 주었을 것으로 보인다.

CT를 인정하지 않는 부모의 양육방식은 CT의 감정표현이나 감정조절에 영향을 주었을 것으로 보인다. CT는 부모에게 수용 받거나 존중받고 싶은 욕구가 좌절되면서 자신의 감정표현에 어려움을 겪게 되고, 이것이 다른 대상과의 눈맞춤을 피하고 눈치를 보거나 가슴을 치는 등의 행동으로 부정적 모델링이 되었을 것으로 보인다.

CT는 부모와의 관계에서 낮은 자존감과 관계하고자 하는 욕구는 있으나 대상과의 소통에 어려움을 겪고 있다. 기질적인 요인과 비일관적인 양육으로 규칙에 대한 인지와 상황 판단에 대한 인식이 부족한 것으로 보인다.

CT의 기질적인 요인과 CM의 단절된 사회적 교류와 지금까지 이어온 외가와 친가의 불화는 CT의 사회성에도 부정적 영향을 주어 또래관계가 안 되고, CM만을 의존하는 성향으로 나타나는 것으로 보인다. 그러나 CT가 6살이 되면서 CM이 조금씩 CT에게 가졌던 부정적인 면을 받아들이려고 노력함으로써 CM이 사회적으로 교류를 하게 되고, 이것은 CT를 양육하는데 강점으로 작용할 것이라 사료된다.

7) 치료목표

• 아동에 대한 목표

- 상담자와 라포를 형성하여 치료실이 안전한 곳으로 인식하고 불안감을 줄일 수 있도록 돕는다.
- 내담 아동에게 공감의 긍정적 피드백을 줘 전반적으로 발달에 긍정적 영향을 줄 수 있도록 한다.
- 내담 아동이 자신의 감정을 적절하게 표현하고 감정을 잘 조절할 수 있도록 돕는다.

• 부모에 대한 목표

- 부모상담을 통해 내담 아동에 대한 이해를 도와 양육에 대한 스트레스를 감소시킨다.
- 지속적인 부모상담으로 지지와 공감을 통하여 자존감을 높인다.

8) 놀이치료 상담과정

1회기

회기 및 날짜	1회기 / 2015년 5월 7일
놀이 순서	물고기–카트–고래–물고기–공룡–자동차–풍선통–물고기–로켓–말–구슬 주머니–자동차–사다리 자동차–자동차–아톰–버스–기차–물고기–로켓–기차–기찻길–기차–물고기–지프차–수갑–망원경–비행기–물고기–자동차–비행기–자동차–사람–카트–(5분 사인)–기차–카트–물고기
상 담 내 용	
– CT는 처음 보는 T에 대해 경계심이 없었고, T가 손을 내밀자, 웃으며, 손을 잡고 T를 따라 치료실로 향하였다. 치료실 안에 들어와서 신발을 벗지 않고 들어왔으며, T가 반응해 주자, 신발을 벗고, 놀이를 시작하였다.	

상담내용
• 물고기 – 작은 노란 물고기를 선택하고 손에 가지고 다니다가 바닥에 떨어뜨린다. • 카트 – 밀면서 다른 곳을 탐색한다. 피규어들을 카트에 담는다. 중간에 멈추고, 주위를 살핀 후에 또 탐색이 이루어지고, "히잉" 소리를 내며 탐색하였다. • 고래 – 2마리를 카트에 담는다. • 노란 물고기 – 손가락으로 물고기 지느러미를 움직이며 "히잉" 소리를 낸다. • 공룡 – 공룡을 선택하고 카트에 담지 않고 바닥에 놓는다. • 자동차 – 1개를 카트에 담는다. • 풍선통 – 풍선통을 탐색한 후에 들고 와서 바닥에 놓는다. • 물고기 – 손에 들고 있던 노란 물고기를 카트에 담는다. • 말 – 말 2마리를 들고 "이잉"소리를 내며 카트에 담는다. • 구슬 주머니 – 구슬이 여러 개 들어 있는 주머니를 탐색한 후에 카트에 담는다. • 자동차 – 미니 자동차 문을 열어보고 바닥에 손으로 굴리다가 카트에 담는다. • 사다리 자동차 – 자동차를 굴리며 엎드려 자세히 관찰한 후 카트에 담는다. • 자동차– 미니 자동차를 굴린 후 카트에 담고 카트에서 떨어지자, 그냥 둔다. • 아톰 – 한 손을 뻗어 아톰을 선택하여 카트에 담는다. • 버스 – 굴려 본 후에 바닥에 놓는다. • 기차 – 2칸을 카트에 담는다. • 물고기 – 노란 물고기를 들고 팔짝 뛰며 웃으며, 좋아한다. 카트에 담는다. • 로켓 – 바구니에 담겨 있던 로켓을 빙글빙글 돌면서 하늘에 날린다. 웃으며 좋아한다. • 기차 – 카트에 담겨 있는 기차를 꺼내어 움직인다. 그것을 자세히 관찰한다. • 기찻길 – 2개를 선택하여 바닥에 놓지만 연결하지 않고 움직이지도 않는다. • 기차 – "이잉" 소리를 내며 굴린다. • 물고기 – 열대어 물고기 2개를 선택하여 하나를 T에게 준다. T가 고맙다고 말하자, CT는 손배꼽하고 "히잉"이라고 말하며 미소를 지으며 고개를 숙인다. • 지프차 – 바닥에 굴린다. • 수갑 – 높이 있어 어렵게 꺼내어 보지만 바닥에 그냥 둔다. • 망원경 – 높이 있는 것을 소리 내어 손을 뻗어 꺼내려고 한다. CT가 "이잉" 소리를 내며 요청해 T가 꺼내 주지만 바닥에 그냥 놓는다. • 비행기 – 비행기를 움직이며 소리를 내고 하늘을 날게 하며 좋아한다. 카트에 담는다. • 물고기 – 노란 물고기를 카트에서 꺼낸다. • 비행기 – 비행기 1개를 T에게 준다. 다른 비행기를 빙글빙글 돌리며, 하늘을 날게하며 신나 한다. 미소를 지으며 고개를 돌린다. T의 손에 있는 비행기를 가져가 바닥에 굴리고 그냥 둔다. • 자동차 – 자동차에 사람 피규어를 넣으려고 한다. 안 되자 T에게 건네준다. T가 자동차에 들어갈 수 없다고 하자 바닥에 놓는다. • 비행기 – 카트에 담겨 있던 비행기가 바닥에 떨어지자, 바닥에 있는 비행기를 만지고 그냥 바닥에 둔다.

상담내용
• 자동차 – 진열장에서 자동차들을 탐색하며 문을 한 번씩 열어 본다. • 사람 – 사람을 자동차에 태워보려고 한다. 자동차에 안 들어가자 다른 사람 피규어를 가져와서 넣어 보고 안 들어가자 T에게 도움을 요청한다. • 기차 – 카트에 있는 기차 2칸을 선택하여 연결하려고 한다. 고리가 고장 나서 안 되자, 울음을 터트린다. 소리를 내며 가슴과 무릎을 치며 울고, 바닥에 누워서 발버둥친다. T에게 주며 도움을 요청하지만, T가 고장 나서 안 된다고 하자 반복적인 행동으로 자신의 감정을 표현한다. **5분 사인** • 기차 – T를 한번 잠깐 보고, 다시 울고 기차를 다시 연결하려고 한다. **종료 사인** • 카트 – 놀이 종료 사인을 보내자, 넘어져 있던 카트를 세운다. 우는 소리는 계속 낸다. • 물고기 – 카트에서 쏟아져 있던 열대어 물고기를 만진 후 T와 함께 나온다.
– 놀이를 마치자 복도를 뛰어 달려 갔으며, CM이 대기실 앞에서 두 팔을 벌려서 안았다. – CT가 모래 작은 열대어 물고기 피규어를 가지고 나왔으며, T가 달라고 하자. CT가 등 뒤로 숨겼다. CT가 안주자, CM이 뺏어서 주었다. T가 다시 CT에게 주고 다음 주에 만나자고 하자, 다시 T에게 건네 주었다. – T와 CM이 이야기하는 동안 CT는 CM의 품에 안겨 있었고, 상담을 마치자 CM이 T에게 인사하라고 하고 CT와 인사를 하고 헤어졌다.

상담자 소견 (1회기)

CT는 치료실에 들어가서 CM이 CT가 좋아한다고 보고한 물고기, 자동차, 기차에 집중적인 관심을 보였으나, 쇼핑카트를 밀고 다니며 다양한 피규어를 탐색하는 모습도 보였다. 놀이를 하면서 눈맞춤은 없었지만 가끔씩 상담자의 표정을 살피는 모습을 보였다. 상담시간 중반쯤 트름도 하고 도움을 요청할 때는 상담자의 손을 잡고, "히잉"이라고 이야기하며 도움을 요청하는 모습을 보였다. 기차를 연결하는 부분에서 잘 되지 않자, 소리로 분노를 표현하고 자신의 가슴과 무릎을 주먹으로 치기도 하고 바닥에 누워 울음을 터뜨리는 모습을 보였다. 상담이 끝나고 치료실 밖으로 나올 때 물고기 피규어를 가지고 나왔으며, T가 제한을 설정하자 뛰어가서 CM의 품에 안겼다.

CT는 다양한 놀이를 탐색하지만 놀이가 연결되지 못하며, 언어소통에 어려움은 언어표현과 감정조절의 어려움으로 나타나는 것으로 보인다. 피규어가 떨어지는 소리, 게임판이 작동하는 소리 등에도 민감성을 보이지 않았다. 자동차 바퀴가 굴러가는 모습을 엎드려 자세히 관찰하였으며, 비행기를 들고 하늘을 나는 흉내를 낼 때는 미소를 지으며 좋아했다.

부모상담 (1회기)

CM이 생각하는 주 호소에 대해 이야기를 나누었다. 주 호소로 인해 CM은 어떤 부분이 힘들었는지, CT가 힘들어하는 부분이 무엇인지에 대해 탐색하는 시간을 가졌다. 오늘 놀이에 대해 이야기를 나누었고, 앞으로 어떻게 진행될지에 대해서도 이야기하였다. 놀이치료 시간에 보였던 CT의 행동에 대해서도 탐색하였다. CM에게 앞으로 협력자로서 도움을 요청하였다. CM은 상담자가 이야기하는 것을 신중하게 듣고 받아들였으며, 상담자의 말에 적극적으로 대답해 주는 모습을 보였다. 부모상담은 CT가 언어치료를 받는 다음 시간에도 하기로 약속하였다.

2회기

회기 및 날짜	2회기 / 2015년 5월 14일
놀이 순서	물고기(열대어)–공룡–비행기–카트–물고기–헬리콥터–물고기–배–물고기–비행기–바구니–구조렉카–비행기–물고기–공룡–기차–자동차–카트–두더지, 말–사람, 자동차–카트–낚시–물고기들–총지갑–(5분 사인)–물고기–총지갑–수갑–물고기, 낚싯대–(종료 사인)–물고기
상담내용	
– 처음 CT는 CM과 대기실 밖에서 놀이를 하고 있었다. T가 가자 CT는 소리를 내며 흥분된 표정으로 T의 손을 잡고 치료실 앞으로 걸어갔다. 1~2번 뒤를 보며 CM을 보는 듯했다. CT는 흥분된 음성으로 소리를 내기도 하고, 겅충겅충 뛰기도 하고, T가 묻는 말에 소리로 대답하기도 하였다.	

상담내용

- 물고기(열대어) – 물고기를 손에 들고 다른 피규어를 탐색한다. "잉~잉" 소리를 낸다.
- 공룡 – 공룡, 큰 공룡, 작은 공룡을 바닥에 나란히 놓는다.
- 비행기 – "오~오오홍" 소리를 내며, 2개의 비행기를 바닥에 놓고 비행기를 한 손으로 굴려서 보낸다. 다른 비행기는 일어서서 CT의 머리 위까지 날아가는 시늉을 한다. "헝엉어" 소리를 낸다. T가 반영하자 미소를 지으며, T의 표정을 눈치를 보듯 본다. "엉 엉 어어어어엉" 소리를 내며, T에게 비행기를 준다.
- 카트 – 음식들이 담겨 있는 카트를 밀고 다니며 주변을 탐색한다.
- 물고기 – 다른 물고기들을 탐색하고, 손가락으로 지느러미를 움직여 본 후, T에게 한 마리 준다.
- 헬리콥터 – 프로펠러를 손가락으로 돌려 본다. 관찰하며 손으로 바닥에 바퀴를 굴려 본다.
- 물고기 – 처음에 잡았던 물고기를 자세히 탐색한다. T에게 준 후 T가 고맙다고 이야기하자, CT는 손 배꼽하고 "어어앙" 소리를 내고 고개를 숙인다.
- 배 – 배를 바닥에 놓는다.
- 물고기 – T가 갖고 있는 물고기를 바구니에 넣는다. 하늘에 날리는 행동을 한다. "아~앙" 웃으며, 날린다. 웃다가 T와 눈이 마주치면 부끄러운 듯 고개를 돌린다. 돌린 채로 웃는다.
- 비행기 – 비행기를 번갈아 T에게 주고 바꿔가고를 반복한다. 하늘에 날리는 행동을 한다. "아~앙" 웃으며 날린다.
- 바구니 – 바구니에 물고기들을 넣는다. 넘쳐서 떨어지면 다시 올려놓기를 반복한다. 진지한 표정으로 다시 올려놓고, "엉엉어" 웃으며, 박수를 친다.
- 구조렉카 – 사다리가 있는 구조렉카를 한 번 보고 바닥에 놓는다.
- 비행기 – 비행기를 굴려 버린다.
- 물고기 – 물고기의 꼬리를 움직여 보며 자세히 본다.
- 공룡 – 공룡을 잠깐 만진 후에 공룡을 자리에 놓는다.
- 기차 – 기차에 물고기 바구니를 싣고 물고기가 쏟아지자, 바구니를 빼고 물고기를 싣는다.
- 자동차 – 자동차 2대를 번갈아 굴려 버린다. T에게 주고, 말없이 다시 바꿔가기를 반복한다.
- 카트 – 카트에 다시 담는다. 물고기들, 공기통, 구슬이 든 주머니를 담는다. 자동차, 물고기들이 바닥에 떨어지면, 멈춰 서서 다시 담는다. 그리고 상담실 안을 한 바퀴 돈다. 웃는 표정을 하고, T와 눈이 마주치면 얼굴을 돌리고 웃는다.
- 두더지, 말 – 카트에 담는다.
- 사람, 자동차 – 사람 피규어를 가지고 와서 자동차에 밀어 넣으려고 한다. 사람 피규어가 커서 들어가지 않자 밀어 넣으려고 하다가, 안 되니까 그냥 바닥에 둔다.
- 카트 – 카트를 쏟는다. 그리고 물고기를 손에 하나씩 올려놓고 떨어지면 또 올려놓고를 반복한다.
- 낚시 – 낚싯대에 물고기 한 마리를 붙여서 조심스럽게 발판에서 내려온다. 일반 물고기를 낚싯대 자석에 붙여 보려고 한다. "이 힝" 목소리로 짜증을 낸다. 팔짝 뛰기도 하고 가슴을 치는 행동을 한다.

<table>
<tr><th>상담내용</th></tr>
<tr><td>5분 사인
• 물고기 – 물고기의 꼬리를 흔들어 본다. 자세히 관찰한다.
• 총지갑 – 총지갑 안에 물고기를 넣으면 물고기가 빠진다. 그러면 다시 또 넣는다.
• 수갑 – 수갑을 들어 T에게 준다.
• 물고기, 낚싯대 – 물고기를 낚싯대 자석 부분에 붙여 보려고 한다.
종료 사인
• 물고기 – 물고기의 꼬리를 흔들어 본다.</td></tr>
<tr><td>– CT가 나오면서, 지난주와 같이 열대어 물고기 피규어를 가지고 나왔다. 문 앞에서 안 된다고 T가 제한하자, 물고기를 들고 복도를 뛰어서 CM에게로 갔다. CM이 뺏어서 T에게 주었고 T가 다시 CT에게 주고 다음 주에 선생님과 물고기가 기다릴 거라고 이야기하였지만, 등 뒤로 숨기고 주지 않았다. CM이 다시 T에게 주었고, CT를 향해 강하게 제한하였다.
– CT는 T와 CM의 상담 시에도 CM에게 안겨 있었다.</td></tr>
</table>

상담자 소견 (2회기)

치료실에서 1회기와는 달리 신발을 정리하고 들어왔다. 놀이를 시작하고 CT는 1회기와 같이 물고기를 들고, 카트를 이용해 탐색을 시작했다. 여러 가지 피규어를 탐색하였으나 놀이로 연결하지 못하고 탐색으로 머물렀다. CT는 T의 수용적인 태도에 긍정적인 표현을 보였으며, 계속 T의 팔을 이끌어 자신이 놀이하는 것을 도와 달라고 요청하였다. 또한 도움이 필요하다기보다는 자신의 놀이를 보여주기 위한 것으로 보이기도 했다. 발판을 올라갈 때 혼자서 올라가는 부분에 T가 반영해 주자 "이~잉" 힘주어 말하며, 힘들게 올라왔다는 느낌을 갖게 하였다. 신체발달의 지연으로 피규어를 가지고 내려오지 못하고 밑으로 떨어뜨리는 방법으로 피규어를 가져오기도 했다. 자동차에 사람을 태우는 행동을 많이 하였으나 사람이 더 커서 들어가지 못하였다. 무엇을 담고, 태우고, 싣고 하는 행동을 많이 보였다. 비행기는 하늘을 나는 흉내를 내며 소리도 함께 내기도 했다. 이번 회기에는 CT가 T에게 두 팔을 벌려 들어 올려 달라고 하여, 위에 있는 피규어를 탐색하는 행동을 보였다. 눈치를 보기도 했으나 웃는 표정이 많아졌고 T에게 안아 달라고 요청하기도 하는 등의 새로운 모습을 보였다. 피규어를 나누어 주거나 의도 없이 T의 손을 만지고 이끄는 행동이 많았다. 이는 CT가 좀 더 T와의 긍정적 라포 형성을 한 것으로 보인다.

부모상담 (2회기)

부모상담은 40분 정도 CM과 CT가 언어치료를 받는 동안 이루어졌다. 이번 CM과의 상담은 CT에 대한 탐색이기보다는 CM의 이야기를 들어주고 공감함으로써 라포를 형성하는 것에 의미를 두었다. CM은 방어 없이 이야기를 하였다. CM이 그동안 궁금했던 것에 대한 질문도 하고, CF가 양육에 참여하지 않아 힘든 점과 CT의 양육에서 힘들었던 점, 지적장애 3급을 받은 경위 등에 대해 이야기하기도 했다.

올해 들어서 CM이 CT에 대해 긍정적인 면과 에너지가 생겼다는 것과 그로 인해 CM과 CT의 관계가 좋아졌고, CF 또한 CT와 놀아주고, 센터에 데려다 줬다고 하였다. CM이 그동안 하고 싶었던 것들도 하면서 CT에게도 더 해주려고 노력하고 있다고 하였다. CT가 3세, 4세, 5세에 어린이집을 바꾼 경위에 대해서도 이야기하였다. 오늘 탐색하지 못한 것에 대해 더 알아보기 위해 다음 주에도 같은 시간에 상담을 하기로 예약했다.

3회기

회기 및 날짜	3회기 / 2015년 5월 21일
놀이 순서	물고기–비행기–물고기–비행기–로켓–비행기–공룡–배–점토찍기틀–군용헬기–배–낚시게임–낚시–싱크대–물고기–자동차, 헬기–물고기모양틀–물고기모양바구니–사과모양통–카트–공룡–(5분 사인)–카트–공룡–(종료 사인)–카트

상담내용

– CT는 대기실 앞에서 CM과 함께 있었고, T를 보자 신이 난 표정과 음성으로 달려와 손을 잡았다. 치료실로 걸어가는 시간 동안 신이 난 음성과 손으로 벽을 만지거나, 흔들거나 하는 행동을 하였다. 치료실에 가자마자 신발을 벗고 들어갔다. 놀이 시작 전에 T가 어깨를 잡고 시간에 대해 제한하고 놀이를 시작하였다.

- 물고기 – 상어 2마리와 열대어 2마리를 선택한다. T의 손을 끌고 간다. T에게 안아달라고 손을 들고 "어~어~어" 한다. T가 안아서 올려주자, 물고기들을 손으로 잡는다. 기분이 좋은 듯 "어"라고 소리를 낸다.
- 비행기 – T의 손을 끌고 간다. 발판을 올라가서 비행기를 선택하고 혼자서 내려온다. 비행기를 바닥에 굴려 보낸다.
- 물고기 – 가지고 있던 물고기를 바닥에 떨어뜨린다. 그리고 손에 담는다. T가 "떨어져도 계속 담는구나~ 그렇지만 자꾸 떨어져서 속상하겠다~."라고 말하지만, 신경쓰지 않고 손을 끌고 간다.
- 비행기 – 피규어장에서 비행기들을 움직여 본다. 하나를 선택하고 발판을 내려와서 바닥에 엎드려 비행기를 자세히 본다. 바닥에 굴리고 하늘에 날아가는 행동을 한다. T가 "비행기가 하늘을 날았어~ 선생님한테로 오네~."라고 반영해 주자, 살짝 미소를 지으며 T를 살짝 본다.
- 로켓 – 힘을 주어 바닥에 세운다. 힘을 세게 주어 로켓이 흔들린다. 하늘에 날려본다. T가 날아가는 소리를 내자, T를 본다. 미소로 웃는다. T가 "하늘을 나는 게 좋구나~."라고 이야기하자, 살짝 웃고는 다른 곳으로 간다.
- 비행기 – 비행기를 선택하고, T의 손을 자기 앞으로 끈다. 비행기를 바닥에 굴리고 하늘에 날아가는 행동을 한다. CT는 손에 비행기와 다른 한 손에 물고기들을 꽉 쥐고 있다.
- 공룡 – 선택하고 바닥에 그냥 둔다.
- 배 – 배를 선택하고, 노를 만져본 후에 바닥에 그냥 둔다.
- 점토찍기틀(물고기모양) – 물고기 모양의 점토 모양찍기틀을 꺼내서 물고기들을 모두 넘치게 담는다. 다 담은 후에 박수를 치고 "이히"라고 하며 웃는다.
- 군용헬기 – 피규어장에 서서 프로펠러를 손가락으로 돌려보고 자세히 본다. 헬기를 가지고 내려와서 손가락으로 프로펠러를 움직여 본다. 바닥에 놓는다.
- 배 – 바닥에 있던 배의 노를 저어본다.

상담내용

- 낚시게임 – 게임판을 혼자서 가지고 내려온다. 낚시놀이를 한다. 입이 벌려있지 않은 물고기는 입을 벌려서 낚시를 한다. 낚싯대를 사용해서 1마리를 낚는다. "우아아아"라고 소리를 낸다. "우와 기분이 좋구나~ 해냈어~."라고 T가 반영해 주자, 미소를 지으며 거만한 포즈로 T를 본다.
- 바구니 – 바구니를 가져와, 이곳에 물고기들을 담는다. 계속 넘쳐서 밖으로 떨어져도 계속 담는다. 엎드려서 자세히 본다.
- 낚시 – 스위치를 켠다. 판이 움직이며 돌아가자, "엄마~"라고 소리를 낸다. 손으로 판을 멈추고, 낚싯대에 물고기를 붙인다. T가 "낚시를 하니까 기분이 좋구나~."라고 하자, 미소를 지으며 계속 한다. 스위치를 키고 끄고를 반복한다.
- 싱크대 – 집에서 싱크대를 꺼내서 문을 열어 안을 보다.
- 물고기 – 낚싯대에 열대어 물고기를 붙여본다. 펄쩍 뛰며 "히잉" 소리를 낸다.
- 자동차, 헬기 – 피규어장에서 만져본다. 자동차는 굴려보고, 헬기는 프로펠러를 계속 돌려 본다. 발판을 내려와서, 반복한다. T가 "계속 돌아가는게 신기한가 보구나~."라고 이야기 하자, "아~~ 엉~억"이라고 소리를 낸다.
- 물고기모양틀 – 점토찍기 통에서 물고기모양틀을 가지고 온다. 바닥에 물고기들을 담는다. 넘쳐서 떨어져도 계속 담는다. T가 "담는게 힘들어 보여."라고 반영해도 계속 담다가, 화난 듯 발을 구르는 행동을 한다. T가 "계속 떨어져서 속상하구나~."라고 이야기 하자, "앙 !~~~~ 잉~~~" 소리를 내며 발을 구른다.
- 물고기모양바구니 – 물고기들을 바구니에 다 담는다.
- 사과모양통 – 혼자 올라가서 사과모양의 큰 통을 꺼내어 열어본 후, 바구니에 있는 물고기들을 그곳에 담는다. 뚜껑을 가지고 닫으려고 하지만 뚜껑이 닫치지 않는다.
- 카트 – 카트를 끌고 와서 물고기들을 그곳에 담는다.
- 공룡 – 작은 공룡 큰 공룡을 움직인다. 엎드려 보기도 한다. 공룡을 손에 잡고 움직인다.

5분 사인

- 카트 – 카트에 물고기와 자동차, 비행기, 공룡, 피규어를 담는다. 넘치게 계속 담는다. 피규어들이 떨어지면 또 담는다.
- 공룡 – 공룡을 움직인다. T가 "공룡이 뭔가 하고 있네, 공룡이 ㅇㅇ이를 봤어~."라고 이야기를 하자 공룡에게 "쪽" 뽀뽀하고 웃는다. 여러 곳으로 데리고 다닌다.

종료 사인

- 카트 – 카트를 움직이다가 떨어지면 또 담는다. 넘치게 계속 담는다.

– 종료 사인 후에도 카트에 떨어진 피규어들을 계속 담았다. 약속한 시간이 끝났다고 하자, 손 배꼽하고 인사를 한 후 손을 흔들었다. 그리고 밖으로 나왔다. 나오자마자 달려서 CM에게로 갔다.
– T와 CM이 상담하는 동안 CT는 형과 복도에서 장난을 하였다.
– 상담이 끝난 후에 T에게 인사하고, CM의 품에 안겨서 갔다.

상담자 소견 (3회기)

치료시작 전 제한설정을 해서 그런지 놀이시간이 끝나고 바로 치료실 밖으로 나왔으며, 피규어도 가지고 나오지 않았다. 물고기 꼬리를 움직여 보거나, 자동차를 굴리거나, 헬기의 프로펠러를 손가락으로 움직이고 보는 것은 계속됐다.

1, 2회기에는 탐색만 이루어졌다면, 이번 회기에는 놀이로 조금씩 연결되었다. CT가 조금씩 규칙에 대해 알게 되고, 공룡에게 뽀뽀를 하고 낚시에 성공했을 때 약간 거만한 표정과 포즈를 취하는 등의 감정을 표현하는 모습이 조금씩 보였다. 그러나 놀이 중 CT의 의도대로 되지 않았을 때는 소리를 지르거나 울거나 펄쩍 뛰는 행동은 줄었지만 여전히 보였다.

부모상담 (3회기)

부모상담은 40분 정도 진행하였다. CT의 발달사에 대해 이야기를 나눴다. CM은 요즘 CT가 더 애기가 되어 가는 것 같다고 했다. CM에게 퇴행일 수 있다고 이야기하고 퇴행에 대해 이야기해 주었다. CM에게 오늘 CT의 놀이에 대해 이야기하고, 가정에서도 안 되는 부분과 되는 부분을 명확히 구분해서 제한하는 것에 대해 설명하였다.

4회기

회기 및 날짜	4회기 / 2015년 5월 28일
놀이 순서	공룡2–비행기–물고기들–헬리콥터들–자동차2–공룡–자동차들–공룡–기차–헬리콥터–물고기–자동차–낚시게임–자동차–공룡–점토찍기틀–헬리콥터–기차–투석기, 배, 실로폰–자동차–물고기들–상어–기차–투석기–카트–(5분 사인)–비행기–자동차–배–토스터기–변기–세탁기–(종료 사인)–공룡

상 담 내 용
– CT는 상담실 밖에서 CM과 같이 있었다. T를 보자 신나서 T의 손을 잡고 상담실로 향하였다. 팔도 흔들고, 걸음도 신이 난 듯 겅충겅충 하는 모습을 보였다. 치료실에 들어와서는 빠르게 신발을 벗고 흥분된 음성으로 "음~ 음~ 아~" 소리를 내며, 발판을 움직이며 탐색을 시작하였다.
• 공룡2 – 큰 공룡과 작은 공룡을 바닥에 놓는다. • 비행기 – 바닥에 굴려보고 "음 억어어~" 소리를 낸 후 하늘을 날아가는 흉내를 내고 바닥에 놓는다. • 물고기들 – 피규어장 앞에서 탐색한다. • 헬리콥터들 – 프로펠러를 손가락으로 돌려본다. 돌아가는 모습을 지켜본다. • 자동차2 – 발판 위에서 바닥에 떨어뜨린다. 책상 밑으로 굴린다. • 공룡 – 양손에 공룡을 들고 바닥에서 뛰는 흉내를 낸다. T가 "쿵쿵쿵~" 반응해 주자, 작은 "아하" 소리를 내며 공룡을 자세히 보고 바닥에 놓는다. • 자동차들 – 자동차를 굴린다. 문을 열고 안을 본다. • 공룡 – "우, 아"하고 소리를 낸다 • 기차 – 탐색하고 바닥에 놓는다. • 헬리콥터 – 발판에 올라가서 헬리콥터 프로펠러를 손가락으로 돌려본다. 돌아가는 모습을 지켜본다. 그리고 바닥에 떨어뜨린다. T가 떨어졌다고 반영하자, "아"하고 입을 벌린다. • 물고기 – 피규어장에서 탐색한다. • 자동차 – 자동차를 탐색하고, 표정 없이 바닥에 떨어뜨린다. 바닥에 굴려 버린다. 책상 밑에 들어가자고 T가 이야기하자, 다시 다른 자동차를 굴려 책상 밑으로 보낸다. • 낚시게임 – 발판에서 조심히 내려온다. 스위치를 켰다 껐다 한다. 낚시하기 힘들면 끈다. 물고기를 잡으면 "아~~아"라고 소리를 낸다. 떨어지면 놀란 표정으로 "아"라고 한다. T에게 낚싯대를 하나 준다. 물고기를 붙여주고 물고기들끼리 뽀뽀하며 "쪽쪽" 소리를 낸다. 물고기가 낚싯대에서 떨어지면 다시 주어 와서 하고, 제자리에 꽂아 놓기도 한다. 여러 방법으로 낚시를 하기도 한다. 놀이 중간에 낚싯대에 붙어 있는 테이프를 떼려고 하는 행동을 보였다. • 자동차 – 3대를 책상 위에 줄 세워 놓는다. • 공룡 – 잠깐 만진다. • 점토찍기틀 – 점토모양찍기틀을 가지고 와서 물고기들을 담는다. 물고기가 넘쳐도 다시 또 담고를 반복한다. 다 담은 후 손 털듯 박수를 친다. • 헬리콥터 – 프로펠러를 손가락으로 돌린다. 누어서 헬리콥터를 움직이면서 자세히 본다. T가 빨리도 돌아가고, 천천히도 돌아간다고 하자, 움직임을 계속 본다. • 기차 – 2개를 연결하려고 하다 그만둔다. • 투석기, 배, 실로폰 – 탐색만 한다. • 자동차 – 자동차 2개를 책상 위에 더 놓는다. 줄 세워 놓는다. • 물고기들 – 물고기 지느러미를 움직여 본다. • 상어 – 탐색만 한다. • 기차 – 연결하려고 한다.

상담내용
• 투석기 – 투석기 안에 물건을 넣어서 움직인다. • 카트 – 물고 와서 물고기들, 상어, 펭귄, 자동차들, 얼룩말, 낚싯대 자동차들을 싣는다. 음료수 병 등이 넘쳐서 떨어지면 담고, 또 담는다. 웃는 표정을 T가 반영해 주자, 팔짝 뛰는 행동을 하였다. 상어가 카트에서 떨어지자, 낚싯대를 상어 입안에 넣는다. 바닥에 떨어지자, 계속 넣으려고 한다. 계속 안 되자, 카트에 넣는다. **5분 사인** • 낚싯대 – 낚싯대를 상어 입안에 넣으려고 한다. 안 되자 소리를 지른다. 성공하고 T가 "성공했네~ 잡았어~."라고 하자, 다시 한 번 넣는다. 그리고 또 가슴을 친다. 사인 후 신발을 가지고 온다. T가 더 놀 수 있다고 하자 더 놀이를 한다. • 비행기 – 책상 위에서 굴려 본다. • 자동차 – 굴려 본다. • 배 – 노를 젓는다. • 토스터기 – 밸브를 몇 번 누른다. 움직임을 본다. • 변기 – 변기 안에 똥을 만지자 밸브가 움직이는 모습을 보고, 계속 움직인 후에 밸브를 움직인다. 똥이 움직이는 것을 본다. 소리가 나자, 계속 밸브를 내린다. 그리고 다시 똥을 눌러 본다. • 세탁기 – 세탁기 안에 돈을 여러 장 넣는다. **종료 사인** • 공룡 – 카트에서 공룡을 찾아 꺼낸다. 공룡을 겨드랑이에 끼고 문을 두드린다. 공룡을 가져가려고 한다. T가 여러 번 제한하자 제자리에 놓고 카트에 있는 큰 공룡도 작은 공룡 옆에 정리하고 나온다.

상담자 소견 (4회기)

1회기부터 4회기까지 담는 행동을 놀이로 계속 보여주고 있으며, 카트나 손에 넘치게 담는 행동을 계속 하고 있다. 발판에서 미끄러져서 위험한 상황이었음에도 반응 없이 그냥 내려온다. T의 반영에 반응 없이 내려온다.

그러나 게임을 같이 하자고 T에게 낚싯대를 건네기도 하고, 그러면서 짧지만 눈맞춤도 이루어졌다. "아" 소리를 내며 입을 벌리는 행동으로 자신의 감정을 조금씩 표현하였고, 그것을 T가 읽어주자 행동을 몇 번 반복해서 보여주었다.

놀이도 다양한 피규어를 탐색하고 놀이를 하면서도 시선은 다른 피규어를 보기도 하는 등의 행동을 보였지만, 점점 집중하여 놀이하는 모습도 보여주고 있다.

5분 사인 후에 신발을 스스로 가지고 T에게 오는 등 제한을 따르는 모습을 보였다. 그러나 CT가 치료실을 나갈 때 피규어를 가지고 나가려고 하는 것에 대한 T의 제한은 아직도 어려워하는 모습을 보이고 있다.

부모상담 (4회기)

가정에서 퇴행현상이 계속 진행되는지 물어보았고, CM은 CT가 애기 같은 행동을 많이 한다고 이야기하였다.

CM과 CT의 놀이에 대해 이야기를 나누었다. T의 제한에 대해서도 조금씩 따르고 있으나, 아직 치료실에서 피규어를 가지고 나오는 것에 대한 제한은 힘들어하고 있다고 이야기하였다. 가정에서도 제한이 어떻게 이루어지는지에 대해 이야기했고, 가정에서도 같이 병행해야 한다고 말하였다.

5회기

회기 및 날짜	5회기 / 2015년 6월 4일
놀이 순서	공룡–실로폰–물고기–자동차–낚시–점토모양찍기틀–공룡–비행기–자동차–물고기–자동차–공룡–자동차–헬리콥터–망원경–사과통–실로폰–공기–거울–물고기–자동차–공룡–비눗방울 막대– 본드, 비눗방울–(5분 사인)–낚싯대, 물고기–(종료 사인)–낚시–공룡

상 담 내 용

– 대기실 밖에서 CT와 CM을 보았고, CT는 기분이 좋은 듯 뛰어왔다. "아"라고 소리를 내며 T의 손을 잡았다. 즐거운 표정으로 고개를 돌리고 웃기도 하고, T의 말에 고개를 끄덕이는 등의 행동을 보여 주었다. 자신의 상담실을 찾는 듯 다른 상담실을 들어가려고 하였다. 상담실에 들어와서 T를 보고 웃고 난 후 탐색을 시작하였다.

- 공룡 – 큰 공룡과 작은 공룡을 하나씩 잡고 뛰는 흉내를 낸다. T가 쿵쿵 소리가 나는 것 같다고 반영해 주자, 미소를 지으며, T를 보고 반복적으로 행동하였다.
- 실로폰 – 피규어장에 있는 실로폰을 손가락으로 두드려 본다. "힝!" 소리를 낸다.

상담내용
• 물고기 – 한 손에는 작은 공룡을 잡고 한 손으로 물고기들을 한 움큼 잡고 바닥에 쏟아 놓는다. 물고기 한 마리를 들어 꼬리를 손가락으로 움직여 본다. 공룡을 들고 탐색하듯 왔다 갔다 움직인다. • 자동차 – 피규어장에서 탐색하고 바닥에 굴려 버린다. 가는 것을 지켜본다. 피규어장에 가서 다른 자동차들을 그곳에서 굴려 보고 탐색한다. • 낚시 – 낚시게임을 들고 내려오면서 "악 아!" 소리를 내며 힘들어 하는 모습으로 내려온다. 스위치를 켜고, T에게 낚싯대를 건넨다. T의 낚싯대에 물고기를 붙여 준다. CT도 똑같은 색의 물고기를 붙여 본다. 여러 가지 방법으로 낚시한다. • 점토모양찍기틀 – 모양틀을 가지고 온다. 미소를 짓고, "으~음" 소리를 낸다. 바닥에 있는 물고기들을 담는다. 넘쳐서 바닥에 떨어지면 담고 또 담는다. 다 담고 미소를 지으며 박수를 친다. • 공룡 – 쿵 소리를 내며 걷는 듯 움직여 본다. 책상에 놓는다. • 비행기 – 2개를 하나씩 가지고 와서 바닥에 굴리고 서서 하늘에 날리는 행동을 한다. T의 품에 안겨서 비행기를 날린다. "선생님과 셋이서 여행을 하고 싶구나~ 높이~." T가 반영해 주자, 신나는 표정으로 웃는다. • 자동차 – 바닥에 굴려 버린다. "자동차가 어디로 갈까~."라고 반영하자, "응 아!"라고 한다. • 물고기 – 점토모양찍기틀에 물고기들을 다시 담는다. 물고기가 넘쳐서 떨어지면 다시 담는다. 공룡을 옆에 놓는다. T가 "공룡도 같이 보고 있네."라고 얘기하자, T를 본다. • 자동차 – 피규어장에서 자동차들을 굴려 본다. "쿵~ 하고 부딪쳤네~."라고 T가 이야기하자, "엉어"라고 이야기 한다. • 공룡 – 공룡을 움직이며 소리를 낸다. "잉이이" 눈치를 보듯 T를 본다. • 자동차 – 자동차를 굴려 버린다. • 헬리콥터 – 프로펠러를 손가락으로 돌리고 돌아가는 모습을 계속 지켜본다. "ㅇㅇ이가 돌아가는 것에 관심이 많구나~."라고 반영하자, "으 아"하며 T에게 안긴다. • 망원경 – 망원경으로 주위를 보기도 하고, T를 보기도 한다. • 사과통 – 사과통을 가지고 내려오다가 떨어뜨려서 뚜껑이 빠진다. • 실로폰 – 실로폰을 하나씩 눌러 본다. T가 같이 하자고 하자 반응하지 않고 누른다. • 공기 – 공기가 든 통을 가지고 내려오다가 공기가 밑으로 떨어지자 주워담는다. • 거울 – LAP실에 연결된 거울을 보고 웃고 T의 얼굴을 보고 다시 거울을 보고 웃는다. • 물고기 – 점토모양찍기틀에 물고기들을 더 담는다. "열심히 하네." T가 이야기하자, 신난 듯 발을 구르며 "어 어" 좋아한다. "모두 모두 다 모였네."라고 T가 말하자, "히이잉잉히" 소리 내 웃는다. • 자동차 – 자동차를 굴려 버린다. • 공룡 – 공룡을 들고 다른 곳을 탐색한다. • 비눗방울 막대 – 피규어장에서 막대를 가지고 내려온다. • 본드, 비눗방울 – 비눗방울 막대를 들고 내려온다. 본드를 열려고 한다. T가 비눗방울이 아니고 본드라고 이야기하고 비눗방울은 저기 위에 있다고 하자, 다시 비눗방울을 가지러 간다. 비눗방울을 가지고 와서 뚜껑을 열려고 할 때, T가 도움이 필요하면 도와줄 수 있다고 이야기해도 혼자서 뚜껑을 연다. 막대가 통 속에 들어가자 T에게 도움을 요청한다. 비눗방울을 불어서 만든다. "음~ 호~하고 불었어~." "어 터졌네~어!"라고 말하자, "어 허"하며 소리 내 웃는다. 여러 번 반복한다.

상담내용

5분 사인

- 낚싯대 – 5분 사인을 하자 낚시게임 앞으로 가서 낚시를 하다가 낚싯대에 물고기를 붙이고 비눗방울 통에 물고기를 넣고 낚시하는 포즈를 취하며 미소를 짓는다. 낚싯대에 물고기를 들어 올리지 못하자 물고기를 비눗방울 통에 넣고 낚시해 본다. 낚시를 들어 올릴 때, "히잉" 발을 구르고 힘들다는 모습으로 낚싯대를 들어 올린다. 물고기가 낚이지 않자, "이잉" 발을 구르며 화난 표정을 한다.

종료 사인

- T가 종료 사인을 해도 계속 낚시를 한다.
- 공룡 – 작은 공룡을 옆구리에 끼고 나가려고 한다. T가 몇 번 제한하자, "안녕"이라고 인사하고 상담실을 나간다.

상담자 소견 (5회기)

작은 통에 물고기를 많이 담는 놀이는 5회기에서도 계속하였다. 물고기가 떨어지면 담고, 계속 담는 행동이 이어졌다. 기분이 좋을 때나 화가 났을 때, 소리로 감정을 표현하는 모습을 보였으며, 화가 나서 발을 구르고 소리를 내기도 했지만 오래 지속하지는 않았다.

물방울놀이를 하고 그곳에서 낚시를 하는 놀이로 이어졌다. 낚싯대를 T에게 주기도 하고 거울을 통해 T의 얼굴을 보고 미소를 짓기도 했다.

CT는 피규어를 탐색할 때 T에게 두 팔을 벌리고 안아 달라는 음성과 행동으로 자신의 의사를 표현하고, 발판을 사용하지 않고 T에게 안기어 피규어를 탐색하는 모습을 계속 보였다. 그러면서 T에게 몸을 더 밀착하는 행동을 하였다. 이런 행동은 퇴행현상이 일어나는 것으로 보인다.

부모상담 (5회기)

CM은 CT의 담는 행동은 가정에서도 있으며, 장난감을 유치원에 가져가는 행동을 한다고 하였다. 놀이실에서 자주 탐색하는 물고기, 기차, 자동차는 어렸을 때부터 좋아했고, 유치원에 갈 때도 가지고 간다고 말해 주었다. CM에게 제한이 필요하다고 이야기하였다. 요즘 들어 다시 충동적으로 뛰는 행동이 다시 나타났다고 보고하였고, CM은 오늘 피곤해 보였으며 몇 마디 나누고 서둘러 마무리하였다.

6회기

회기 및 날짜	6회기 / 2015년 6월 11일
놀이 순서	물고기–공룡–비행기–낚시게임–비눗방울–본드–볼링공–공기통–점토모양찍기틀–카트–물고기–자동차, 사람–공룡–기차, 자동차–붓–카트–축구공–실로폰–점토모양찍기틀–낚시–골프공–자동차–로켓–망원경–자동차– 사다리–붓–공–실로폰–자동차–인형–구두–공룡–(5분 사인)– 공–병–물고기–(종료 사인)–냉장고, 케이크
상 담 내 용	
– T를 보자마자, 반가운 듯이 뛰어와서 T의 손을 잡는다. T가 "선생님 보고 싶었구나~."라고 말하자, 웃으며 고개를 흔들고 "엉어어"라고 소리를 낸다. T의 손을 잡고, 즐거운 듯 겅충 뛰면서 상담실로 갔다. 가는 도중에 "놀이실이 어딜까?"라는 말에 열려진 상담실로 들어가려고 했다. 상담실에 들어오자마자, 즐거운 듯 "아"라고 소리를 내며 피규어들을 보다가, T가 신발 벗는 것을 보고 CT도 신발을 벗고 탐색하였다.	
• 물고기 – 물고기를 손을 들고 꼬리를 흔들어 본다. 물고기 꼬리를 움직여 보며 웃는다. "음 그것을 움직여 봤어~."라고 T가 말하자 부끄러운 표정을 지었다. 손을 털 듯 박수를 치고 다시 또 꼬리를 움직였다. • 공룡 – 큰 공룡을 들어 바닥에 놓는다. • 비행기 – 비행기 하나는 들어서 바닥에 놓고, 다른 하나는 바닥에 굴려 보고, 하늘을 나는 흉내를 내어 본다. 기분이 좋은 듯 웃으며, T의 얼굴을 힐끗 쳐다본다. • 낚시게임 – 들고 내려오다가 쏟아져서 물고기들을 다시 꽂았다. 스위치를 켜고 놀이를 했지만 물고기는 게임판 밖에 붙였다. 스위치를 켜고 다른 놀이를 하였다. • 비눗방울 – T와 뚜껑을 같이 돌리고 연다. 막대를 통에 넣고 "호" 불어 본다. 비눗방울은 불어서 안 되자, 나른 막대를 가지고 왔다 • 본드 – 본드 뚜껑이 안 열리자 바닥에 그냥 둔다. • 볼링공 – 볼링공을 굴려 본 후에 굴러가는 것을 지켜본다. • 공기통 – 공기통에 있는 공기를 모두 쏟는다. 그리고 다시 다 담는다.	

상담내용

- 점토모양찍기틀 – 이것을 고른 후 기분 좋은 표정으로 발을 살짝 뛴다.
- 카트 – 카트에 바닥에 있던 낚싯대, 자동차, 비행기, 물고기들을 담는다. 흘리면, 다시 담는다.
- 물고기 – 물고기 꼬리를 흔들어 본다.
- 자동차, 사람 – 사람 피규어를 가져가서 차에 실어 본다. 들어가지 않자 바닥에 놓는다.
- 공룡 – 공룡을 가지고 와서 T에게 안긴다.
- 기차, 자동차 – 기차를 바닥에 내리고 자동차를 굴린다. 그리고 T에게 안긴다.
- 붓 – 피규어장을 칠한다. 붓을 들고 T에게 안겨서 T의 얼굴을 붓으로 칠한다. T가 "선생님이 간지러운 게 재미있나 봐~ 웃고 있네~ 세게 하면 아파~."라고 반영해 주자, CT는 소리 내어 웃는다. "간지러워~ 하하하~ 간지러워~ 선생님이 간지러워하니까~ 재미있나봐~."라고 반영해 주자, "흥흥흥" 소리 내 웃으며 T에게 안겨서 붓으로 계속 칠한다.
- 카트 – 카트를 가지고 와서 자동차, 낚싯대, 비행기, 사람, 물고기들을 싣는다. 넘쳐서 바닥에 떨어지자 빠르게 담는다.
- 축구공 – 통에서 꺼내 공을 튕겨 본다.
- 실로폰 – 몇 번 건반을 누른다.
- 점토모양찍기틀 – 물고기들을 담는다. 신중하게 담는다.
- 낚시 – T의 손을 잡아끌고 CT 옆에 앉으라며 바닥을 손바닥으로 친다.
- 골프공 – 피규어장에서 떨어뜨린다. 물병에 담는다.
- 자동차 – 바닥에 굴린다.
- 로켓 – 바닥에 세워 놓고 만다.
- 망원경 – 망원경으로 CT 자신도 보고 T도 볼 수 있게 보여 준다. "무엇을 보고 있을까?" 그러자, T에게 가까이 온다. "선생님도 보여주는구나~ ㅇㅇ이가 보이네~ ㅇㅇ이가 보였어~."
- 자동차 – 굴려 본다.
- 사다리 – 탐색한다.
- 붓 – 물병에 있는 물을 묻혀서 피규어장을 칠한다. 그리고 붓을 던진다.
- 공 – 바닥에 던지고 움직임을 본다.
- 실로폰 – 누른다.
- 자동차 – 자동차 문을 열어 보고 바닥에 둔다.
- 인형 – 인형을 가지고 내려와서 큰 구두를 신기려고 한다.
- 구두 – 인형에게 신기려고 한다.
- 공룡 – 큰 공룡과 작은 공룡을 걷는 행동을 하게 한다.

5분 사인

- 공 – 공 2개를 굴린다.
- 병 – 물이든 병에 물고기들을 가득 담는다.
- 물고기 – 병 속에 여러 마리를 넣는다.

종료 사인

- 냉장고, 케이크 – 책상 위에 냉장고를 놓고 문을 열고 케이크을 넣으려고 한다. 그러나 넣지 못하고, T가 종료 사인을 하자 나온다. 피규어들을 보고 손을 흔들고 나온다.

상담자 소견 (6회기)

CT는 탐색할 때 T에게 안기어서 피규어를 탐색하는 모습을 보였다. 웃거나 소리 내는 감정표현이 많아졌고, 음성으로 표현하는 부분에도 장음과 단음으로 억양을 조절해 감정표현 및 의사소통을 하고 있었다. 감정의 표현으로 사람 피규어들을 모두 쓰러뜨리는 모습도 보였다. 탐색할 때 작은 공룡을 들고 다니면서 탐색하는 모습을 보였다. 자동차, 비행기를 굴리거나 카트에 물건들을 담거나 낚시하는 모습은 자주 나타나는 놀이 패턴이라고 할 수 있다. 그러나 5회기부터 안겨서 탐색하는 부분은 수용 받거나 퇴행적 행동으로 보이기도 한다. 담는 것에 대해 6회기에 담다가 행동을 멈추는 행동은 T가 민감하게 지켜봐야 할 부분인 것으로 보인다.

종료 사인 후에 T에게 안기어 있던 것은 좀 더 수용을 받고 위로받고 싶었던 감정으로 보인다.

부모상담 (6회기)

CT의 머리카락 자른 모습에 대해 이야기하자, CT의 아빠가 같이 가서 잘랐다고 이야기하였다. CF가 요즘 많이 도와주냐고 물었다. 그러나 그렇지 못하다고 CM은 이야기하였다.

요즘 퇴행현상에 대해 물어보고 놀이실에서도 아기처럼 안겨 있던 행동에 대해 이야기하였다. 여전히 집에서도 장난감을 들고 유치원에 가는 등 CM이 제한에 대해 어려움을 갖고 있는 것으로 보인다. 치료실 안에서 보이는 행동들도 CM의 영향을 받고 있는 것으로 보인다. CM에게 제한에 대해 확실하게 해야 한다고 이야기하였다.

7회기

회기 및 날짜	7회기 / 2015년 6월 18일
놀이 순서	공룡–비눗방울–비행기–자동차–물고기–낚시게임–비행기–자동차–물고기–헬리콥터–물고기–낚시게임–자동차–풍선–칼–투석기–물병, 낚시–비눗방울–(5분 사인)–물병, 낚시–(종료 사인)–낚시, 공룡

상 담 내 용

– 상담실 복도를 걸어오면서 CT는 기분이 좋았다. T의 손을 잡고 웃으며 겅충겅충 걸었다. 눈맞춤 없이 T의 말에 반응하였다. 아직 상담실을 모르는 듯, 다른 상담실로 들어가려고 하는 모습을 보였다. 상담실에 들어오자마자 신발을 벗지 않고 들어가서, 피규어장 앞에 서 있었다. T가 이야기하자, 신발을 벗고 다시 피규어장 앞에서 탐색을 시작했다

- 공룡 – 신발을 벗고 급하게 피규어장 앞에 서서 공룡을 선택한다. "어엉" 소리를 낸다.
- 비눗방울 – 비눗방울을 선택하고, 조심히 내려온다. 기분이 좋은 듯 미소를 짓는다.
- 비행기 – 비행기를 탐색하고 가지고 내려오지 않는다.
- 자동차 – 자동차를 탐색하다, 바닥에 떨어진다. CT의 반응은 없다.
- 물고기 – T에게 안겨서 물고기를 탐색한다. 한 손은 T의 목에 걸고 한 손으로는 물고기를 잡는다. 많이 잡으려고 하지만 많이 잡히지 않는다.
- 낚시게임 – 낚싯대를 가지고 와서 낚시게임을 한다. 미소를 지으며, 물고기의 입을 벌리고 자석 부분을 붙이려고 한다. 물고기 입을 벌리고 낚싯대에 붙이려고 한다. T가 "그것을 붙여보려고 노력하고 있네~."라고 하자 CT의 반응이 없다.
- 비행기 – 피규어장에서 비행기를 꺼내서 바닥으로 내려와 하늘에 날린다. T가 반영해 주자 얼굴에 미소를 짓는다. T의 눈치를 살짝 본다.
- 자동차 – 자동차 피규어장 앞에서 여러 가지 자동차를 만져 보고, 잠깐씩 바퀴를 굴려 본다
- 물고기 – 물고기의 꼬리를 두 손가락으로 움직여 본다. T에게 안겨서 탐색한다. 발판을 끌고 온다. 발판이 접혀서 펴지지 않는다. 발판을 펴려고 노력한다. "선생님한테 도와달라고 하면 도와줄 수 있어~." T의 말에 반응이 없다.
- 헬리콥터 – 자세히 관찰하듯 바라본다. T가 "더 자세히 보고 싶구나~."하자 반응이 없다. 탐색하다가 옆에 피규어를 떨어뜨린다. "떨어뜨렸어~."라고 말하자 CT는 계속 반응이 없다.
- 물고기 – 손가락으로 물고기 꼬리를 무표정으로 만지며, 움직여 본다.
- 낚시게임 – 낚시를 한다.
- 자동차 – 자동차를 무심히 굴리고 잠깐 바라본다. "허~ 자동차가 쿵~ 하고 부딪쳤네~." T의 반영에 반응이 없다.
- 풍선 – 풍선을 불어보지만, 힘이 없어 풍선이 부풀어 오르지는 않는다. 풍선 부는 기구를 잠깐 본다. 풍선을 다시 분다. T에게 불던 풍선을 준다. T가 분 풍선을 CT에게 주자 힘이 없이 잡아 놓친다. 풍선이 소리를 내며 날아가자 "아하하" 소리 내 웃는다.

상 담 내 용
• 칼 – 탐색만 한다. • 투석기 – 잠깐 탐색만 한다. • 물병, 낚시 – 낚싯대를 물병 속에 넣는다. 수줍은 표정으로 낚시한다. 눈맞춤은 없다. "낚시하는 모습이 즐거워 보인다."라고 T가 말하자 소리 내지 않고 입을 벌리고 웃는다. "아~ 물고기가 잡히지 않아도 즐겁네~."라고 T가 말하자, T를 보고 웃고 미소를 지으며 고개를 돌린다. • 물고기 – 물고기, 상어, 열대어, 고래 등을 물병 속에 넣고, 미소를 짓는다. 바닥에서 책상 위로 옮겨서 낚시를 한다. • 비눗방울 – 낚싯대를 가지고 와서 비눗방울 통에 넣고 다시 즐거운 표정을 한다. 낚싯대를 빼다가 물이 튀자, 웃는다. 통을 흔들고 안을 본다. "선생님 얼굴에 비눗방울이 튄 게 재밌나 봐~."라고 하자 T를 의식하고 미소를 짓고 고개를 돌린다. "푸하하항~" "음~~아" 소리를 낸다. **5분 사인** • 물병, 낚시 – 물병을 들고 조심조심 문 앞 신발장 위로 옮긴다. T의 손을 끌고 문 앞으로 간다. "선생님이랑 같이 하고 싶구나~." T가 반영해 주자 "아 하"소리를 내며 크게 웃는다. "우와~~~" "하하하" "아 하" 입을 크게 벌리고 표정도 웃는다. T를 의식하며 낚시를 한다. **종료 사인** • 낚시, 공룡 – 종료 사인을 하자, 다시 책상 위로 옮긴 후 더 열심히 낚시를 한다. T의 눈치를 본다. 종료 사인을 한 번 더 보내자, "어 어어어"하며 들고 다니던 공룡을 정리하고 문을 두드린다.

상담자 소견 (7회기)

CT는 손잡고 치료실을 가는 도중에도 즐거운 표정과 행동으로 T를 따라왔다. 그러나 아직 치료실 위치를 모르는 듯 열려 있는 다른 치료실이 있을 때마다 들어가려고 하였다.

치료실에 들어와서 처음으로 20분 정도 낚시에 몰입하여 놀이를 하였다. T가 반영해 주자, 더 크게 웃으면서 간혹 눈맞춤이 이루어지기도 했다. 놀이하면서 공룡을 들고 다녔고 이동하며 낚시놀이를 하였다.

CT가 다른 치료실로 들어간다든지, 공룡을 들고 다니면서 다른 놀이를 하는 것은 다른 대상과의 분리–개별화가 되지 않고 있는 행동으로 보인다. 낚시놀이 또한 CT의 경험으로 이루어진 것에 대한 모방인 것으로 보인다.

부모상담 (7회기)

내담 아동이 언어치료를 하고 있는 동안, CM을 만나 면담을 하였다. CM은 흔쾌히 응하였고 20분 정도 이야기를 나누었다. 요즘 CT의 변화된 행동이나 계속 보여지는 행동들에 대해 물어보았고, 아직도 애기짓을 많이 하고, 충동적인 행동이 다시 나타났다고 힘들어하였다. CT가 남서울 어린이집을 그만둔 것에 대해 이야기를 나누면서 눈에 눈물이 고이기도 하였다. CM은 10년간의 기억을 지워버리고 싶다고 하며, 결혼생활에 대해 부정적 감정을 보였다. 커피 만드는 일이 재미있지만 젊은 사람들과 함께 하려니 버겁다고도 하였다. CF가 아직도 적극적으로 양육에 참여하지는 않지만 지금은 홀로서는 법을 배우고 있다며, 사람들을 만나러 집을 나서는 것이 즐겁다고 하였다.

8회기

회기 및 날짜	8회기 / 2015년 6월 25일
놀이 순서	발판–공룡–낚시게임–물병–낚시–물고기–공룡–비행기–자동차–공룡–로켓–경찰차–공–로켓–공–로켓–본드–비눗방울–공룡–유리물병–붓–자동차–공룡–붓–(5분 사인)–붓–헬리콥터–실로폰–바이올린–두더지 망치–자동차–(종료 사인)–아톰–파워레인저–상어, 공룡
상담내용	
– CT는 상담실 앞에서 형과 함께 있었다. T를 보자 CT가 신나는 표정과 "어 어"라고 크게 소리를 질렀다. 기분이 좋냐고 물어보자, "아~아~"라고 소리를 내며 반응하였다.	
• 발판 – "허~응" 소리를 내며, 발판을 피규어장 앞으로 끌고 온다. "아허" 올라가면서 소리를 낸다. • 공룡 – 공룡을 선택하고, 바닥에 놓는다. • 낚시게임 – 게임을 들고 천천히 내려온다. • 물병 – 물병을 들고 조심히 내려온다. "음~하" 소리를 내며, 낚싯대를 물병 속으로 넣는다. 입을 벌리고 미소를 짓는다. "기분이 좋구나~ 물을 좋아하는구나~." T의 반영에 반응 없이, 물병을 자세히 본 후에 낚시를 한다. T에게 낚싯대를 준다. 낚싯대를 넣었다가 빠르게 뺀다. 물고기를 가지고 와서 병에 넣는다. 고래, 열대어 등을 바닥에서 책상 위로 옮겨서 낚시를 한다.	

상담내용

- 낚시 – CT가 낚시하는 포즈를 취한다. 미소를 지으며, 신발장으로 장소를 조심히 옮긴다. 다시 바닥으로 조심히 옮긴다. 상어 입에 낚싯대 자석 부분을 넣는다. 안 되자 계속 시도한다.
- 물고기 – 물고기를 탐색하고 손에 담고, 물병에 넣는다.
- 공룡 – 공룡을 만지며, 다시 옆에 잘 놓는다. 공룡을 다시 내려와서 다시 T에게 안겨서 탐색한다.
- 비행기 – T에게 안겨서 비행기를 날려 본다. T가 반응하자, 비행기를 위로 아래로 T의 표정을 살피며 눈높이로 공중에 날려 본다.
- 자동차 – 자동차를 들고 내려와서 굴린다. T가 반영하자 한 번 더 잡고 굴린다.
- 공룡 – "우왕" 소리를 내며, 공룡을 가지고 온다. 두 마리 공룡을 들고 움직인다.
- 로켓 – 로켓을 자기고 와서 바닥에 힘주어 몇 번을 놓는다. 하늘을 향해 발사한다. 다른 로켓을 가지고 와서 바닥에 힘주어 놓고 하늘에 날린다. T가 반영하자 더 오래 하늘로 날리는 모습을 보인다. 로켓을 하늘에서 멈춘 후, T의 눈치를 본다. 책상으로 옮긴 후에 다시 바닥에 놓는다.
- 경찰차 – T의 손을 잡고, 발판에 올라간다. 자동차들을 탐색만 한다.
- 공 – "어어" 소리를 내며, 공을 무심히 굴리고 잠깐 본다. "쿵쿵쿵~ 떼구르르~ 굴러가네~." T의 말에 반응 없이 공을 바라본다.
- 로켓 – 로켓을 들고 앉아있는 T의 머리 위로 날린다. T가 반영하자, T의 눈치를 보며 하늘에 날린다. 얼굴에 미소를 짓는다.
- 공 – 전에 굴렸던 공을 다시 던지듯 굴린다.
- 로켓 – T에게 안겨 로켓을 들고 탐색한다. 로켓을 T의 머리 위로 천천히 날게 한다.
- 본드 – 선택하고 뚜껑을 열려고 하지만, 열리지 않자, 바닥에 둔다.
- 비눗방울 – 비눗방울 통을 들고 내려온다. 통을 T에게 건넨다. T가 뚜껑을 따 주자, 그곳에 낚싯대를 넣고 낚시를 한다. 미소를 지으며, 낚시하는 포즈를 취한다. "물고기가 안 잡혀도 좋구나~." T가 반영하자, "아" 높게 소리를 낸다. 비눗방울 막대를 사용해서 호~ 불어보지만, 방울을 만들지 못한다. T에게 낚싯대를 하나 준다. "낚싯대를 하나 주네~."라고 말하자, T를 보고 부끄럽게 미소 짓는다. "하하하 기분이 좋아?"라고 말하자. CT는 "어"라고 소리를 낸다.
- 공룡 – 큰 공룡을 들었다가 바닥에 놓는다. 작은 공룡을 옆구리에 낀다. "작은 공룡을 소중히 하는 것 같아~ 옆구리에 끼고 있어~."라고 T가 말하지만, CT는 반응이 없다.
- 유리물병 – 물고기를 1마리 넣는다.
- 붓 – 발판으로 올라가서 붓 통을 들고 내려온다. 기분이 좋은지 팔짝 뛰어서 내려온다. 붓을 하나 꺼내서 문을 칠한다.
- 자동차 – 자동차를 탐색한다. 자동차가 떨어지자 관심을 보이지 않는다. 자동차를 하나 들고 내려온다. 자동차를 무심히 굴린다. T가 반영하자 다시 한 번 들고와서 굴린다.
- 공룡 – 공룡을 가지고 T에게 안겨서 탐색한다.
- 붓 – 붓을 다시 만진다.

5분 사인

- 붓 – 붓을 들고 문을 칠한다. T에게 붓을 준다. "선생님과 붓으로 칠하고 싶어? 소중히 칠하는 것 같아~."라고 말하자, 즐거운 표정으로 "히이힝" 소리를 낸다. 안겨서 입이 T의 볼에 닿는다. T가 반영해 주자 다시 소리를 내며 뽀뽀한다.

상담내용

- 헬리콥터 – T에게 안겨 헬기를 탐색하고 프로펠러를 천천히 손가락으로 돌린다.
- 실로폰 – T의 손을 끌고 간다. T에게 안겨 실로폰을 두드린다. "소리가 났어~ 빠르고 천천히 하네~."라고 T가 말하자, CT는 여러 번 두드려 본다.
- 바이올린 – 바이올린이 소리를 내자 관심을 갖는다. 소리는 내지 못한다.
- 두더지 망치 – 두더지를 망치로 몇 번 친다.
- 자동차 – 자동차를 가지고 T에게 안겨 내려오다 발이 걸려 살짝 넘어진다. "괜찮아~ 아팠겠다~." T의 말에 반응이 없다.

종료 사인

- 아톰 – 아톰을 한 번 만지고 놓는다.
- 파워레인저 – 다리를 벌려 보고 다시 놓는다.
- 상어, 공룡 – 급하게 상어와 공룡을 들고 나오려고 한다. 제한하자, 공룡들을 제자리에 놓고 손을 흔들며 나온다.

상담자 소견 (8회기)

CT는 놀이하면서 소리로 표현하는 것이 다양해졌으며, CT의 행동을 T가 반영해 주자, 더 소리를 내거나 놀이가 좀 더 연결되는 모습을 보였다. CT는 T의 품에 안겨서 탐색하는 것은 여전했지만, 한 번씩 발판을 사용하여 탐색하기도 했다. 장난감을 감정 없이 떨어뜨리거나, 의미 없이 탐색하는 모습은 여전히 보였다. 이는 다른 대상과의 의미 있는 연결이 되지 못하고 있음을 의미하는 것으로 보인다. 그러나, T의 품에 안기고, 얼굴을 맞대고 뽀뽀하거나, T와의 눈맞춤을 시도하는 모습이 보였다. 이것은 대상과의 관계에 대해 조금씩 인식하고 있는 것으로 보인다.

부모상담 (8회기)

CT가 놀이하면서 놀이의 연결되는 부분과 눈맞춤을 시도하는 것에 대해 이야기하였다. CM도 요즘 좋아지고 있다고 말하였다. CT의 감정읽기에 대해 CM과 이야기를 나누었다. 행동을 반영해 주는 것도 중요하지만, 표정이나 감정에 대해서도 피드백이 필요하고 모델링이 중요하다고 말하였다.

CHAPTER 02

아동상담 사례 수기

1 손가락 빨기 사례

1) 문제행동의 관찰 동기

저는 52개월의 남매 쌍둥이 엄마입니다. 저희 아이들을 키우면서 궁금했던 아이의 행동에 대해 조사를 하게 되었고 문제행동을 보이는 아이를 어떻게 고쳐주어야 할지 몰라 아는 대로 방법을 시도했습니다. 그러나 횟수는 줄었지만 아직도 문제행동이 가끔 나타나곤 합니다. 엄마로서 바른 방법을 몰라서 제대로 수정해 주지 못한다면 그 아이는 평생 반복적으로 그 행동을 보일 것 같은 불안한 맘도 있습니다. 이번 기회에 아이의 문제행동을 관찰하고 해결 방법을 제대로 찾아서 능숙하게 대처하기 위해 조사를 하게 되었습니다.

2) 문제행동의 관찰

- 이름 : 지예원(여) 만 4세

저의 딸인 예원이는 6개월 즈음 시작한 손 빨기가 5살이 된 지금까지 밤에 잠을 자면서 계속되고 있습니다. 그런데 이상하게도 잠을 자지 않는 평상시에는 손 빨기 증상이 없고 잠을 자고 있는 경우에만 손가락 빨기를 합니다. 그래서 제가 그동안 잘 때 닥터썸(손가락에 끼우는 의약품)을 사용하기도 하고 손가락에 붕대를 감기도 하고 또 잠을 자지 않으면서 며칠을 지켜보고 손가락을 빼주기도 했습니다. 현재는 횟수가 많이 줄어 가끔이지만 그동안 손 빨기가 지속되어 왼쪽 엄지 손가락에 굳은살이 생겼습니다.

(1) 원인

Freud의 발달단계에서 보면 구강기에 해당되는 출생에서 1세 반이 되는 아이들은 입을 통해 만족감을 얻기 위해 손가락을 빤다고 한다. 심지어 모체 내에서도 손가락 빨기를 한다.

유아는 영양 공급을 위해서 뿐만 아니라 즐거움을 느끼기 위해서 무언가를 빨기를 좋아한다. 유아는 빨기를 통해서 기쁨이나 따듯함, 만족감, 안정감을 느낀다. 뿐만 아니라 긴장감이 없는 편안함을 경험한다. 따라서 두려움을 느끼거나 배가 고플 때, 졸릴 때, 혹은 불쾌감을 느낄 때 원인이 다른 불만을 충족시키기 위해 손가락을 빨게 되는 경우가 대부분이다.

성장하면서 점차 줄어들지만 약 1세에는 40%의 아이들이 손 빨기를 하며 5세에는 20%, 10세에는 5%의 아이들이 이런 버릇을 가지고 있다 한다.

손가락 빨기를 지속할수록 턱뼈의 발달, 치아 기형, 얼굴형의 손상 등의 부작용이 나타난다고 한다.

(2) 예방법

- 고무 젖꼭지로 대응한다.

손가락을 빠는 버릇을 예방하기 위해 고무 젖꼭지를 사용할 경우, 약 3세가 되면 아이 스스로 그것을 거부한다.

- 부모의 인내가 필요하다.

아이들은 취침 시간이나 피곤할 때, 아프거나 쑥스러울 때, 혹은 당황스러울 때 손가락을 빠는 경우가 많다. 대부분 약 4세가 되면 없어지지만 그렇지 않을 경우 부모는 그것을 문제 삼지 않고 기다릴 필요가 있다.

- 안정감을 준다.

안정감을 느낄수록 손가락 빨기 행동은 감소된다. 아이가 단체 생활(유치원 및 학교)이나 형제간의 문제로 심한 스트레스를 받을 경우 그것을 감소시키기 위해 노력해야 한다. 가족 간의 화목뿐만 아니라 안정된 가정 분위기 역시 영향을 미친다.

(3) 치료 방법

- 손가락 빠는 습관에 대해 무관심하게 반응한다.

2세 이하로 영구치가 나기 전의 아이들은 그 행동을 못 본 척 무시하는 것이 좋다. 여기에는 세 가지 이유가 있다.

첫째, 대부분의 아이들은 영구치가 나기 전 약 5~6세 정도가 되면 자발적으로 그 버릇을 멈춘다.

둘째, 이 행동을 문제 삼을 경우 문제를 더 악화시킬 수 있다.

셋째, 손가락을 빠는 아이는 다른 정신적인 문제가 생겼을 경우, 손가락 빨기를 제지하면 손톱 물어뜯기, 습관성 경련, 울화 등과 같이 다른 신경질적인 버릇이 나타난다. 손가락을 빠는 행동에 대해서는 인내심을 갖고 무시하는 반면, 아이의 일반적인 행복과 사랑받고 있다는 확신을 심어주어야 한다.

한편, 아이의 스트레스 원인을 제거해 주어야 한다. 이런 원인을 제거하는 경우 이런 행동은 자연스럽게 없어지는 경우도 있다. 동생이 태어나거나 지나친 비난을 받을 경우 혹은 유치원이나 학교에서의 부적응 등이 원인이 되어 아이의 정신적인 욕구가 간과되고 있는 것은 아닌지 살펴본다. 또한 그것을 개선해 주기 위해 노력해야 한다. 그래서 아이가 부모의 관심을 받고 있으며, 부모가 이해와 사랑으로 자신을 보호한다는 확신을 갖게 한다.

- 행동 수정의 필요성을 인식시키고 방법을 지도한다.

손가락 빨기가 학교에 들어갈 때까지 계속되는 아이는 치아의 기형을 가져올 수 있다. 이 단계에서는 아이가 버릇을 고치려는 인식을 가질 수 있도록 부모가 도와주어야 한다.

손가락을 빠는 버릇이 가져오는 부정적인 결과에 대해 알려주고 행동을 수정하는 데 있어 아이의 협조와 노력이 필요하다는 각성을 갖게 한다. 버릇을 고치기 위해서는 아이의 자신감과 부모의 단호한 태도가 필요하다. 이런 동기 유발의 방법이 실패하더라도 강압적으로 버릇을 고치려고 해서는 안 된다. 잘못하면 부모와 아이 사이에 치아 기형보다도 더 심각한 정신적인 갈등을 야기할 수 있다.

- 보상과 벌로 행동을 교정한다.

칭찬, 음식, 장난감과 같은 물질적인 보상은 손가락을 빠는 버릇을 수정하는 데 효과적으로 작용한다. 특히 음식물로 보상을 주는 경우 '구강의 만족감'을 주기 때문에 손가락을 빠는 버릇을 고치기에 적합하다. 보상으로 버릇을 고치는 방법의 첫 단계는 손가락을 빨 수 있도록 허용하는 시간과 장소를 제한하는 것이다.

예를 들어 잠자기 전이라든가 자기 방에 있을 때 등으로 한계를 정하는 것을 말한다. 아이가 이 제안에 동의한 경우, 부모는 제한된 시간과 장소 이외의 때와 곳에서 아이가 손가락을 빠는지 관찰해야 한다. 아이가 이 약속을 잘 지키고 있다는 것을 확인했을 경우 아이가 쉽게 볼 수 있는 도표를 만들어 도표에 별 하나씩을 붙여 준다. 별이 다섯 개가 붙여졌을 경우, 아이가 좋아하는 장난감이나 칭찬으로 격려해 준다. 그다음에 별이 10개가 되었을 때, 특별한 보상을 해 주며 점차 늘려간다. 일단 약속한 시간과 장소에서 성공을 한 후에는 밤에 잠을 잘 때까지 보상법을 확대한다. 아침에 일어났을 때 손가락을 빤 흔적이 없을 경우 별을 첨가하거나 칭찬하는 방법이 있다.

보상 대신 벌을 주어 버릇을 교정하는 방법도 있다. 예를 들어 손가락을 빨면서 TV를 보고 있을 경우 약 5분 동안 TV를 끄기로 아이와 사전에 약속하는 방법이 있다. 또한 손가락에 음식 중 쓴맛을 내는 것을 발라 무의식중에 손가락을 입에 넣었을 때 불쾌감을 경험하게 함으로써 버릇을 고치는 방법도 있다.

- 보상과 벌 이외의 방법

(a) 즉각적인 조언 – 아이가 손가락을 빨고 있을 때마다 지적하여 손가락을 빼도록 한다. 밤에 잠이 든 경우는 빼주어야 한다.

(b) 기호품의 제거 – 아이가 좋아하는 물건을 일시적으로 빼앗아 손가락을 빠는 즐거움을 감소시킬 수 있다.

(c) 그 행동을 예방하는 다른 행동을 가르친다 – 일단 버릇이 들고 나면 특별한 조치를 취하지 않는 한 고치기가 어렵다. 손가락을 빨고 싶은 욕구가 일어날 때 그것을 필적할 만한 행동을 가르친다. 예를 들어, 엄지손가락을 나머지 네 개의 손가락으로 감싸 주먹을 쥠으로써 그 행동을 억제하는 방법이 있다. 아이가 버릇을 억제하기 위해 엄지손가락을 감싸 쥐고 있을 때에는 가족들이 칭찬을 해 주어 그 행동을 강화해야 한다. 그 이외의 방법으로 껌을 씹거나 엿을 빨게 한다.

(d) 버릇을 의식하게 만든다 – 손가락을 빠는 버릇은 자기가 무슨 행동을 하는지 의식하지 못하기 때문에 고치기가 어렵다. 따라서 그 버릇을 의식할 수 있도록 부모가 도와주어야 한다. 하루에 한두 번씩 거울 앞에서 의식적으로 손가락을 빨게 한다. 거울을 통해 손가락을 빨고 있는 자신의 모습을 봄으로써 자신의 행동을 의식할 수 있게 된다. 이것을 반복적으로 연습을 시키기 시작하면 어린이는 손가락을 빠는 일이 기쁨을 주기보다는 일종의 일처럼 느껴지게 된다. 따라서 점차 지루함을 느끼고 손가락을 빠는 데서 느꼈던 만족감은 사라진다.

(e) 암시적으로 올바른 행동에 대한 의식을 심어준다 – 특히 나이가 어린 아이일수

록 암시를 받기 쉽다. 아이가 잠이 들려고 할 때 부드럽고 온화한 음성으로 마치 최면을 거는 것처럼 이야기해 준다.

2 아동학대로 인하여 장애아가 된 사례

1) 증상에 대한 특징

첫 번째로는 정상 분만했던 아동이 잘못된 양육으로 인하여 장애아가 되었다는 점이다. 두 번째로는 현재 15개월인 아동은 체중 5kg 미만으로 심한 성장·발달 지연상태를 보였다. 이는 심한 영양 결핍 및 두뇌 손상으로 인한 결과로 추정된다. 세 번째로는 좌측 주관절 골절은 타인에 의해 상해를 입은 것이며, 장기간 방치되어 수술적 교정의 시기가 늦었을 가능성이 크고 장애가 남을 가능성이 높다. 네 번째로는 좌측 눈 주위에 타박상을 입은 상태였다.

2) 지도 방법 및 진행 과정

(1) 11월 11일 : 신고접수

부모가 가출로 인하여 외조부가 아동을 보호하고 있으나 아동이 심한 신체적인 손상을 받은 상태여서 통장님이 발견하고 본 신고센터에 접수하고 관할 동사무소에 신고하였다.

(2) 11월 12일

긴급 아동학대의 경우로 이 아동에게는 실질적인 보호자가 없었으며 더욱이 경제적인 능력마저도 전무한 상태여서 의료비 지원이 급선무였다. 일단 사무국에서 100만 원 정도, ○○○병원에서 200만 원 정도, 그 이외에 사회복지단체에 의료비

지원 신청을 요청하기로 하고 ○○○어린이병원으로 이송하였다.

(3) 11월 14일

전날 오후부터 환자의 상태가 좋지 않아 중환자실로 옮겨졌으며 뇌수종 제거 수술을 받았으나 폐렴까지 있어 위급한 상황으로 가능한 한 외조모의 상경을 부탁하였다. 하지만 외조모도 가망이 없는 아동에 대한 애착이 없는 상태라 일요일 시골로 내려갔다고 하였다.

(4) 11월 17일

13시쯤 도착한 아동의 집은 다세대 연립 지하 17평 정도였다. 가정방문 당시에 비가 오기 시작하였음에도 초등학교 1학년생인 아동의 오빠는 놀러 나간 상태여서 외조부와 상담을 하였다. 외조부는 중풍으로 하반신 마비 증세를 보였으나 외향적으로 건장하고 체격 또한 우람한 편이었다.

외조부에게 아동 신변에 대하여 의논하고자 하였으나 오히려 "내 손주냐."며 역정을 내며 "딸년 식구들 때문에 이렇게 속을 썩고 있다."고 하였다. 아동에 대하여서는 어떠한 일이 있어도 개의치 않겠다고 한 것 등을 종합적으로 보았을 때 아동을 유기한 상태로 판단되었다.

가정방문 후 통장님과 함께 ○○○병원을 방문하여 병실로 올라갔다. 아동은 뇌수술을 받은 상태로 입원하여 환경이 안정되어 보였다. 당시 상태는 뇌에 물이 고여 있고, 폐렴과 팔의 성장판이 파손되어 수술을 요하며 장기 입원치료를 요하는 상황이었다.

사회복지단체 의료비지원 신청 자료준비를 직접 맡기로 하였으며 아동의 검사결과가 20일 전후로 나온 후 자료를 준비하기로 하였다.

○○○병원에서는 의료진 6명으로 이뤄진 아동학대의료팀을 11월에 구성했으며, 이 아동을 첫 사례자로 해 이날 첫 모임을 가졌다. 그리고 의료진들은 일단 경찰서

에 신고하여 상징적인 의미를 부여하기로 하였다. 신고를 통해 보호자, 특히 모를 찾을 경우 아동의 치료에 큰 도움을 얻을 수 있다고 하였다.

(5) 11월 20일

아동이 퇴원한 후, 시설입소 절차를 거쳐 유기된 장애아로 한사랑마을에 입소하는 방법을 알려주었다.

3) 사례 결론 및 평가

아동의 시설입소 후 경찰에서 조사가 시작되면 아동의 부모를 만날 수 있고 부모교육이 가능하리라 생각된다. 부모교육을 통하여 아동을 가정에 복귀시키는 것이 최종의 목표이나 그로 인하여 아동 부의 생활고가 더욱 가중되지 않을까 하는 사항도 간과하지 않을 수 없다. 사회복지단체의 의료비지원금이 나오면 간병인 비용, 병원비를 지급하고 나머지는 시설에 입소하여 의료비로 사용할 수 있도록 하였으며 담당직원의 도움을 받기로 하였다.

아동이 자신의 고통스러운 문제에 대해 자유롭게 이야기를 할 수 있도록 상담자는 지속적인 사례 연구를 통해 내담자의 문제 해결에 도움을 주고 상담하는 동안 문제 상황에 대처하는 능력을 길러주어야 할 것이다.

또한 사례 연구란 내담자에 대한 관찰 결과와 진행사항을 연구하는 것으로, 시제 상담의 경험이 없는 학생들에게는 경험과 노하우를 키울 수 있는 배경이 될 수 있다고 본다.

3 신체 및 정서 중복 학대 사례

1) 학대 배경

이 사례는 1남 3녀를 둔 가정에서 친부의 사회적 고립으로 인한 신체 및 정서 학대와 부부 갈등으로 인한 성 학대, 친모의 정신지체로 인한 방임 등 중복 학대의 사례다. 특히, 가정 내 성 학대(존속 성추행) 사례를 중심으로 다루고자 한다.

이러한 학대 상황에 대해 가족 구성원과의 복합적인 학대 요인들을 살펴보고, 관련된 기관(교육기관, 의료기관, 행정기관, 사법기관, 검찰, 법원 등)의 협조와 연계를 통해 문제를 해결하는 개입과정을 개괄하고 문제점 등을 되짚어 본다. 이를 통해 보다 효과적인 사례 관리를 실시하고자 한다.

2) 사례 개요

(1) 피해아동의 인적사항

① 인적사항

- 피학대아동 : CT1(11세, 여), CT2(7세, 여)
- 학대 행위자 : 친부(40세, 중졸, 무직)

② 가족사항

- 국민기초생활수급권 대상 : 정신지체 3급인 큰아들 앞으로 지급된다.
- 거주대상 : 영구임대 아파트

(2) 신고접수 및 현장조사

① 조사배경

이 사례는 친부에 의한 신체 학대, 정서 학대와 모의 경미한 정신지체로 인한 방임으로 2014년 12월부터 개입된 사례다. 아동양육에 있어서 고립과 경제적 어려움으로 자녀들(4남매)이 위축되어 학습이나 발달에 지연을 보이고 있어 상담을 실시하였다. 그리고 사례 종결 후 사후에도 관리되고 있던 사례이다. 사후관리로 학교와 연계하던 중 2015년 6월 24일 학교를 통해 아동이(CT1) 사타구니가 아프다고 했으며, 4월부터 실시 중인 미술치료에서 피해아동이 성적으로 노출되어 있는 것이 아닌가 의심이 된다는 신고가 들어왔고, 이에 현장조사를 실시하게 되었다.

② 아동학대 사항

- 응급 사례로 신고 당일 해부학적 인형과 진술 보조용 인물그림을 이용하여 진술 녹화를 실시하였다.
- 피학대아동(11세, 여, 이하 CT1)은 2014년 11월경 한 번의 성추행(부가 아동의 옷과 속옷을 벗기고 손가락을 삽입함)과 2015년 6월 15일 두 번째 성추행(부가 아동의 옷과 속옷을 벗기고 손가락을 삽입함)을 당했음을 진술하였다.
- 피학대아동(7세, 여, 이하 CT2)은 2014년부터 현재까지 부가 거의 매일 밤 아동의 속옷을 벗으라고 한 후 손가락을 삽입하고, 아동의 가슴과 몸을 만졌다고 진술하였다.

위 자료는 현장조사 때 진술 녹화(1회) 내용이며, ○○경찰서 내의 진술 녹화실에서도 진술 녹화(2회)가 이루어져 상담원이 신뢰관계의 동석자로 참여한 바 있다. 진술 녹화 2회 모두 사건 조사 때 참고자료로 사용되었다.

3) 사례 판정

- 스크리닝 결과, 총합 11점으로 아동학대-격리보호 사정 결과가 나왔다.
- 위험사상 척도 점수 결과, 총 15점으로 피해아동은 원 가정 보호하며, 학대행위자는 2촌 이내의 친족에 의한 준강제 추행으로 성폭력범죄의 처벌에 관한 법률(제5593호)에 의거 관할경찰서에 수사 의뢰를 하였다.

3) 가족력 및 문제력

(1) 피해아동의 가족력 및 문제력

① CT1(11세, 여)

- 일반가정으로 주 양육자는 모인데 경미한 정신지체로 어려움이 있어 자녀들이 방임되었다. 부는 고립과 스트레스로 아동을 학대하였다.
- 아동은 위축되고 눈맞춤이 잘 되지 않았는데 상담이 지속되면서 밝은 모습으로 감정을 잘 표현하였다. 아동은 발달의 지체를 보이며, 경미한 정신지체와 학교 부적응 문제가 있었고 모와는 밀착 관계를 보인다.

② CT2(7세, 여)

- 아동은 수줍음이 많고 발달과 인지 수준이 양호하였다. 아동은 부를 좋아하지 않으며 학습 부진의 문제를 갖고 있다.

(2) 가해자의 가족력 및 문제력

- 가해자인 부는 어린 시절 부에게 신체 학대를 많이 받고 자란 피해자이기에 치료가 필요하다고 부의 동생은 이야기하였다. 부는 학창시절에 많은 문제를 일으켰고, 글을 읽고 쓸 줄 몰라 피해의식과 폐쇄적인 성향으로 고립감에 빠져 있다.
- 부는 말이 어눌하고, 인지 수준이 낮은 편이다. 모의 집안일과 아이들 양육을 못마땅해하며 가정 폭력이 있다. 모와는 3년 전부터 분방을 하여 부가 첫째 아들과 CT2와 한방에서 자고, 모는 CT1과 막내를 데리고 잔다. 이러한 요인으로 CT2에게 1년 전부터 지속적인 성추행을 하였고, CT1에게는 2회의 성추행이 있었다. 인지가 떨어지는 CT1과 막내에게 주로 신체 학대와 정서 학대를 가한다.

4) 개입과정

(1) 목표

- 성 학대 사실에 대해 사법기관에 수사 의뢰하여 진위 여부를 밝힐 수 있도록 한다.
- 아동들의 학대 외상 후 스트레스 장애에 대한 상담과 객관적인 평가를 받을 수 있도록 하고, 치료적 개입을 실시할 수 있도록 한다.
- 모에게 아동양육기술을 교육하며 양육태도가 변화되는지 모니터링 한다.
- 폐쇄적인 가정에서 지지체계가 형성되도록 임파워먼트를 돕는다.

(2) 상담 및 진행과정

① 신고단계

- **아동학대예방센터** : 현장조사에서 성 학대 사실을 확인했다(6월 24일). 또 부의 도주 위험으로 아동들을 친인척 집에 거주 보호할 수 있는지 확인하였으나, 모 본인이 안전하게 돌보겠으며 부를 처벌하기를 원했다(6월 27일).
- **교육기관 학교** : 아동의 문제행동과 이상 징후에 대해 학교사회사업가가 정보를 제공해 주었다(6월 24일).
- **행정기관 동사무소** : 아동학대예방센터와 원활한 의사소통을 통해 가정과 동사무소 등에서 상담이 가능하게 하였다.

② 대응단계

- **아동학대예방센터** : 부는 영등포 구치소에 수감되어 접근 위험이 없으며, 모니터링 기간과 원 가정 보호를 통해 상담을 실시했다. 센터가 모의 대변자 역할과 조정자 역할을 하며 각 연계기관과의 공조체제를 갖춰 진행하였다.

- 사법기관 경찰 : ○○경찰서에 수사를 의뢰(6월 28일)하여 아동들의 진술을 받고(7월 1일) 모에 대한 조사를 한 후 성폭력 범죄 및 피해자 보호 등을 위해 부를 긴급 체포(7월 7일)하여 조사 후 ○○지방검찰청에 송치했다(7월 11일).
- 아동성폭력전담기관 해바라기아동센터 : 성 학대 진단을 위하여 산하 아동센터에 진단을 의뢰했다(7월 6일). 인테이크 후 ○○병원에서 진료를 받고 CT1은 진단서를 받았으며, CT2는 성기의 염증치료를 위해 약물치료를 받았다(7월 7일). 아동들은 정신진단을 받기 위해 7월 18일 센터를 방문하기로 했다. 이후 2회에 걸쳐 심리평가와 정신적 진단을 위한 검사를 실시했다.
- 교육기관 학교 : 아동들이 상담을 받을 수 있도록 학교와 긴밀한 협조체계를 구축하였다. 미술치료 외 인지행동치료를 연계 실시하였다.
- 행정기관 동사무소 : 부가 부재중으로 저소득 모자가정으로서 지원금이 상향되어 생계에 큰 보탬이 되었다. 모는 이혼 문제와 이사 문제에 있어서 동사무소와 상담을 진행하였다.
- 사법기관 검찰법원 : 아동과 모에 대한 요청공문을 보내왔다. 법률적 자문과 의료적 자문기관을 연결하여 자문을 받았다. 부는 성폭력 범죄의 성폭력 등으로 실형 3년을 선고받았다.

③ 사후단계

- 아동학대예방센터 : 가정의 전반적인 모니터링을 실시하였다. 이혼 문제는 전문 봉사자를 연계해 진행하였다. 모의 한글 교실을 등록하고 모와 아동들의 시설보호에 관한 상담도 진행하였다.
- 아동성폭력전담기관 해바라기아동센터 : 아동의 심리보고서가 나와 전문의로부터 상담을 받았다. CT1은 정신지체 수준이며, CT2는 경도의 정신지체 수준으로 나타났다.
- 교육기관 : 미술치료와 인지행동치료를 실시하였으나 개별적인 치료 개입이 필요하여 임상사회사업가들과 논의를 진행하였다. 1:1 치료 프로그램을 지원받

을 수 있도록 연계하기로 하였다.

- **전문기관 ○○가정 법률상담소** : 모가 이혼을 원함에 따라 이혼과 친권자 지정 및 친권 상실에 대해 상담을 하였고(10월 11일), 필요한 서류를 구비하여 진행하기로 하였다.

5) 추후 계획

센터에서는 모가 정신지체 진단을 받아 본 적이 없기 때문에 가족들에게 모의 상태를 이해시키는 데 도움을 주기 위해 2014년 12월 K-MMSE, BGT, K-WAIS를 실시한 바 있다.

검사보고서에 따르면, 언어성 60에 동작성 75, 전체 지능은 64로 경미한 정신지체에 속하는데 이는 지능 검사뿐 아니라 기질적인 검사인 BGT 검사에서도 예상이 되었다.

이런 상태로 사람들과 30년이 넘게 사회에서 적응하며 생활하는 것이 많이 힘들고 불편한 일이었을 것으로 예상된다. 심성이 착하고 수동적인 경향성으로 인해 나름대로 많은 스트레스가 쌓였을 것으로 생각이 된다.

전반적으로 경미한 정신지체여도 사회적인 성숙도가 높으면 다른 사람들과 어울려 살아가는 것이 그리 힘들지는 않으나 모의 경우는 현실 적응력도 낮고, 사물의 핵심을 파악하는 능력이나 문제해결 능력도 많이 뒤쳐져 있어서 가족이나 다른 사람들의 도움이 절실히 요구된다고 보고되었다.

아동들은 모와 함께 살고 싶다고 하였고, 만약 시설에서 지내면서 모와 면회하는 것에 대해서 어떻게 생각하느냐는 질문에는 그러한 상황에 대해 인지하지 못해 결정하는데 한계가 따른다 하겠다.

모에게도 아동들의 보호문제에 대해 상담을 실시한 결과, 잘 키울 수 있다고 언급하였다. 그러나 아동들을 시설에서 보호하면서 학대 후유증을 치료하는 문제에 대해서는 일정 부분 공감하면서도 두려움을 나타내었다. 결국 모는 아동들에게 가장 좋은 방법으로 진행하는 것에 뜻을 같이하였다.

아동들에게 가정에서 학대 후유증에 대한 치료와 지적 자극을 줄 수 없는 문제가 제기되었다. 더군다나 재판의 결과에 따라 보호 시기가 변동될 것과 친인척 보호를 할 수 있는 상황이 아니기 때문에 앞으로의 아동보호 문제에 있어서 전문가들의 판정이 요구된다.

중복 학대 가정의 성 학대 사건에서 가해자에 대한 부분은 사법기관에서 판정하게 되고, 그 이후의 가정에서 야기되는 문제는 센터가 개입하면서 어떻게 도울 것인가에 대해 지속적인 논의와 개입이 필요하다 하겠다. 아동에게 진정 필요한 것이 인지적인 부분인지 모정인지는 센터와 가정의 숙제로 남았다.

4 대소변 문제행동을 변화시킨 사례

1) 문제행동의 특징

문제행동을 보인 만 2세의 남아는 다른 어린이집에서 생활을 하다가 어머니가 늦게까지 일을 해야하는 가정형편으로 만 5세 누나가 다니는 어린이집에 새로이 입학하게 되었다.

아버지는 생활 능력이 없어 어머니가 열심히 일을 하는 상황이었으며, 어린이들에게 관심과 사랑은 많은 어머니였다.

이 남자 어린이는 누나와 친구들과 함께 있을 때 놀이와 게임을 하면서도 무표정한 얼굴로 웃는 모습을 볼 수가 없었다. 말을 잘 하지 않고 울기도 하면서 선생님 눈치를 보는 어린이였다. 새롭게 어린이집을 옮겨 낯선 환경이라 잘 웃지도 않고 누나만을 따르면서 귀찮게 한다고 생각을 하고 있었다.

그런데 남자 어린이의 담임선생님이 이 어린이가 대소변 보려고 하면서도 화장실에 간다는 말을 하지 않고 옷을 입고 있는 상태로 제자리에 서서 대소변을 본다고 말하였다. 만 2세 어린이가 화장실에 간다는 말도 하지 않고 옷을 입은 상태에서 제자리에 서서 대소변을 볼 수가 있을까라는 생각이 들었는데, 정말로 '쉬' 소리를 하지 않고 서서 소변을 보는 것이었다.

문제의 남자 어린이의 가정환경을 보면 아버지는 생활 능력이 없어 어머니가 늦게까지 일을 해야 하는 상황이었다. 어머니가 어린이에게 관심을 갖고 사랑을 주고 상호작용을 하면서 말도 자연스럽게 해야 하는 시기에 그러지 못하고 늦게까지 일을 해야하는 경우였다.

어린이들은 늦게까지 어린이집에서 생활을 하는데 선생님들이 관심을 갖고 사랑을 많이 주었다고 해도 이 어린 남자 어린이는 부모의 사랑이 더 큰 작용을 하면서 정서적으로 안정이 안 되어 있는 것을 확인할 수 있었다.

2) 지도방법 및 진행과정

(1) 남자 어린이 누나는 말도 잘하고 발표도 잘하고 친구들과 잘 놀면서 식사도 잘하는 어린이여서 특별하게 문제는 없었다. 그런데 어린 남자 어린이는 계속해서 누나를 귀찮게 하면서 무표정한 얼굴을 하고 옷을 입은 상태에서 대소변을 보고 선생님 눈치를 보고 있었다.

(2) 어린이에게 화를 낼 수 없어 아무런 말을 하지 않고 옷을 벗기고 새 옷으로 갈아입히면서 어린이에게 말을 했다. "'쉬'를 하려면 화장실에 가서 쉬를 해야 해요. 옷에다 '쉬'를 하면 옷이 젖어서 다른 옷으로 갈아입어야 해요."라고 말하고 쉬를 하고 싶으면 쉬쉬 말을 하라고 하면서 관심을 갖고 상호작용을 많이 했다.

(3) 남자 어린이에게 더 많은 관심을 가져야 하겠다고 생각을 했다. 그래서 시간을 정해서 시간이 되면 "'쉬'하고 싶지 않니?" 하면서 "쉬하고 싶으면 말을 하고 화장실에서 쉬를 하세요." 하면서 시간을 정해 반복해서 말을 했다.

(4) 남자 어린이는 형, 누나 다른 친구들과 게임, 산책을 하고 운동장에서 달리

기, 축구도 하고 놀이터에서 놀이기구도 타면서 서로 가까워지기 시작했지만 시간이 지나도 남자 어린이가 대소변을 쉽게 가리지는 못하는 것이었다.

(5) 남자 어린이가 옷에 쉬를 할 때 야단을 치지 않고 말없이 옷을 갈아입히면서 "다음부터는 쉬를 하고 싶으면 쉬 하고 싶다고 말을 하고 화장실에서 쉬를 해야 한다."고 반복해서 말을 했다.

(6) 남자 어린이는 다른 어린들과 함께 노래를 부르고 그림도 그리면서 더 가까워지게 되었고, 게임을 하면 즐거워하면서 좋아하였다.

3) 지도 결과

(1) 남자 어린이는 아버지의 무능력으로 어머니가 늦게까지 일을 해야 하기 때문에 어머니와 함께하는 시간이 없어 정서적으로 안정이 안 되어 있는 것을 볼 수 있었다. 남자 어린이가 말을 하지 못하고 제자리에서 대소변을 보는 것을 보면서 고착 상태에서 퇴행해 버리는 것 같은 행동을 볼 수 있었다. 남자 어린이는 실외 놀이를 하면서 축구, 달리기, 놀이기구 놀이를 하는 것을 매우 좋아해서 놀이를 하면서 많이 놀아 주었고, 어린이 역시 즐겁게 놀이를 하고 있는 것을 볼 수 있었다.

(2) 시간이 지나자 남자 어린이는 선생님에게 "쉬"라고 말을 하였다. 그래서 화장실에 가서 쉬를 하라고 했더니 화장실에 가서 쉬를 하고 나오는 것을 확인하였다. 잘했다고 칭찬을 해 주면서 안아 주었다.

CHAPTER 03

기타 아동상담 사례

사례1 – 부정적 인식 및 거짓말을 하는 아동의 상담 사례

1) 대상 아동의 인적 사항 및 가정환경

단비(가명)는 현재 초등학교 2학년으로 아동의 어머니는 가출을 한 상태이고 아버지와 오빠, 단비 세 식구가 살고 있다. 국민기초생활수급권자이며 아버지의 경우 한동안 실직 상태에 있다가 현재 일을 다시 시작했으나 버는 돈을 대부분 술을 사는 데 쓰고 있는데다 아이들은 방치된 상태이다. 아동은 '즐거운 집'에 가는 것에 대하여 많은 의지를 하고 있으며 대화 시 정상적으로 말은 하지만 말의 앞뒤가 안 맞는 경우가 많다. 아동의 오빠는 중학교 2학년으로 학교를 자주 결석하고 전단지 배포 아르바이트를 하러 다닌다. 오빠 역시 '신나는 집'을 이용하고 있으며 그 곳에서 고학년 남자 아이들을 거의 자기 마음대로 이끌고 다닌다. 자신의 기분에 따라 다른 아이들을 대하며 신체적 폭력을 행사하기도 한다.

주 수입원은 아버지의 월수입이지만 일정하지는 않다. 집은 무허가 판자촌에 위치하고 있으며 방 1개, 부엌 1개가 있으며 화장실은 집 밖의 공동화장실을 사용하고 있다. 방안에는 TV와 냉장고, 서랍장, 전화기가 있으며 셋이 누우면 꽉 찰 것 같은 작은 방이지만 깔끔하게 정돈되어 있다. 그러나 다음 해 봄에 주거지역이 철거되기 때문에 집을 옮겨야 하는데 현재 마땅한 곳을 찾지 못하고 있다.

2) 문제진단

(1) 모두 알고 있는 사실에 대하여 사실인 것처럼 거짓말을 한다.

(2) 학교를 자주 결석한다. 학교에 대한 부정적인 생각을 가지고 있으며 교우관계가 원만치 못하고 친구를 사귀려고도 하지 않는다.

(3) 항문수술로 인하여 매일 관장을 해야 하는데 현재 아버지가 제대로 해 주지 않아 옷에 변을 싸서 냄새가 나기도 한다. 그로 인하여 아이들로부터 따돌림을 당한다.

(4) 아동의 아버지는 아동의 교육이나 생활에 대하여 방임하고 있는 상태이며 신체적인 폭력을 가하는 등 부적절한 양육태도를 보이고 있다. 오빠 역시 아동에게 정신적, 신체적 폭력을 가하고 있다.

(5) 학습능력은 또래의 친구들과 비슷하다. 영리하여 주위의 상황에 빠르게 대처하며 자신의 의사를 정확히 표현한다.

(6) '신나는 집'에서는 적극적이고 모든 아이들과 잘 지내려고 한다. 아이들을 잘 챙겨주기도 하는 반면 자신의 기분에 따라 행동하는 경향도 있다. 하지만 학교에서는 친구가 거의 없고 '신나는 집'에 같이 다니는 아이들하고만 어울려 지낸다.

(7) 자신의 감정을 즉시 표현하고 약간의 민감한 반응을 보이기도 한다. 자기에게 주어진 일은 스스로 다 해낸다.

3) 상담목표

아동의 가정을 방문함으로써 대략적인 가정환경에 대한 것은 알 수 있었다. 밖에서의 밝고 적극적인 모습과는 달리 집에서는 왠지 주눅이 들어 있는 모습이었으며 매우 조심스럽게 말을 하고 아버지의 눈치를 많이 살폈다.

학교에 흥미를 갖지 못하고 또래관계가 형성되어 있지 못하여 학교를 자주 결석하였다. 학교에 대한 긍정적인 인식을 갖도록 하고 올바른 가치관을 형성하도록 해야 할 것이다. 또 아동이 자주 거짓말을 하고 남의 물건을 가져가는 경우가 있는데 행동수정을 할 수 있도록 지속적으로 관여하고 위생 측면의 문제해결을 위해 청결함에 대한 인식도 심어주어야 할 것이다.

- 지도 목표

- 학교에 대한 긍정적인 인식 형성
- 거짓말, 도벽 등 문제행동 수정
- 긍정적인 대인관계 및 가치관 형성

4) 상담진행

1차 상담 (11월 22일)

먼저 단비의 학교생활에 대하여 이야기를 하였다. 학교를 자주 결석한다는 것을 알고 있었기에 학교에 가기 싫은 이유에 대하여 이야기를 하고 학교의 좋은 점 등에 대한 단비의 생각을 이야기하게 하였다. 이때 지속적으로 학교에 빠지지 않고 가도록 하기 위하여 단기적인 방편으로 방학 때까지 결석하지 않으면 보상을 하기로 약속하였다.

가족과 관련하여 단비는 오빠에 대해 거의 말을 하지 않거나 다른 행동을 하였다. 아버지에 대한 이야기를 할 때 또한 반응은 마찬가지였다. 이러한 것으로 보아 오빠나 아버지가 단비에게 상당히 억압적이고 위협적인 존재임을 알 수 있었다.

2차 상담 (11월 25일)

단비가 성탄절 행사 때 기도를 맡았는데 갑자기 하기 싫다고 하였다. 그 이유를 물어보았으나 그냥 하기 싫다며 이유를 말하지 않았다. 이에 시간을 두고 성극연습을 보고 있게 하던 중 전도사가 기도연습을 하고자 단비를 불러 상담이 잠시 중단되었다.

단비가 돌아온 후 왜 기도를 맡기 싫은지 다시 물어보았더니 그냥 피식 웃었다. 그러면서 기도 내용을 다 외웠다며 자랑을 하였다. 이후 이야기를 하기 위해 밖으로 나올 때 단비는 가지고 나온 지난 여름캠프 워크북에 있는 노래를 부르기 시작하였다. 그리고 잠시 후에 여름캠프 때 이야기를 하기 시작하였다. 캠프에서 배웠던 것들에 대하여 재미있었으며 또 가고 싶다는 것이다. 단비에게 주려고 써 온 편지를 주자 단비는 감사하다고 이야기하고는 꼭 답장을 하겠다고 약속했다. 그리고 같이 노래를 부르자고 하여 2곡을 같이 부르고 저녁을 먹기 위해 '즐거운 집'으로 들어갔다.

3차 상담 (11월 27일)

어떻게 지내고 있었는지 단비와 이야기를 하였다. 특별한 이야기를 하지는 않았는데 학교를 빠지지 않기로 한 약속 잘 지키고 있는지 물었더니 잠시 멈칫하더니 작은 목소리로 "잘 다니고 있어요."라고 하였다. 그리고는 옛날 애기를 해주겠다고 하더니 꿈 이야기를 하였다. 자기가 피아노를 갖고 싶었는데 꿈에 누가 피아노를 사주었다는 것이다. 이후 실제로 이모가 꿈에서 본 것과 똑같은 장난감 피아노를 사 주었다는 것이다. 너무 좋았으며 그 피아노로 열심히 연습하고 있다고 하였다.

저녁때 교사회의를 통하여 단비가 이틀째 학교에 안 갔음을 알게 되었는데 학교를 빠지지 않게 하기 위한 대책을 강구해야 할 것 같다.

4차 상담 (11월 30일)

배가 아프고 구투를 하여 하루 종일 양호실에 있었다던 단비가 '신나는 집'의 차를 탈 때는 다시 나타났다. 단비 말에 의하면 차가 안 와서 그냥 집에 왔는데 마침 집 앞에 '신나는 집' 차가 와서 타고 왔다는 것이다.

단비에게 학교 결석에 대하여 물어보자 아파서 학교에 가지 않았다고 하였다. 집에서 무엇을 했는지 물어보니 그냥 잠만 잤다고 하였다. 아버지가 현재 일을 나가고 있으며 아침을 할 사람이 없어 매일 굶고 다녔다는 것이다. 그러면서 약속한 인형을 사줄 거냐고 물어보았는데 단비가 약속을 어겼기 때문에 사줄 수 없다고 하자 시무룩한 표정으로 알았다고 하였다.

학교에 대한 단비의 생각을 알고 싶어서 그림을 그려보게 하였더니 덩그러니 학교 건물만 그리고 마는 것이다. 학생들은 어디 있냐고 하였더니 다 건물 안에서 공부하고 있다고 하였다. 또 집에서 자신의 모습도 그려보겠다고 하더니 혼자 누워있는 모습을 그렸으며 밖에서 가족사진을 찍는 모습도 그렸다. 그러면서 정말로 가족사진을 찍어보고 싶다고 하였다.

단비의 학교에 대한 인식 정도를 알아보기 위하여 단비가 갖고 있는 느낌을 적어오라는 개인적인 숙제를 내 주었다.

5차 상담 (12월 3일)

전화를 하기로 약속하였기에 약속한 시간에 전화를 하였으나 단비가 집에 없어 통화를 하지 못하였다. 대신 오빠 재성이와 이야기를 잠깐 하였는데 집에서 무엇을 했는지 물어보았더니 그냥 있었다고 하였다. 더 이야기를 하고 싶었으나 재성이가 나가야 한다고 하여 전화를 끊었다.

5) 상담결과 및 의견

상담기간 동안 아동과의 관계는 많이 친밀해졌으나 시간이 촉박한 관계로 중간에 종결짓게 되어 아동에 대해 좀 더 깊숙한 개입을 하지 못하였다. 무엇보다 아동과의 지속적인 관계를 유지하기 위한 초기단계의 접근이 미흡했던 점이 아쉬움으로 남는다.

아동에게 있어서 가장 큰 문제는 장기 결석이다. 학교에 대한 흥미가 없으며 친구들에게 따돌림을 당하기 때문에 학교에 가야 하는 필요성을 인식하지 못하고 있다. 아동이 학교에 대하여 어떻게 생각하고 있는지 우선 파악한 후 학교에 대한 긍정적인 인식을 형성시켜 주어야 할 것이다.

아동의 도벽과 관련해 타인의 물건을 가져갈 때에는 꼭 이야기를 하고 가져갈 것을 지속적으로 이야기한 결과 현재 타인의 물건에 손을 댈 때에는 꼭 이야기를 하고 가져가는 등 조금씩 변화된 행동을 보이고 있다.

종합적으로 볼 때 문제를 해결하기 위해서는 가정환경 등 아동을 둘러싼 환경의 변화가 우선되어야 할 것이다. 하지만 현재 '신나는 집'에서의 행동을 보면 상당 부분이 고쳐지고 있으나 '신나는 집' 밖에서의 행동들은 그렇지 못하다. 이러한 이중적인 행동으로 인하여 '신나는 집' 실무자의 경우 자신들이 보살피기에는 이젠 무리가 있다고 판단, 쉼터 등 다른 기관에 의뢰하기를 원한다.

아동과의 만남을 이어가면서 그저 단순히 한순간의 형식적인 의무감에서 만나는 것이 아니라 그 아이를 하나의 인격체로 여기고 나와 동등한 관계에서 진심 어린 마음으로 대해야 함을 느낄 수 있었다. 문제가 있는 아동일지라도 문제 때문에 만나는 것이 아니라 평범하게 사귀고자 하는 마음으로 대한다면 더 많은 것을 알고 도움을 줄 수 있지 않을까 싶다.

사례2 – 부모의 잠재적 욕구로 인해 문제행동을 보이는 아동의 상담 사례

1) 대상 아동의 인적사항 및 가정환경

초등학교 4학년 여자아이인 예은이(가명)는 산만하고 집중을 못 하며 말대답을 많이 하고 자발적으로 하는 것이 전혀 없다는 문제 때문에 어머니가 치료를 의뢰한 경우이다. 예은이는 회사원인 아버지와 음식점을 운영하는 어머니, 중학교 1학년의 오빠 민식과 함께 생활한다. 영특하고 머리가 좋다는 소리를 들으면서도 집안이 어려워서 중학교를 중퇴한 어머니는 아이들에 대하여 남다른 기대를 가지고 여러 가지를 시키고 있는데 그 기대에 부응하지 못하면 심한 체벌을 해왔다.

한편 아버지는 어릴 때부터 별 어려움이 없이 순조롭게 대학교까지 졸업하였으며 낙천적이고 자녀를 체벌 없이 민주적으로 키우고 싶어한다. 어머니와는 자녀교육과 관련하여 견해 차이가 심하지만 이야기를 하다 보면 다툼으로 번지므로 이런 문제에 관해서는 아버지 쪽에서 주로 피한다고 한다. 특히 어머니의 어린 시절을 이해하는 아버지는 어머니가 공부에 대한 한이 남달리 크다는 사실을 잘 알고 있기 때문이다. 예은이 어머니는 가난한 집안에서 태어나 자신의 어머니에게 많이 맞고 자랐기에 어릴 때부터 자신의 어머니에 대한 증오심이 많았다고 한다. 중학교 1학년에 가출을 하여 파출부, 공장, 식당 등의 일을 전전하며 17세 무렵 어느 정도 돈을 벌게 되자 집에 다시 연락하면서 집안의 살림을 보태고 동생들도 공부시키게 되었다. 어머니는 자신이 능력이 있으면서도 여건이 되지 않아서 공부를 하지 못했다고 생각하여 결혼 후 3년 동안 검정고시 학원을 다니면서 고등학교 3학년 과정까지 마쳤다. 어머니는 자신이 공부하는 이유를 '좋은 어머니 역할을 하고 싶어서다.'라고 밝히고 있다. 생활력이 강한 어머니는 생활이 어느 정도 안정된 지금도 장사를 계속하고 있는데 이는 아이들에게 좀 더 많은 것을 배우게 하고 싶어서라고 한다.

아버지는 예은이의 문제를 어머니가 이해하면 별문제가 될 것이 없다고 생각하고 있으며 무엇보다 자녀들이 건강하게 자라는 것을 원하고 있다. 예은이는 어머니보다는 아버지에게 솔직하게 표현하는 편이라고 한다. 그러나 아버지 역시 예은이가 맞고 나서 금방 풀어지는 것을 보면 속이 없는 아이 같아 답답할 때도 있다고 한다. 한편 어머니는 예은이에게 공부보다는 자기가 할 일을 안 하거나 예의를 안 지키는 것 때문에 야단을 치고 매를 드는 경우가 많았다. 예은이는 이러한 어머니의 태도에 처음에는 순종적인 태도를 보였으나 4학년 이후부터는 말대꾸가 심해졌다. 그러므로 요즘은 어머니가 야단을 칠 때 처음에는 아이가 하지 않은 일 때문에 야단을 치기 시작하나 나중에는 야단맞는 태도가 불량하기 때문에 더 화가 나서 때리게 된다고 한다. 어머니는 요즘 아이를 아무리 야단을 쳐도 '소귀에 경 읽기'라는 생각이 많이 든다고 한다. 예은이의 장난기 섞인 태도가 어머니로 하여금 부모를 가지고 노는 것 같다고 느끼게 하고 체벌의 강도를 높이게 한다고 하였다.

이와는 달리 활달하고 눈치가 빠른 오빠 민식이는 어머니의 기분을 빨리 알아차려서 예은이보다는 덜 야단맞는다. 민식이와 예은이는 자주 싸우기도 하지만 남매 사이의 우애는 그리 나쁜 편이 아니다.

2) 문제진단

예은이는 초등학교 4학년의 여자아이이다. 착하고 활달한 성격이지만 무척 산만하고 충동적이며 뭐든지 하지 않으려 해 어머니의 강압적인 지시가 있어야 겨우 한다. 완벽하고 언제나 열심인 어머니의 입장에서 보면 정리정돈과 같이 자신이 해야 할 일들을 전혀 하지 않는 딸의 태도가 문제라 여겨져 심하게 체벌을 하기도 한다고 하였다. 예은이는 맞아도 꽁하지 않아서 성격이 좋은 것처럼 보이나 어머니가 보기에는 눈치가 전혀 없는 것 같아서 자신을 더 화나게 만든다고 한다. 초등학교 3학년 때부터는 부모의 돈을 1~5만 원 정도 가져가거나 거짓말도 잘했는데 어머니가 그 일로 심하게 때려 요즘은 이 같은 행동은 줄었다고 한다. 학교생활은 3학년 때까지는 크게 문제가 없이 잘해냈으나 4학년이 되면서 산만하고 딴 짓을 많이 하여 담임선생님이 문제아로 지적하였다. 예컨대 담임선생님으로부터 '정성이 없고 이해하려는 태도가 부족하며 생각 없이 행동한다.', '우리 반에 필요없는 아이이다.', '오랫동안 교사생활을 했지만 이런 아이는 처음 봤다.'는 등의 소리를 전해 듣고 어머니는 속상해서 신경성 위장병이 악화될 정도였다. 이러한 담임선생님의 말이 계기가 되어 치료를 의뢰하게 된 경우이다.

3) 상담계획

아동의 어머니는 자녀들을 자신의 욕구에 맞추려 하나 그런 것이 잘 이루어지지 않으면 어린 시절 잠시 잠재된 분노가 폭발하여 감정 통제를 하지 못한 채 심한 체벌로 이어진다. 더구나 어머니 역할에 대한 적절한 모델이 없었기 때문에 어머니는 자신의 어머니가 했던 것처럼 체벌을 통하여 문제를 해결하려고 한다. 따라서 예은이의 문제는 가족환경에서 비롯된 것이라 할 수 있다. 다시 말하면 예은이와 부모 사이의 정서적인 친밀감이 부족한 상태에서 공부만을 강요하거나 바른 습관을 들이자는 이유로 잔소리나 체벌 등을 가하여 부모의 틀 속에 예은이를 맞추려고 하는 데서 문제가 발생한 것이다. 이처럼 안정감을 줄 수 있는 부모-자녀 관계가 제대로 형성되지 못한 상황에서 계속되어 온 행동 통제로 인해 예은이에게 반항심만 부추기는 결과를 가져왔다. 아버지는 이러한 문제에 대한 인식은 하고 있지만 적극적인 역할을 하는 데는 미흡, 회피만 하는 것 같다. 이로 인해 예은이는 가족 내에서 누구와도 정서적인 친밀감을 가지지 못하는 상황에 놓여서 계속 문제의 행동들을 보인다고 가정하였다. 그러나 해결 중심적 가족치료에서는 이러한 가족에 대한 평가가 면담에서 그다지 중요한 의미를 가지는 것은 아니며 이러한 자료는 상담팀이 가족을 이해하는 수단으로써 활용될 뿐이다.

4) 상담진행

총 8회의 면담이 이루어지는 동안 매 회기마다 아버지, 어머니, 오빠(민식), 대상 아동(예은) 등 4명의 가족 전원이 면담에 참석하였다.

1차 상담

면담에 앞서 상담자가 면담을 통해 뭐가 달라지면 가족에게 도움이 되겠느냐고 질문하자 어머니는 예은이가 언제나 산만하고 말대답을 많이 하여 자신과의 관계가 좋지 못하다고 말문을 열었다. 그러나 이와 같은 호소의 문제에 가족 모두가 동의를 하고 있다는 인상은 받지 못했다. 아버지는 내가 자랄 때도 항상 있던 문제라고 말하면서 조심스럽게 자신은 다른 견해를 가지고 있음을 내비쳤다. 상담자가 받은 아버지의 인상은 어머니에 의해 이끌려 왔다는 느낌을 받았다. 일반적으로 내담자가 가족치료에 오게 된 동기와 상황에 따라 내담자와 상담자의 관계를 고객형, 불평자형, 방문자형으로 구분하는데 이 가족의 경우에는 어머니는 불평자형이고, 다른 가족은 방문자형이라고 판단되었다. 내담자의 유형을 나누는 것은 상담자가 내담자와의 관계를 형성할 때 내담자의 유형에 따라 각기 다른 접근을 하는 것이 치료에 효과적이기 때문이다. 불평자형은 목표가 자신보다 다른 사람의 변화에 있으며 자신은 지금까지 많은 노력을 해 왔다고 생각하는 경향이 있다. 따라서 상담자가 불평자형의 내담자와 면담을 할 때는 불평이나 목표를 가족과 함께 탐구하는 것이 바람직하다. 이 가족의 경우 가족 간의 화목이 중요하다는 점을 목표로 삼았으며 무엇보다 어머니와 예은이와의 관계가 원만해지기를 원하고 있었다.

이 시점에서 면담 이전에 어떤 변화가 있었는지를 확인하는 과정은 중요하다. 많은 가족의 경우 치료를 받으러 오게 되는 것이 계기가 되어 이미 많은 변화를 경험하는 경우도 있다. 우리는 상담 사례를 통하여 치료를 예약할 때는 문제가 심각했으나 며칠 후에 약속한 시간에 치료를 받으러 왔을 때는 불안이 감소되었거나 문제가 덜 심각해진 경우를 많이 접하게 된다. 따라서 이러한 치료 이전의 변화를 관심 있게 관찰하고 이것을 근거로 가족 자신이 발견하지 못한 해결방안을 찾을 수 있다면 상담은 성공할 수 있는 것이다. 다음은 상담과정 중 상담자와 내담자가 나눈 대화를 정리한 것이다.

상담자: 여기 오기로 약속하신지 2주일쯤 되었잖아요. 그동안 가족에게 달라진 점이 있으신가요?
아버지: 가족에게 관심을 더 갖게 된 것 같아요.
어머니: 예은이는 달라진 게 없지만 우리 부부는 많이 노력하고 있어요. 잔소리하고 싶은 것도 참고 야단칠 일이 있으면 남편에게 부탁한 지 2~3일 됐어요.
상담자: 대단한데요. 어떻게 그렇게 달라질 수 있었죠?
어머니: (이해를 못 한 듯) 네?
상담자: 예를 들면 참는 건 쉽지 않은 일인데 어떻게 참으실 수 있었나요?
어머니: (울면서) 아이하곤 말이 전혀 통하지 않아요. 작은 애가 엄마 마음을 알아줬으면 좋겠어요. 사립학교라 교복을 입는데 그것도 제대로 정리하지 못해서 화가 났지만 참았어요. 정말 힘들었지만 참았어요.
상담자: 예은아, 어머니가 이전과는 달라지셨다는 걸 너도 느끼니?
예 은: 네.
상담자: 어떻게 달라지셨는지 자세히 말해 볼래?
예 은: 때리는 것보다 말로 하는 게 좋았어요.
상담자: 어머니가 참으시고 말로 하시는구나. 어머니가 참으실 수 있도록 네가 엄마를 도와준 게 뭐가 있을까?
아버지: 여기에 온다는 게 도움을 준 것 같아요. 요즘은 애 엄마가 아이들이 정상이라고 생각하는 것 같고요. 애들에 대한 기대가 크니까 애들이 부족한 듯이 보이는 것 같은데 그래도 때리는 건 좋지 않다고 생각해요. 중간에서 역할이 힘들죠. 제 걱정은 엄마가 때리는 일이 많아서 아이들이 엄마를 나쁘게 생각할 것 같아요. 애들 엄마에게 '당신이 화날 때 내게 맡기라'고 했는데 나도 말한 만큼 잘하지는 못하고 있어요.
어머니: 며칠 전에 남편과 싸웠어요. 그렇게 노력했는데 변하지 않는 건 아이들 책임이라는 거예요. 아이들 인생은 아이들 거니까 할 수 없다고 해서 제가 너무 화가 났어요. 부모책임도 있는데 애 아빠는 너무 방치하는 것 같아요. 항상 맡기라면서 고쳐줘야 할 부분을 고쳐주지 못하는 것 같아요. 요 며칠은 제가 아이들 문제에 일부러 남편을 끼워 넣어요.
상담자: 아, 어머니의 변화에 아버지의 도움이 있었군요.
민 식: 예은이는 달라진 것이 없지만 엄마는 많이 달라졌어요.
상담자: 어떻게? 구체적으로 말해 볼래?
민 식: 우리 집은 언제나 누군가 혼이 나서 시끄러웠는데 요즘은 달라졌어요. 옛날엔 엄마와 말하기가 싫었는데 지금은 엄마와 대화하고 싶고 비밀도 이야기하고 싶어졌어요. 엄마는 완벽해서 동생의 흐트러진 모습을 보면 화를 냈는데 요즘은 엄마가 많이 노력해요.
상담자: 대단한 관찰력인데. 어머니, 민식이의 이야기를 듣고 어떻게 느끼셨어요?

이처럼 첫 번째 면담에서 가족이 면담을 약속한 후 그동안 어떤 변화가 있는지를 확인하는 작업은 참으로 중요하다. 이 가족의 경우에는 어머니가 이전보다 많이 참고 있었다. 또한 이전에는 어머니가 체벌을 중심으로 아이들 교육을 담당했으나 면담 후에는 지금까지 가정 내에서 그다지 많은 역할을 하지 않았던 아버지를 자녀교육의 전면에 내세우고 어머니는 물러났다는 사실을 알 수 있었다. 물론 이러한 자녀에 대한 어머니의 태도는 어머니와 예은이가 충돌하는 일이 적어졌다는 변화를 가져왔다. 설령 이 가족처럼 자신들의 변화를 인식하지 못하더라도 상담자는 이러한 면담 이전의 변화를 통하여 아버지의 역할을 강조할 수 있는 가능성을 파악할 수 있었다. 상담자는 가족이 보이는 많은 변화에 고무되어 어머니의 변화가 아이들에게도 긍정적인 영향을 주고 있다는 체계론적 인식을 일깨워 주려 하였다. 그러나 어머니는 예은이의 변화가 없다는 사실만을 강조할 뿐 자신의 변화에 대한 인식을 가지고 있지는 못하였다. 상담자는 어머니가 아직 자신이 이전과 달라졌다는 부분에 대한 인식이 없다고 판단하여 제삼자로 하여금 바뀐 어머니의 모습을 서술하게 하고 싶었으나 예은이 역시 그런 부분에 대한 인식이 깊지 못하였다. 오히려 장남이 어머니의 긍정적인 변화에 대하여 높이 평가하고 자신들이 영향을 받고 있다는 사실을 인식하고 있었다.

이어지는 면담에서 어머니의 변화가 어떻게 일어났는지 질문하여도 가족들의 변화에 대한 인식이 깊지 못하여, 이 가족이 치료목표로 삼고 있는 가족 간의 대화에 대한 척도질문을 하였다. 척도질문은 문제의 정도나 추구하는 것을 수치로 표현하여 변화 정도를 사실적으로 인식하도록 하는데 도움을 준다. 가족 간의 대화는 예은이를 제외한 가족끼리는 4.5점 이상이지만 부모와 형제 모두 예은이와의 대화는 0~1점이라는 낮은 점수를 주었다. 계속되는 면담을 통하여 어머니는 최근 부모역할 훈련을 받으면서 변화하고자 하는 의지도 있고 나름대로의 노력도 기울이고 있다고 털어놓았다. 그러나 예은이의 반항적인 태도를 보면 자신이 무시당하는 느낌을 받아서 더는 변화를 지속시키지 못한다는 사실을 알 수 있었다. 어머니의 이와 같은 예민한 반응은 중학교도 졸업하지 못했다는 어머니의 생육사와 관계가 있다고 추론된다.

45분의 면담을 마치고 개입메시지를 작성하기 위하여 휴지단계에 들어갔다. 가족을 면담실에 남아있게 한 채 상담자는 관찰실에서 상담팀과 개입메시지를 의논하였다. 개입메시지는 일반적으로 칭찬과 과제, 그리고 과제를 왜 해야 하는지의 이유를 설명하는 연결문 등 세 가지 부분으로 이루어진다. 상담팀은 무엇보다 칭찬에 많은 비중을 두는데 이는 칭찬이 내담자의 협조를 증진시키기 때문이다. 그러나 이러한 칭찬은 상담자가 진정으로 가족을 이해하고 수용한다고 느낄 수 있도록 구체적이어야 한다.

2차 상담

이 가족의 경우에는 면담 전에 이미 변화가 있을 정도로 변화에 대한 잠재력을 가지고 있었으므로 두 번째 면담에서는 가족이 가져오는 작은 변화를 축으로 면담을 진행하려고 하였다. 즉 상담자는 가족에게 어떻게 변화가 일어날 수 있는지를 이해하도록 도와 가족 스스로가 차이점을 발견할 수 있게 하겠다는 목표를 가지고 가족과 만났다.

예상한 대로 가족에게 일주일 동안의 변화를 묻자 예은이는 일주일 동안 큰소리 없이 잘 지냈다고 약간 자랑 섞인 어조로 말하였다. 다음은 상담과정에서 가족과 나눈 대화의 내용이다.

상담자: 굉장한데요. 어떻게 큰소리 없이 잘 지낼 수가 있었지?
예 은: 엄마 아빠 말을 잘 들어 잘 지낼 수 있었어요.
아버지: 잘 지냈지만 한 가지 문제가 있었어요. 예은이가 잘 일어나지 않아서 제가 뺨을 한 대 때렸어요.
상담자: 그건 이전과 다른 점이 있었나요?
어머니: 언제나 아이를 제가 깨우고 때리고 했는데 요즘은 깨우는 걸 애 아빠한테 부탁했어요.
상담자: 어떻게 아버지에게 많이 부탁을 할 수 있었나요?
어머니: 아이와 부딪치지 않으려고 내가 상당히 노력하죠. 아이가 학교에 갔다 오면 공부를 전혀 하지 않는데 요즘은 되도록 그런 것을 신경 쓰지 않고 뒤로 물러나려고 노력해요. 정말 속상하면 똑똑해야 시집간다고 설득해 보기도 하지만 아이가 전혀 알아듣지 못해요. 지금까지 아이보다 내가 문제였다는 생각도 들고요.
상담자: 어떻게 그렇게 변할 수 있었나요?
어머니: 지금까지 노력해서 얻은 것은 아이들과 관계가 악화되는 것뿐인데 난 먼 훗날 아이들에게 좋은 엄마로 남고 싶어요. 친정어머니하고의 경험에 있어서 좋은 기억으로 아이들에게 남고 싶어요. 그쪽이 현명하다고 계속 되뇌고 있어요.
상담자: 그렇게 변하는 게 쉽지 않은데 특별한 계기라도 있었나요?
어머니: 시간과 물질적인 투자를 상당히 많이 해서 여기에 왔는데 변하지 않으면 안 된다는 생각을 많이 하게 됐어요. 아이를 생각하면 괴로운데 그 욕심을 버리려 생각하고 있어요. 또 선생님이 말씀하신 대로 가정에서 아버지하고 아이가 뭔가 많이 하도록 전 빠졌어요. 그리고 이전엔 아이에 대해 많은 기대를 했으나 부모교육 훈련을 배우고 나서 아이에게 지나친 기대를 해서는 안 된다고 생각했지요. 그리고 치료를 받으니까 어떻게든 변해야 한다고 생각했어요.
민 식: 일주일 동안 예은이도 많이 좋아졌어요.
상담자: 그래, 예은아. 어떻게 그렇게 좋아질 수 있었지?
예 은: 투철한 의지력이 있었어요.

상담자는 예은이가 말하는 '투철한 의지력'이라는 표현이 무척 와 닿았다. 예은이가 주위의 어른들로부터 항상 지적받는 문제행동은 '의지력이 없다, 산만하다, 끈기가 없다.'라는 것이었다. 유독 투철한 의지력이라는 표현을 쓰고 있는 것은 그러한 지적을 불식시키고 싶다는 함축된 의미를 내포하고 있는 것처럼 느껴졌기 때문이다. 이와 같은 표현을 통하여 예은이 스스로의 변화에 대한 강한 의지력을 느낄 수 있었다.

> 아버지: 보이지 않는 변화가 있는 것 같아요. 한두 마디로는 반응이 없었는데 요즘은 변화가 있어요. TV를 보다가도 그만 보라고 하면 자기 방으로 들어가 버려요.
> 상담자: 어떻게 그렇게 할 수 있었지?
> 예　은: 보던 프로가 재미없었고 투철한 의지력을 가졌기 때문이에요.
> 상담자: 예은아, 투철한 의지력이란 멋있는 말이고 대단한 건데 넌 그걸 어떻게 가질 수 있었니?
> 예　은: …
> 상담자: 어머니가 달라지신 것과 관계가 있을까?
> 예　은: (때리는 흉내를 내면서) 옛날에는 때렸는데 요즘은 참으시는 것 같아요. 이런 게 도움이 된 것 같아요.

어머니는 예은이가 때리는 흉내를 낸 것이 마음에 걸리는지 '아이가 신중하지 못한 것 같다, 신뢰가 안 간다, 어느 정도 받아들여야 하는지 의문이 생긴다.'고 자신의 편하지 않은 감정을 드러내었다. 상담자는 사춘기 아동의 특성을 설명하였다. 전반적인 면담과정을 통하여 상담자는 어머니가 무리하게 참고 있다는 느낌을 받았다. 변화란 시간이 필요한 것으로 급격한 변화보다 자연스러운 변화가 중요하다고 언급했으나 치료를 계기로 좋아져야 한다는 동기가 강한 어머니에게는 그다지 큰 의미로 받아들여진 것은 아닌 것 같았다. 상담자는 오히려 '아이들에게 참으니까 남편에게 화풀이를 하게 된다.'는 어머니의 말을 통하여 어머니가 참을 수 있도록 아버지가 많은 역할을 할 수 있는 분이라는 사실을 부각시켰다. 왜냐하면 아버지는 어머니의 안정되지 못한 정서를 받아들일 수 있는 여유가 있으며 정서적으로 안정된 사람이라는 상담자의 판단이 있었기 때문이다.

어머니는 예은이가 어느 정도 자기 일에서 만족감을 얻고 참을 수 있게 되었다고 언급하였다. 여기서 상담자는 예은이가 현재 자신이 하고 있는 일의 정도를 파악하기 위하여 척도질문을 하였다. 아버지는 5점, 오빠는 1점, 예은이 자신은 3점 정도는 하고 있다고 생각하는 반면 어머니는 0.5점으로 대답하였다. 해결 중심적 가족치료에서 이처럼 다양한 척도가 나오게 되면 높은 점수를 가지고 면담을 진행하는 것이 일반적이다. 즉, 여기서 아버지가 말한 5점을 가지고 어떤 변화가 일어나면 그보다 높은 점수를 줄 수 있는지를 물을 수 있었다. 그러나 본 사례에서는 현재 어머니가 누구보다 예은이의 행동에 대해 견디기 힘들어하므로 어머니의 점수에 초점을 맞추기로 하였다.

> 상담자: 개성 있는 가족이군요. 다양한 점수가 나왔어요. 어머니, 뭐가 달라지면 0.5에서 1점을 올려 줄 수 있죠?
> 어머니: 저 아이는 자기 주변 정리를 전혀 못해요. 전 얘가 자기 주위에 있는 걸 정리만 하면 3점을 줄 수 있어요.

주변 정리라는 보다 작고 구체적인 목표가 나왔다. 물론 상담자는 이러한 작은 목표를 가지고 면담 후반부를 진행하였다. 왜냐하면 우리는 가족이 이처럼 작은 목표의 성공을 통하여 자신들이 변화할 수 있다고 믿는다고 보았기 때문이다. 이 가족의 경우도 주변 정리라는 작은 목표 달성을 통하여 성취감을 맛보게 하고 변화에 대한 희망을 주는 것이 중요하다고 판단하였다.

3차 상담

상담팀은 과제를 확인하여 예은이에게 자신의 투철한 의지력이 사용되었던 예를 들게 하여 어떻게 그렇게 할 수 있었는지를 살펴보도록 하였다. 또한 가족이 어떤 면에서 도움이 되었는지를 생각해 보도록 하여 가족에게 체계론적 인식을 일깨워주고자 계획하였다.

우리는 가족이 지나치게 빠른 변화를 시도할 때 그러한 변화를 흔드는 사건이 일어나는 경우를 치료과정에서 종종 경험하였다. 이 사례에서도 그러한 현상이 일어나고 있었다. 가족을 만난 상담자는 먼저 일주일 동안 어떤 변화가 있었느냐고 물었다. 항상 상담자가 지적해야만 말을 하던 예은이가 부모보다 먼저 자랑스럽게 그동안 잘 지냈으며 자신의 의지력을 사용해 서랍정리도 해서 3점은 될 거라고 대답하였다. 예은이의 이러한 자랑스러운 대답이 끝나기도 전에 어머니는 달라진 것이 전혀 없다고 불평하며 아이가 자랑스럽게 말한 서랍정리도 스스로 한 것이 아니라고 부인하였다. 어머니가 서랍정리를 하라고 아이를 깨웠더니 다음에 하겠다고 하여 '네가 지금 하지 않으면 내가 때리고 싶은 마음이 드니까 무슨 일이 있어도 하고 자라.'고 억지로 시켰다고 아이의 행동을 격하시켰다. 예은이는 '어떻게 했든지 내가 했으니까 3점은 줄 것 같았다.'고 자신의 변화를 인정받고 싶어하였다. 그러자 어머니는 예은이가 집에서 만원을 훔쳐서 만화방에 갔다는 구체적인 예를 들면서 모든 가족이 예은이를 위해 애쓰고 있는데 예은이 자신은 가족의식이 전혀 없다고 비난하였다. 돈을 훔쳤다는 이야기가 나오자 서랍정리를 했다며 만족해하던 예은이는 풀이 죽었다. 그러나 가족이 인식하고 있지는 못했지만 문제의 해결방식은 이전과 상당히 달라져 있었다.

상담자: 그렇죠. 아이를 의심하는 건 힘든 일일 텐데 어떻게 해결하셨나요?
아버지: 아침에 일어나서 내가 예은이에게 말을 했어요. 네가 했으면 했다고 인정해라. 주위에도 그런 아이들이 있는 것 같고 나도 그런 경험이 있으니까 솔직하게 엄마에게 말하라고 타이르고 출근했어요.
어머니: 아버지와 이야기했으면 금방 와서 사과해야 할 것 같은데 예은이가 사과하지 않고 빈둥대서 더 화가 났어요.
상담자: 이전과 다른 점이 있었나요?
어머니: 예은이가 전에는 안 그랬다고 딱 잡아뗐는데 이번에는 시인하고 제게 '엄마, 안 그러겠습니다'라는 쪽지를 줬어요. 그렇지만 아이의 표정에서는 잘못했다는 느낌을 받을 수 없어서 견딜 수가 없었어요.
상담자: 예은아, 뭐가 달라져서 반성문을 썼는지 한 번 말해 볼래? 어떻게 시인할 수 있었니?
예 은: …
상담자: 민식이가 보기에는 뭐가 달랐지?
민 식: 옛날에는 엄마에게 맞아서 시인했는데 이번에는…
어머니: 특별한 이유가 있어서라기보다는 생각도 없이…
민 식: 아버지하고 얘기하고 나서 쑥스러워서 엄마를 잘 못 본 거예요.
어머니: 예은이를 위해서 빨리 해결했어요. 마침 다음 날이 애들 용돈 주는 날이라 만원을 가불한 걸로 하고 다음 날 갚게 했어요. 오늘이 세 번째 가족치료인데 이 애가 달라질까 불안해져요.

상담자는 변화를 보지 못하는 가족에게 가족이 느끼지 못하는 작은 변화를 알려주고 '우리 가족이 변하고 있다.'라고 용기를 주려고 하였다. 어머니 자신이 상당한 의지를 가지고 많은 변화를 시도하고 있었으나 예은이에게도 같은 정도의 변화를 기대하는 어머니는 가족 속에서 일어나는 여러 가지 변화를 느끼고 있지 못한 것 같았다. 그렇지만 면담과정 속에서 예은이를 비난하면서도 동시에 예은이가 나아지고 있다는 사실을 단편적으로 언급하고 있었다. 가족이 자신의 가족에게 가지는 감정은 뒤엉켜 있기 때문에 이처럼 양면적으로 표현하는 경우가 종종 있다. 그러므로 가족치료는 끈기있게 가족이 말하는 대상 아동에 대한 미미한 긍정적인 부분을 확대해 주는 것이 중요하다고 생각한다.

어머니: 부모의 기대를 느끼고는 있을 거예요. 마음 자체는 착하고 따뜻해요. 얘처럼 순박하고 인정 많은 아이는 없어요. 며칠 전에는 저를 자전거에 태워 기쁘게 하려고 했어요. 그렇지만 자기 주관이 너무 없는 것 같아요.

상담자: 넌 어머니까지 자전거에 태우고 다닐 수 있구나. 선생님은 예은이가 투철한 의지력을 가지고 변하고 싶은 마음이 강하다는 걸 느끼고 있어.

민 식: 마음은 참 착한 것 같아요.

어머니: 두 아이가 마주치기만 하면 싸웠는데 싸움이 많이 줄었어요. 여기 오면서 예은이가 많이 참는 것 같아요.

상담자: 대단한데. 네가 싸움하지 않는 데 투철한 의지력을 썼구나. 그걸 아침에 일어나거나 실수하지 않는 데 쓸 수 있을까? 어떻게 도와주면 투철한 의지력을 발휘할 수 있을까?

어머니: 학교 선생님도 아이에게 의지력이 없는 것 같다고 해요.

상담자: 예은이가 7시에 깨고 싶은 의지는 8인데 행동으로 이어지지 못해서 8시 반까지 자게 되잖아요. 부모님이 예은이의 의지 8이라는 숫자를 유지할 수 있도록 어떻게 도와줄 수 있을까요?

아버지: 엄마가 반강제적이어서 더욱 의지력이 없어지는 것 같으니까 전 아이가 스스로 할 수 있도록 기회를 주고 싶었어요. 오늘 아침에도 두 번 깨워 일어나지 않아 세 번째는 나도 화가 날 것 같아 그냥 놔뒀어요.

상담자: 오늘 같은 날 어떻게 해주길 바랬는지 예은이에게 물어보죠. 예은아, 오늘 아버지가 어떻게 해 줬으면 했니?

예 은: 손을 잡아서 일으켜 줬으면 일어났을 거예요.

아버지: 다음엔 그렇게 해볼게.

이러한 현상은 흔히 있는 일이므로 상담자는 가족의 부정적인 태도에 밀려 주저하지 말고 나아진 점에 초점을 맞추어 끊임없는 질문을 해야 한다. 여기서도 가족이 이전과 많이 달라졌음을 알 수 있었다. 한 예로 도벽에 관한 어머니의 태도가 이전과는 상당히 달랐다. 이전에는 나쁜 짓을 하면 몽둥이가 부러질 정도로 때렸으나 이번에는 어머니가 아이를 때리거나 야단치는 대신에 아버지와 이야기를 하도록 하여 예은이가 자신의 행동을 시인하도록 하였다. 또 훔친 만원은 예은이가 받는 용돈에서 가불하도록 하였다. 상담자는 어머니가 이 문제에 직접 나서지 않고 아버지가 해결하도록 부탁했다는 점이 이전과는 다른 모습이라는 사실을 인식할 수 있게 도왔으나 어머니는 예은이에 대한 실망이 커서인지 받아들이지를 못하였다.

그러나 면담과정 속에서 아버지는 예은이에게는 별 변화가 없지만 어머니의 태도에는 많은 변화가 있다는 점을 인정하였다. 변화에 대한 가족의 견해가 다른 것은 어머니가 가족에게 급격한 변화가 일어나기를 기대한 나머지 현재 주위에서 일어나고 있는 작은 변화를 보지 못하고 있는 것 같았다.

4차 상담

가족 스스로가 인식하지 못하고 있는 작은 변화를 찾아내 그러한 변화가 어떻게 일어나고 있는지를 파악하려는 계획을 가지고 치료에 임하였다.

어머니는 앉자마자 지난 일주일이 악몽 같았다고 불평을 늘어놓기 시작하였다. 상담자가 구체적인 예를 요구하자 오늘 있었던 일을 이야기하기 시작하였다. 오늘이 체육대회인데도 불구하고 예은이가 아침에 늦게 일어났고 체육대회 프로그램도 가지고 오지 않아서 어머니가 화를 내자 예은이는 밥도 먹지 않은 채 학교에 갔다고 하였다. 어머니는 화가 났지만 체육대회를 보러 학교에 가서 일부러 아이의 반까지 찾아갔다. 그런데 예은이가 좋아하리라는 어머니의 예상과는 달리 예은이는 어머니를 아는 척도 하지 않아 어머니의 기분이 무척 상했다고 하였다. 그래도 뭘

사주고 싶어서 교문 밖에서 1시까지 기다렸으나 예은이가 나오지 않아서 그냥 집에 돌아왔다. 집에 와서도 계속 궁금해했는데 예은이가 4시가 넘어서 친구 집에서 전화를 해 어머니는 무척 화가 났었다고 한다. 가족이 변한 것이 전혀 없다면서 꺼낸 예이지만 우리는 사실 어머니의 태도에 상당한 변화가 있음을 엿볼 수 있었다. 그러나 변화에 대한 인식이 전혀 없으므로 변했다는 사실을 크게 부각시키지 않았다. '예은이가 어머니를 만났을 때 어떻게 대했다면 화가 나지 않았을까.'라고 묻자 어머니는 '예은이가 항상 가족 밖으로 나가려고만 한다.'며 손을 들어주거나 한 번 웃어줬더라면 자신이 화가 나지 않았을 것이라고 대답하였다. 이 가족의 경우는 현재 많은 변화가 일어나고 있는데도 불구하고 이에 대한 인식이 부족하다는 상담자의 판단에 따라 예외질문을 하기로 하였다. 예외질문은 성공했던 경험과 현재 잘하고 있는 것을 발견하는 질문으로 일상생활에서 성공적으로 잘하고 있지만 그것을 인식하지 못하거나 가치를 두지 못할 때 주로 사용된다.

상담자: 어머니가 보시기에 예은이가 가족 밖으로 나가려 하지 않고 가족 안에 있으려고만 한 적이 있나요?
어머니: 본인이 노력하고 있는 것은 알지만 손님이 오면 예은이는 저를 더욱 힘들게 하지요. 손님이 오면 열 번 중 아홉 번은 참견하다 잘 들어주지 않으면 화가나 제방에 들어가 버려 손님을 당황하게 해요.
상담자: 한 번은 잘 지내는군요. 그날은 예은이가 어떻게 다르게 행동하죠?
어머니: 내가 미리 예은이에게 사정 조로 부드럽게 말을 해놓죠.
민　식: 요즘 엄마가 너무 많이 참으셔서 그게 폭발해 한계에 온 것 같아요. 모두 잘하는데 엄마가 예민해요.
상담자: 예은이가 부모님 말을 잘 듣는 날과 그렇게 하지 않는 날의 차이는 뭐죠?
아버지: 예은이의 기분을 좋게 해 주면 문제가 없어요.

오빠와 아버지는 차이점을 발견하고 있으나 어머니는 너무 힘들고 대화가 안 된다며 계속 불평을 늘어놓았다. 특히 지금은 거의 포기상태여서 상처를 너무 많이 받는다고 자신이 얼마나 상처받았는지를 호소하였다. 상담자는 어머니의 힘든 마음을 인정하는 것이 중요하다고 판단하여 예은이와 대화가 되는 정도에 대한 척도 질문을 하였다. 어머니는 0점이라고 대답하였다. 뭐가 달라지면 0.5점이 될 수 있겠느냐고 질문해도 계속 불평으로 이어져 오늘 학교에서 받은 상처가 어머니에게는 상당히 컸다는 사실을 알 수 있었다. 이는 어머니의 많이 배우지 못하고 힘든 어린 시절과 관련되어 있는 것으로 판단된다. 아버지는 아이가 좀 더 센스가 있었으면 좋겠다고 말하여 어머니를 거들었다. 잘 참고 있던 오빠는 '예은이가 유치한 말을 해도 이야기를 들어주다 보면 재미있고 이해가 된다.'며 '엄마도 참지만 말고 우리를 이해했으면 좋겠다.'고 동생을 감싸고 나섰다. 이것은 치료가 좋은 방향으로 갈 수 있다는 예견을 할 수 있게 해 주는 하나의 예이다. 1, 2회 상담 때 예은이에 대하여 부정적이던 오빠가 동생을 감싸고 아버지가 어머니를 거드는 것은 부모세대와 자녀세대의 명확한 경계를 긋는다는 의미에서도 바람직한 것이다. 오빠의 요구에 영향을 받았는지 그 후 어머니의 태도가 상당히 부드러워지면서 나도 너희를 이해하려고 할 테니 너희도 나를 이해해 주길 바란다고 대답하였다. 그리고 어머니는 자신이 체력에 비해 하는 일이 너무 많다는 걸 아이들에게 호소하였다.

5차 상담

코인 토스(coin-toss)과제를 확인하여 가족이 어떤 행동을 보고 그런 사실을 알았으며 그런 행동을 하도록 가족이 어떻게 도와주었는지를 확인함으로써 가족에게 체계론적 관점을 이해시키고자 하였다.

면담이 시작되어 과제를 확인하자 아버지와 오빠는 특정한 날을 언급하였고 어머니는 센스 있게 행동한 날이 없다고 하면서도 가족 모두 예은이가 이전과 다르게 행동했음을 인정하였다. 예컨대 아버지는 깨우면 아이가 곧 일어났다고 진술하였고, 어머니는 오늘 숙제를 모두 끝내고 여기에 오자고 하자 예은이가 말을 들었다는 것이었다. 또 오빠는 동생이 부딪쳐도 화를 내지 않고 웃었다고 응답해 모든 가족이 나름대로 대상 아동의 다른 점에 관하여 언급할 수 있을 정도로 많은 변화가 있었다고 느낄 수 있었다. 이처럼 예은이의 변한 행동들을 구체적으로 나열시킨 후 이러한 변화가 일어날 수 있도록 가족이 예은이에게 어떤 도움을 주었는지 물었다. 어머니는 자신이 아이를 보는 시각을 긍정적으로 가지려 했다고 자신 있게 대답하였다. 아이들에 대한 기대를 낮추려고 노력한다는 어머니의 말을 보다 구체화하기 위해 어머니가 예은이에게 거는 기대에 대한 척도질문을 하였다. 예은이는 현재 3점이지만 자신의 투철한 의지력을 발휘하면 6점은 될 수 있을 것이라고 언급하자 어머니는 7점 정도만 되어도 만족한다고 말하였다. 앞에서도 언급했지만 바로 이런 점이 척도질문이 지닌 매력이다. 수치화함으로써 기대하는 바가 보다 작은 것이 되고 현실화될 수 있기 때문이다. 3점에서 4점으로 올라가기 위해서 뭐가 달라져야 하느냐는 상담자의 질문에 예은이는 스스로가 방을 깨끗이 치우는 것이며 한 번에 끝나는 것이 아니라 계속 지켜나가는 것이 중요하다고 대답하였다. 예은이가 4점이 되도록 어떻게 도와줄 수 있느냐는 질문에 어머니는 자신이 아이를 믿어주고 있다는 느낌을 갖게 하는 것이 중요하며 예은이가 좋아하는 축구를 함께 하며 신뢰를 쌓아가고 싶다고 스스로 해결책을 피력하였다. 면담과정을 통하여 가족이 상당히 달라지고 있음을 실감할 수 있었다.

6차 상담

종결을 행한 사례이므로 면담 초기의 목표인 '가족의 화목', 특히 대상 아동과 어머니와의 관계가 얼마나 개선되었는지를 구체적으로 살펴보고자 하였다. 또한 가족이 이러한 관계 개선을 인식한다면 어떻게 유지해 나갈 것인지를 질문함으로써 변화가 유지되도록 돕는 것이 목표이다.

상담자: 일주일 동안 어떻게 지내셨어요?
아버지: TV 때문에 두어 번 사건은 있었지만 큰 변화 없이 지냈어요.
민 식: 월요일부터 금요일까지는 안 보기로 했는데 밤에 유선방송을 조금 봤어요.
어머니: 그게 그렇게 큰 문제는 아니었어요.
민 식: 엄마 대신 아빠가 신경질을 냈는데 따가운 눈초리가 아니라 '또 보니?'하는 것이었어요.
상담자: 민식이가 약속을 지키기 위해서 아빠가 화를 내줬으면 좋겠다고 했는데 결국 아빠가 약속을 지키셨네.
민 식: 요즘은 아빠가 화를 잘 내시고 엄마는 화를 덜 내세요.
예 은: 영어숙제는 잘했지만 TV 때문에 파리채로 한 대 맞았어요. 근데 그건 맞은 것도 아니에요.
상담자: 그랬구나. 어머니가 아이들 마음을 읽어주는 게 중요하다고 말씀하셔서 이번 주에는 가족 모두가 각자의 마음을 읽어 구체적으로 뭔가 행동하기로 했는데요.
어머니: 바로 그것 같아요. 전 어릴 적 어머니에게 혼나면 여동생을 참 많이 괴롭혔어요. 철이 들자 동생한테 너무 미안해서 어떻게 하면 그 애에게 잘해 줄까 하는 마음이 생겼는데 얘네 둘도 너무 싸워서 정이 각별한 것 같아요. 싸우는 것도 이 아이들 시기에는 있을 수 있다고 생각해요. 그리고 싸우다가도 소리 한 번 지르면 옛날과 달리 본인들이 자제하는 것 같아요. 그런 게 상대방을 읽어주는 것 같아요. 예은이가 왜 이렇게 됐을까를 생각해 보니까 2, 3학년 2년 동안 얘 때문에 정신적인 고통을 받아서 예은이가 예쁜 행동을 해도 그게 저한테 크게 와 닿지 않고 싫은 행동을 하면 그건 크게 부각됐어요. 고정관념이 박혀 버린 거죠.
상담자: 힘들면서도 아이를 긍정적으로 보셔서 달라진 게 구체적으로 뭐죠?
어머니: 내 아이니까 아이에게 사랑을 줄 사람은 우리밖에 없다고 생각했어요. 아이가 언제까지 우리에게 머물러 있는 것도 아니고 이 시기에 우리가 아이를 사랑하는 건 책임이라고 생각해요. 30분이라도 아이에게 무언가 꽉 채워 줬으면 해요. 예은에게는 무관심이 필요한데 내가 아이를 너무 못살게 군 것 같아요. 아이는 심성이 착하고 우리가 열심히 노력하니까 잘 될 거라고 생각해요. 이 시기만 지나면 잘 지낼 수 있을 거예요.

이처럼 어머니 자신이 예은이를 바라보는 시각의 변화가 상당히 크게 일어나고 있음을 알 수 있었다. 그러나 위에서 서술한 것처럼 이성적인 부분에서 예은이와 문제를 이해하고 있으며 어머니 자신이 변화를 위해 어떤 노력을 했고 어떻게 유지해 나갈 것인지에 대한 구체적인 언급이 결여되어 있었다. 상담자는 이러한 감정적인 변화를 통해서 실제 어떤 행동의 변화가 있었는지를 구체화시킴으로써 이 가족이 앞으로 무엇을 해야 할 것인가를 분명히 할 수 있다는 판단 아래 어머니가 구체적으로 어떻게 다르게 행동했는지에 초점을 맞췄다.

상담자: 어머니의 생각이 대단히 변하신 것 같군요. 제가 여기서 궁금해지는 건 그래서 어머니가 예은이에게 어떻게 다른 행동을 했냐는 점이에요.
어머니: 본인이 많이 노력하는 걸 제가 알게 됐어요. '학교 갔다 오면 아이가 갈 곳이 없었겠구나'라고 느꼈어요. 그래서 이제는 내버려 두고 재미있는 걸 찾아 주려고 노력하죠. 이전에는 만화를 못 보게 했는데 요즘은 만화도 보게 해요.
상담자: 아버지께서도 어머니가 다르게 행동하고 계시다고 느끼세요?
아버지: 엄마가 자제력이 생겨서 집안이 조용해졌어요. 화가 나면 예은이에게 매를 들었는데 그런 게 많이 줄었어요. 내가 무관심하라고 많이 말해서 요즘은 엄마가 많이 참지요. 엄마가 참는 만큼 내가 나서야 할 것 같아서 요즘은 내가 많이 나서는 편이죠.
어머니: 12시가 넘어도 좋은 프로그램이면 같이 보려고 노력해요.

어머니가 자신의 달라진 행동을 구체적으로 서술할 수 있게 되어 이번에는 예은이에게 자신의 변화한 행동을 구체적으로 언어화시키는데 초점을 맞추기로 하였다.

상담자: 예은이도 어머니가 너를 사랑하도록 뭔가 도와줬을 것 같아. 어머니가 달라지는 데 예은이가 어떤 도움을 줬을까?
예　은: 엄마가 그렇게 말하면 나도 부드러워져요.
아버지: 한마디로 센스가 생겼어요. 밤에는 청소도 하고.
상담자: 예은이가 한번 말해봐.
예　은: (겸연쩍어하면서)···
아버지: (대견스러운 듯이) 자기 잘한 것은 잘 알지 못하는 것 같아서 아빠가 좀 도와줘야 할 것 같아요. 밖에 나갔다 들어오면 엄마 방에 이불도 깔아놓고··· 대견한 생각이 들어요.
민　식: 엄마, 아빠가 안 계시면 긴장이 풀려 TV만 보게 되는데 예은이가 TV는 그만 보고 엄마, 아빠 방에 이불을 펴드리자고 그래서 미안했어요.
상담자: 대단한데. 예은아, 모두 네 달라진 모습에 감탄했나 봐. 엄마가 널 정말 사랑한다는 걸 기억하게 하기 위해서 또 네가 어떤 행동을 했는지 말해 줄래?
아버지: 센스가 있어지니까 뒷말이 없어졌어요. 깨우면 '네'하고 일어나니까 그 뒷말이 없어졌어요.
어머니: 다른 사람이 충고를 해주면 시인하려고 노력하는 것 같아요.
예　은: (쑥스러워하며 머리를 긁는다.)···
아버지: 자기 자신이 시인하니까 뒷말이 없어졌어요. 어제도···
상담자: 잠깐만요. 아버지, 어제 일이면 예은이도 기억할 테니 본인에게 들어 보죠. 한번 말해 볼래?
예　은: 어제 어떤 손님이 왔는데 처음 볼 때 인사는 했지만 게임이 너무 재미있어 앉아서 인사를 했다가 아버지가 야단을 쳐서 내가 '네, 알았어요'라고 대답해서 뒷말이 없어졌어요.
어머니: 아침밥도 그래요.
상담자: 그것도 예은이가 한번 말해 볼래?
예　은: '아침밥을 제가 알아서 찾아 먹고 갈게요'라고 했어요.

예은이가 자신의 변화에 대해 언급하는 것을 쑥스러워함에도 불구하고 상담자가 집요하게 이러한 행동을 언어화하게 하는 것은 예은이 스스로가 자신의 행동을 열거하면서 '아, 이런 행동들이 부모를 기쁘게 하는구나.'하는 인식을 심어주어 이런 행동을 보다 자주 할 수 있도록 돕기 위해서였다. 면담과정은 이처럼 가족 내에서 일어난 구체적인 행동의 변화를 언어화하도록 하는데 초점을 맞추어 얼마간 더 진행되었다. 면담이 진행됨에 따라 예은이는 이런 것들이 부모를 기쁘게 하는 것이라고 인식하는 것 같이 보였다. 행동유지에 대한 척도질문에서 지금의 상태를 유지할 가능성을 어머니는 5~6점, 오빠 7점, 아버지 9점으로 모두 높은 점수를 주고 있었다.

추후 면담

2개월 후 추후 면담을 약속했으나 어머니로부터 예은이가 상당히 좋아져서 면담에 올 필요가 없다고 생각된다는 전화를 받았다. 상담자는 힘이 있는 가족이므로 앞으로 어떤 어려움이 닥쳐도 충분히 잘 해결할 수 있는 힘이 있다는 것을 전제한 후 만약 가족이 해결할 수 없는 어려움이 있을 때는 언제든지 다시 찾아올 것을 권하고 본 사례를 종결하였다.

참고문헌

금명자·지승희·이호준·이지은(2002). 자녀의 힘을 북돋우는 부모 프로그램 개발 연구. 한국청소년상담원.

강경미(2005). **아동행동수정.** 서울: 학지사.

곽금주(2002). **아동 심리평가와 검사.** 서울: 학지사.

권석만(2003). **현대이상심리학.** 서울: 학지사.

김기현(1997). 부모교육 프로그램의 효과 평가. 한국부모교육학회 편. **부모교육학.** 서울: 교육과학사.

김경희(1999). **발달심리학.** 서울: 학문사.

김명희(2003). **현대사회와 부모교육.** 서울: 교육아카데미.

김영진(2005). **상담과정과 문제행동상담.** 서울: 교육과학사.

김오남·노명희·윤은종(2000). **아동생활지도.** 파주: 형설출판사.

김용태(2003). **가족치료 이론.** 서울: 학지사,

김인수 외(1998). **무엇이 좋아졌습니까?(해결중심치료의 적응).** 서울: 동인.

김인자(1992). **효과적인 부모 역할 훈련 Work Book.** 서울: 한국심리상담연구소.

김재은(2005). **유아문제 행동의 특징과 지도방법.** 국민서관.

김혜영(1999). 초기 청소년이 지각한 부모양육행동이 심리사회적부적응에 미치는 영향 연구, 이화여자대학교 박사학위 논문.

마가렛S, 말러·프렛파인·애니버그만(1997). **유아의 심리적 탄생** (이재훈 역). 서울: 한국심리치료연구소.

문경주·오경자(2002). 지각된 부모의 양육 행동과 초기 청소년의 우울 및 불안의 관계. **한국심리학회지.** 임상. 21: 29-43.

박은미(1999). 아동기 학대 및 지각된 부모의 양육태도가 성인기 대인 관계에 미치는 영향에 관한 연구: 초기 성인기의 친밀한 대인관계의 질을 중심으로. 연세대학교 박사학위 논문.

박응임(1995). 영아-어머니간의 애착유형과 그 관련 변인. 이화여자대학교 박사학위 논문.

성영혜·김연진 외(1999). **영유아발달의 이론과 실제.** 서울: 동문사.

세세대육영회(1985). **유아의 생활습관과 행동지도.** 세세대육영회.

송명자(1998). **발달심리학.** 서울: 학지사.

신연식(1995). **어린이의 문제행동.** 서울: 교육과학사.

우제현(2004). **임상교류분석(TA)프로그램.** 서울: 정암서원. 한국교류분석협회.

유안진·김연진(1997). **부모교육.** 서울: 동문사.

이시용·정환금·어승호·홍종관(2000). **아동생활지도와 상담.** 서울: 교육과학사.

이원영(1985). **부모교육론.** 서울: 교문사.

_____(1995). 자녀의 올바른 행동규범 형성. 21세기와 가정교육, 19-38. 청소년 대화의 광장 제3회 부모교육학술 세미나 발표집, 서울: 세종문화회관.

이재연 외(2000). **부모교육.** 서울: 양서원.

이재훈 역(1999). **정신분석학적 대상관계이론.** 서울: 한국심리치료연구소.

________(2004). **대상관계 이론과 정신병리학.** 서울: 한국심리치료연구소.

임종렬(2000). **관계적 사유.** 서울: 한국가족복지연구소.

임종렬(2003). **모신.** 서울: 한국가족복지연구소.

장미경 역(2014). **애착, 신경과학과 모래놀이치료.** 한국임상모래놀이치료학회.

전경원(2001). **유아의 심리검사와 측정.** 서울: 양지출판사.

정옥분(2002). **아동발달의 이해.** 서울: 학지사.

정원식·유효순(1983). **부모교육.** 서울: 한국방송통신대학.

현정환(1998). **영유아 심리학.** 서울: 문음사.

_____(2005). **아동문제행동의 이해와 지도.** 서울: 창지사.

현정환·후쿠시마 오사미(2002). **상담이론 그리고 연습.** 서울: 창지사.

홍경자 역(1995). **적극적 부모 역할 훈련.** 서울: 한국심리교육센터출판부.

홍경자 외 3인 공역(2011). **부모코칭 프로그램: 적극적인 부모역할, Now!.** 서울: 학지사

Adler, A.(1920). *The Praqctice and Theory of Individual Psychology*. New York: Harcourt, Brace.

Allan. N. Schore(2014). The science of the art of psychotherapy. Korean Society of Sandplay Therapy.

Aggrey, James.(1973). "The Parable of the Eagle," peggy Rutherford(ed). African Voices. New York:The Vanguard Press, n. d.

Anderson, K. E., Lyton, H., & Romney, D. M.(1986). Mothers' interactions with normal and conduct-disordered boys: Who affects whom? *Developmental Psychology, 22,* 604-609.

Apter, S. J., & Coloney, J. C.(1984). Childbood behavior disorders and emotional disturbance: An Introduction to Teaching Troubled Children. Englewood Cliffs, New Jersey: Prentice-Hall.

Back, George R., & Wyden, Peter(1969). *The Intimate Enemy*. New York : William Morrow.

Backer. B. L., Blancher, J., Keith, A.(2002). Behavioral problems and parenting stress in Families of Three-year-old children with and without developmental delays. *American Journal on Mental Retardation.*

Bandura, A.(1967). Behavioral psychotherapy. *Scientific American.*

Baumrind. D.(1971). Current patterns of parental authority. *Developmental Psychology Miono- graphs, 4*(1, Pt.2), 1-103.

Beck, A. T.(1964). Thinking and depression : Ⅱ. Theory and therapy. *Archives of General Psychiatry, 10,* 561-571

Beck, A. T., Freeman, A., & Associates.(1990). *Cognitive therapy of personality disorders.* New York: Guilford Press.

Beck, Judith S.(1999). **인지치료의 이론과 실제** (최영희·이정흠 역). 서울: 하나의학사.

Berry, K., & Cook, V.(1980). Personality and behavior. In Rie, H., & Rie, E. (eds.) *Handbook of minimal brain dysfunction,* New York: Wiley.

Bowlby, J.(1982). *Attachmemt and loss* (2nd ed., Vol. 1). NY: Basic Books.

Bowlby. J.(1958). "The Nature of the Child's Tie to the Mother," Int. J. *Psycho-Anal.*

Brugler, B.(2011). Frozen in time: Ice and snow in Sandplay Therapy. Journal of Sandplay Therapy, 20(2), 127-140.

Charles L. Thompson & Linda B. Rudolph (2003). *Counseling Children,* 서울: 시그마프레스.

Chiaia, M. E.(2006). Working with infantile states in sandplay. In M. Chiaia, J. C. Cunningham, L. Cunningham, G. D. Morena, & J. Zappacosta (Eds.), Living the tides of uncertainty (pp. 261-264). Paper presented at Living the tides of Uncerainty: National Conference of the Sandplay Therapists of America, Monterey, CA, October 2004.

Crowell, J. A. & Feldman, S. S.(1991). "Mother's Working Models of Attachment Relationships and Mother and Child Behavior During Separation and Reunion", *Developmental Psychology, 27*(4): 597-605.

Dinkmeyer, D., & Mckay, G.(1976). *Systematic Training for Effective Parenting.* Circle Pines, MN: American Guidance Service.

Dreikurs, R. & Grey, L. (1968). *A new approach to discipline: Logical consequences,* New York: W. Clement Stone.

Dix, T., Reinhold. D. P., & Zambarano, R. J.(1990). Mothers' judgment in moments of anger. *Merrillpalmer Ouarterly, 36*(4), 465-486.

Eric. J. M., & David, A. W.(1999). *Abnormal Child Psychology.* Thomsom Learnign., **아동이상심리학.** 조현춘·송영혜·조현재 공역(2001). 서울: 시그마프레스.

Erickson, E. H.(1959). Identity and the Life Cycle. *Psychological Issues,* Monograph No. 1. New York: International Universities Press.

Fairbairn, W. R. D.(1963). Synopsis of an object-relations theory of the personality. *International Journal of Psycho-Analysis* 44: 224-255.

Ferenczi, S.(1921). Psycho-analytic observations on tic. In *Further contributions to the theory and technique of psycho-analysis,* 3rd edition. London: Hogarth press, 1969.

Franz., C. E., McCleland, D. C., & Weinberger, J.(1991). Childhood antecedents of conventional social accomplishment in midlife adults: A 36-year prospective study. *Journal of personality and Social Psychology, 60*(4), 586-595.

Freud, A.(1895). A reply to criticisms of my paper on anxiety neutosis. *SE, 3* : 119-139.

________(1920). The psychogenesis of a case of homosexuality in a woman. *SE, 18* : 145-172

________(1936). *The Ego and Its Mechanisms of Defense.* London: Hogarth Press, 1937

Fuller, P. R.(1949). Operant conditioning of a vegitative human organism. *American Journal of Psychology, 62.* 587-590.

Ginott, H.(1965). *Between Parent and Child.* New York: Macmillan.

Goldberg, A.(1980). Introductory remarks. In Advances in self psychology, ed. A. Goldberg. New York: International Universities Press.

Gordon, T.(1970). *Patent Effectiveness Training.* New York: Peter H. Wyden.

Hall, R. V.(1976). *Parent Training: A Preventive mental helth program.* National Institute of Mental Health "Grant, University of Kansas.

Hart, B. M., Allen, K. E., Buell. J. S., Hariss, F. R., & Wolf, M. M.(1964). Effects of social reinforcement on operant crying. *Journal of Experimental Child Psychology. 1,* 145-153.

Hartmann, H.(1964). Unless otherwise noted, references are from Essays on ego psychology. New York: International Universitis Press.

Hazan, C., & Shaver, P. R.(1987). conceptualizing romantic love as an attachment process. *Journal of Personality and Social Psychology, 52,* 511-524.

Herrmann, N.(1991). The creative brain, *The Journal of Creative Behavior,* Vol. 25, N4, Fourth Quarter, 275-295.

Hess, R. D., & Holloway, S. D.(1984). Family and school as educational institutions. In R. D. Parke (Ed.), *Review of child development research.* Chicago: University of chicago Press. (Vol. 7, pp. 179-222).

Hetherington, E. M., Stanley-Hagan, M., & Anderson, E. R.(1989). Marital transitions: A child's perspectives. *American Psychologist, 44*(2), 303-312.

James, Muriel,.(1971). "Curing Impotency with Transactional Analysis", *Transactional Analysis Journal,* Vol. 1, No. 1.

Jenson, W. R., Sloane, H. N., & Young, K. R.(1988). *applied behavior analysis in education.* Englewood Cliffs, NJ: Prentice-Hall.

Jung, C, G.(1923). *Psychological types.* London/New York: Harcourt, Brace & Company.

_________(1972). Mandala Symbolism. Princeton, NJ: Princeton University Press/Bollingen.

Kalff, D. M.(2003: 1980). Sandplay: A psychotherapeutic approach to the psyche. Cloverdale, CA: Temenos Press.

Kalsched, D.(2013). Trauma and the soul: A psycho-spiritual approach to human development and its inerruption. London/NY: Routledge.

Kanfer, F. H.(1970). Self-regulation: Research issues and speculations. In C. Neuninger & J. L. Michael(Eds). *Behavior modification in clinical psychology*. New York: Appleton Century-Crafts.

Kato, M., & Fukushima, O.(1978). The effect of covert modeling in reducing avoidance behavior. *Japanese Psychological Reserch, 19.*

Kernberg, O.(1956). "On the Development of Maternal Feelings in Early Childhood: Observations and Reflections," in *The Psychoanalytic Study of the Child,* Vol. 11. New York: International Universities Press, pp. 257-291.

Klein, G.(1976). *Psychoanalytic theory: an exploration of essentials.* New York:International Universities Press.

Kohut. H.(1972). "Thoughts on Narcissism and Narcissistic Rage," in *The Psychoanalytic Study of the Child,* Vol, 27. New York: Quadranle, pp. 360-401.

Kuczynski, L., Kochanska, G., Radke-Yarrow, M., & Girnius-Brown, O.(1987). A developmental interpretation of young children's noncompliance. *Developmental Psychology, 23* (6), 799- 806.

Lasko, L. S., Field, T. M., Gonzalez, K. P., Harding, J., Yando, R., & Bendell, K.(1996). Adolescent depressed mood and parenal unhappiness. *Adolescence, 31*(121), 49-57.

Leffert, N., Benson, P., & Roehlkepartain, J.(1997). *Starting Out Right: Developmental Assets for children.* Minneapolis, MN: Search Institute.

Levine, P. A.(2010). In an unspoken voice: How the body releases trauma and restores goodness. Berkeley, CA: North Atlantic Books.

Levy, J. C., & Sperry, R. D.(1972). Perception of bilateral chimeric figures following hemispheric disconnetion. *Brain.* Vol. 95, 6-78.

London, P., & Rosenhan, D.(1968). *Foundation of abnormal psychology.* New York: Holt

Madsen, C. H. Jr., Becker, W. C., & Thomas, D. R.(1968). Rules, praise and ignoring: Elements of elementary classroom control. *Journal of Applied Behavior Analysis, 1,* 139-150

Mahler, M.(1958). Autism and symbiosis: two extreme disturbances of identity. International *Journal of Psychoanalysis 39* : 77-83.

_________(1968). On human symbiosis and the vicissitudes of individuation, volume 1. *Infantile psychosis.* New York: International Universities Press.

Mahler, M. S., & Gosliner, B. J.(1955). "On Symbiotic Child Psychosis: Genetic, Dynamic and

Restitutive Aspects," in *The Psychoanalytic Study of the Child,* Vol. 10. New York: International Universities Press

Mahoney, M.(1991). *Human change processes: The scientific foundations of psychotherapy.* New York: Basic Books.

Mancia, M.(2007). Feeling the words: Neuropsychoanalytic understanding of memory and the unconscious. Londen/New York: Routledge.

Markell, M. J.(2002). Sand, water, silence. the embodiment of spirit: Explorations in matter and psyche. Londen: Jessica Kingsley Publishers Ltd.

Maroney, D. L.(2003). Recognizing the potential effect of stress and trauma on premature infants in the NICU: How outcomes are affected. Journal of Perinatology, 23, 679-683.

Mayer, R. E.(1992). *Thinking, Problem Solving, Cognition.* NY : W. H. Freeman and Co.

McCallum, R. S., & Glynn, S. M.(1979). Hemispheric specialization and creative behavior. The *Journal of Creative Behavior,* Vol. 13, No.4, 263-275.

McNally, S., Eisenberg, N., & Harris, J. D.(1991). Consistency and change in maternal child-rearing Practices and values: A longitudinal study. *Child Development, 62,* 190-198.

Meichenbaum, D.(1977). *Cognitive-behavior modification: An integrative approach.* New York: Plenum Press,

Ogers, C. R.(1980). *A way of being.* Boston: Houghton Mifflin Company.

Parker S. Zuckerman(1995). **당신자녀의 건강한 정서.** 서울: 하나의학사.

Parker, J. G., & Asher, S. R.(1987). Peer relations and later personal adjustment : Are low-accepted children at risk? *Psychological Bulletin, 102*(3), 357-389.

Patterson, G. R., & Brodsky, G.(1966). Behavior modification for a child with multiple problem behavior. *Jounal of Child Psychology & Psychiatry, 7,* 277-295.

Popkin, M. H.(2002). *Getting Through to Your Kids.* New York: The Berkeley Publishing Group.

__________(2007). **부모코칭 프로그램 적극적인 부모역할 Now!**(노안영, 차영희, 홍경자 역). 서울: 학지사.

Rogers Carl R and Stevens, Barry.(1967). Person to Person to Person : The Problem of Being Walnut Creek, Calif.: Real People Press

Rogers, C.(1957). The necessary and sufficient conditions of therapeutic personality change.

Journal of Consulting Psychology, 21, 95-103.

Scaer, R.(2001). The body bears the burden: Trauma, dissociation and disease. New York: Hawarth.

Schaefer C. E., & Millman, H. L.,(1981). *How to help children with common problems.* NY: Van Nostrand Reinhold.

Schore, A. N.(2003). Affect dysregulation and disorder of the self. New York: W. W. Norton & Co., Inc.

__________(2012). The sciene of the art of psychotherapy. New York: W. W. Norton & Co., Inc.

Shaffer, D. R.(1999). *Developmental Psychology: Childhood and Adolescence(5th ed.)* Pacific Grove, CA: Brooks/ Cole.

Skinner, B. F.(1953). *Science and human behavior,* New York: Macmillan.

__________(1957). The expenimental analysis of behavior. *American Scientist, 45,* 343-371.

Sperry, R. W., & Myers, R. E.(1958). Interhemispheric communication through the corpus callosum Mnemonci Carry-over Betwin the Hemispheres. *Archives of Neurology and Psychiaty,* 198-303.

Symonds, P. M.(1949). *The Psychology of Parent-Child Relations.* New York: Appleton Century Crofts.

Teyle, T. T.(1977). An Introduction to the Neurosince Beatty, In Jackson. et al., *The Human brain.* New Jersey Prentice-Hall Inc.

Toner, I.J.(1986). Punitive and non-punitive discipline and subsequent rule-following in young children. *Child Care Quarterly, 15*(1), 27-37.

Wahler, R. G., Winkel, G. H., Peterson, R. F., & Morris, D. C.(1965). Mother as behavior therapists for their own children. *Behavior Research and Therapy, 4,* 79-84.

Watson, J. (1928). *Psychological care of infant and child,* New York: Norton.

Webster-Stratton. C.(1989). The relationship of marital support, conflict, and divorce to parent perceptions, behaviors, and childhood conduct problems. *Journal of Marriage and the Family, 51,* 417-430.

Weinrib, E.(1983: 2003). Images of the Self. Cloverdale, CA: Temenos Press.

White, J. W.(1983). Sex and gender issues in aggression research. In R. G. Green & Donnerstein (eds.) *Aggression, Theoretical and empirical review(Vol. 2).* New York: Academic Press.

Winnicott, D. W.(1958). Unless otherwise neted, references are from the Through paediatrics to psycho-analysis. Lodnon: Hogarth Press.

_____________(1959). Classification: is there a psycho-analytic contribution to psychiattic classification? MPFE

_____________(1965b). *The family and individual development.* London: Tavistock.

_____________(1971). *Playing and reality.* New York: Routledge.

_____________(1971). Freud and Melanie Klein: Psychology, Ontology, and Weltanschauung. *Psychoanalysis and Philosophy,* ed. C. Hanley and M. Lazarowitz. New York: International Universities Press, pp. 327-362.

Winett, R. A., Winkler, R. C.(1972). Current behavior modification in the classroom: Be still, be quiet, be docile. *Journal of Applied Behavior Analysis, 5,* 499-504.

Wirtz, U. (2009). The symbolic dimension in trauma therapy. In M. Stein (Ed.), Symbolic Life, (pp. 25-52). New Orleans, LA: Spring Journal.

Wolpe, J.(1954). Reciprocal inhibition as the main basis of psychotherapeutic effects. *Archives of Neurology & Psychiatry, 72,* 205-226.

Zeilberger, J., Sampen, S. E., & Sloane, H. N. Jr.(1968). Modification of a child's problem behaviors in the home with the mother as therapist. *Journal of Applied Behavior Analysis, I,* 47-53.

http://art.Joongang.co.kr

http://www.brain-dr.co.kr

www.madang21.co.kr

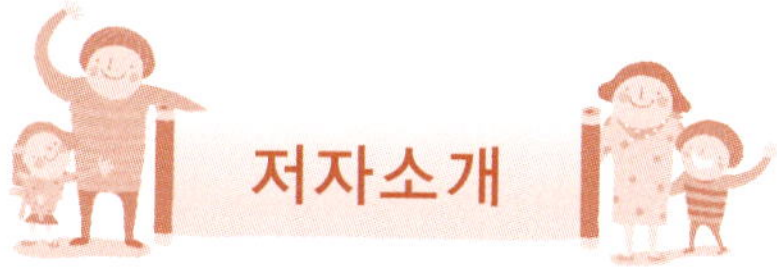

저자소개

김 경 희

- 광운대학교 대학원 박사(부모교육)
- 남서울대학교 아동상담·심리치료 박사 수료
- 경희대학교 대학원 사회복지학과 석사(가족상담)

현재)

- 서울문화예술대학교 상담코칭심리학과 교수
- 사) 한국가족복지연구소 서울남부 소장
- 한국대상관계상담학회 회장
- 모래놀이치료사 슈퍼바이져
- 심리상담 및 가족상담 수련겸독
- 서강대학교 평생교육원 외래강사 역임
- 명지대학교 대학원 외래강사 역임
- 상명대학교 대학원 외래강사 역임
- 광운대학교 대학원 심리치료학과 강사 역임

저 서

- 『분노사용설명서』(2017). 인간과문학사
- 『아동상담』(2011). 학문사
- 『분노관리론』(2016). 교문사
- 『인적자원관리 외』(2013). 두남

논 문

- 애착장애아동과 미술치료 프로그램과의 관계 연구
- 비행청소년의 예방과 대책에 관한 연구(2000)
- 부모양육태도가 공직자의 조직형태에 미치는 영향(2004)
- Current Status and Teachers' Recognition on Integrated Daycare for Disabled Children(어린이집 장애유아 통합보육에 대한 현황과 교사의 인식)(2009)
- 인터넷 중독이 남자대학생의 학업성취와 대학생활부적응에 미치는 영향(2012)
- Development of a scale diagnosing parent-child relationship disorder for early screening of mental health and developmental disorders in 3-year-old infants(2013)

아동상담 사례를 중심으로 한

아동생활지도

초판 1쇄 인쇄 2018년 3월 5일
초판 1쇄 발행 2018년 3월 8일

지 은 이 | 김경희
펴 낸 이 | 김기섭
편 집 인 | 이윤희
펴 낸 곳 | 창지사 www.changjisa.com
08589 서울시 금천구 가산디지털 1로 83 파트너스타워 1차 9층
전화 (02)719-2211~3
팩스 (02)701-9386
등 록 | 1977년 4월 28일 · 제1-421호

ISBN 978-89-426-0987-1 (93370)

값 18,000원

이 도서의 국립중앙도서관 출판예정도서목록(CIP)은 서지정보유통지원시스템 홈페이지(http://seoji.nl.go.kr)와 국가자료공동목록시스템(http://www.nl.go.kr/kolisnet)에서 이용하실 수 있습니다(CIP제어번호: CIP2018007624).